夏坚勇 ※ 著

绍兴十二年

江苏凤凰文艺出版社
JIANGSU PHOENIX LITERATURE AND
ART PUBLISHING, LTD

图书在版编目（CIP）数据

绍兴十二年 / 夏坚勇著. —南京：江苏凤凰文艺出版社，
2015（2020.2 重印）
ISBN 978-7-5399-7013-4

Ⅰ.①绍… Ⅱ.①夏… Ⅲ.①中国历史—南宋—通俗读物
Ⅳ.①K245.09

中国版本图书馆 CIP 数据核字（2015）第 039996 号

绍兴十二年

夏坚勇　著

责任编辑	梁雪波　邹晓燕
装帧设计	周伟伟
责任印制	刘　巍
出版发行	江苏凤凰文艺出版社
	南京市中央路 165 号，邮编：210009
网　　址	http://www.jswenyi.com
印　　刷	江苏扬中印刷有限公司
开　　本	718×1000 毫米　1/16
印　　张	18.5
字　　数	290 千字
版　　次	2019 年 6 月第 2 版　2020 年 2 月第 6 次印刷
书　　号	ISBN 978-7-5399-7013-4
定　　价	46.00 元

江苏凤凰文艺版图书凡印刷、装订错误可随时向承印厂调换

目录

绪篇：小年夜

003　临安
007　官家的心事
015　墓碑上的绍兴年号

正月

025　大朝会
031　一号文件
035　组织这把刀子
040　灯火阑珊处

二月

047　其无后乎
053　建国公出第
060　无雨的江南

三月

073　宗室赵士㒟
083　清明时节
086　柔福帝姬

四月

097　大比之年
102　策论机要
107　羊肉套餐与泡饭

五月

117　和尚尼姑那些事儿
124　偏安的"钱途"
130　献礼

六月

137　上一道水煮牛肉
145　驿道上的马政

七月

159　官奴
162　盛典前的清场
169　这个女人不寻常

八月

181　宫议
185　回銮
193　梓宫上的"安全套"

九月

205　对历史的涂抹
212　"福"兮祸所伏

十月

223　葬事
227　圣节
234　绚烂之"烂"

十一月

247　人事
254　关于马屁之种种

腊月

267　养士
275　太师椅
283　除夕

291　主要参考书目

※ 绪篇：小年夜 ※

※ 临安

　　绍兴十一年腊月二十九日的天气大致平和,[1]至少没有下雪,因为翌日就是除夕,而且又恰逢立春,这时候如果下雪,臣子一定会作为祥瑞上奏而"诏付史馆"的。

　　临安的城市格局很有意思,它是坐南朝北的,大内的宫殿在全城最南端的凤凰山麓,而官府和厢坊则全在皇城之北。除去重大典礼,大臣们上朝都从后门进入,俗称"倒骑龙"。走后门的不光是大臣,也包括皇帝。皇帝走的是正中的和宁门,出和宁门向北,就是作为城市南北中轴线的十里御街了。但在绍兴十一年那个时候,这里还不叫御街,称之为御街是绍兴二十八年大规模改造以后的事。改造后的御街相当于东京(开封)御街的山寨版,中间是花岗石铺就的御道,专供皇帝的车驾通行;两边是用香糕砖错缝侧砌的市民走廊。用现在的说法,叫"三块板"。而在绍兴十一年那个时候,整条大街都是泥路,遇到皇帝出行,也只是临时洒一层黄沙而已。皇帝的车驾经过时自然要戒严的,但并不禁止市民围观,只要你规规矩矩,不乱说乱动,例如不要登高眺望(显然是出于安保考虑),男子不要打赤膊,女子必须穿裙子和短袖上衣(这一条大抵针对夏季),以及不要大声喧哗等等。那时候人们又不知道用鼓掌来表示敬意,所以场面很是肃穆,只听到车轮在黄沙上碾过的轧轧细响。待皇上的车驾远去了,翠华渺渺,尘埃落定,禁军便移开御道两侧隔离用的红漆杈子,刚才连咳嗽也落不下一声的禁街立时变成了喧闹的自由市场,贩夫走卒,引车卖浆,也没有谁再来管你是不是打赤膊或穿不穿裙子了。三教九流中,还有临时拉场子卖艺的,称为"路歧人"或"打野呵"。请不要轻视这些几同乞丐的江湖漂泊者,在那缕衣檀板的艺伎中,据说就有当年在东京红极一时的李师师。[2]

　　"旧历的年底毕竟最像年底。"这是鲁迅一篇小说的开头,背景是十九世纪末期的浙东乡村。其实八百年前的临安也是这样的,而且更确切地说,"最像年底"的一天应该是小年夜。这一天是总揽全局的意思,也是继往开来的意思。先前的一切忙碌和热闹都在这一天趋向高潮，好些商家到了除夕就关门打烊了，因此所有的采购都必须抢在小年夜完成。到了这时候的采购往往不是为了奢侈，而是一个萝卜一个坑、不能省略的。到了除夕，街道上反倒偃息下来、清静了许多，就像一台大戏开演前夕舞台上的那种清静一样。按理说除夕是年底的最后一天，而且又是和新年有着肌肤之亲的，也是应该"最像年底"的。但除夕的忙碌和以前的不同，那是转入了一个个家庭的忙碌，那些洗、扫、煎、煮，全都是一家一户闷头做的，只有声响和气味飘逸出来，在坊巷里汇聚，久久不肯散去。一家一户的忙碌毕竟缺少互动效应，因此也就少了许多场面上的热闹。而且还有一层意思，小年夜以前的那些日子都是属于"人"的，所有的忙碌都是真实的人间烟火，无论粗枝大叶还是精工细作都透出居家过日子的温暖。而一旦进入除夕，日子就要交给鬼神了，一切都凸现出约定俗成的仪式感，禁忌渐渐多起来，气氛也越来越神圣乃至神秘，举止言谈都变得拘束了，真正是不可多说一句话，不可多走一步路的。

临安除夕的神圣乃至神秘是潜藏在无数个坊巷庭院里的，而年底的热闹则汇聚在从宁和门到万岁桥的这条城市中轴线上。御街——我们且先借用这个名称——的热闹在小年夜这一天达到了极致，大大小小的瓦舍勾栏营造出这热闹的背景音乐，各家商铺的市招彩棚是为这热闹点缀的布景，流动商贩的吆喝总是生猛亢奋，是这热闹里喷薄跃动的精气神，而摩肩接踵的人流则是这热闹里自愿自觉的龙套，他们把热闹点点滴滴地聚拢过来，又枝枝蔓蔓地分流出去。这一天，不光是小民百姓，连宫里也派人出来采买年货。宫里过年的大宗用物自然都有各地进贡，现在要买的都是些零头碎脑的小物什，诸如门神桃符、迎春牌儿、钟馗财马、时果市食，甚至发压岁钱或红包的小口袋。还有一种讨口彩的小摆设：在柏树枝——柏树以叶片的形状分为圆柏和扁柏，这里要用扁柏——上缀以柿饼，插于橘中，取三样东西的谐音称为"百事吉"。这东西民间用得，宫里也用得，很热销的。从和宁门到朝天门，御街两侧以中央机关为主。过了朝天门，就进入了密集的商住区，绵延直到万岁桥。刚进入腊月的时候，各家商铺的老板还不大走出柜台，他们笃悠悠地拢着手，彬彬有礼地和顾客应酬，一副很有底气的样子。过了腊月半，有些商铺开始把货物搬到门前，这是步步为营的战略，也是准备短兵相接的态势。老板们也不再那么笃定了，他们似乎在一夜之间学会了上蹿下跳,脸上的笑容和遗憾都极其夸张,甚至还要和满街那些蝗虫似的流动商贩比试着秀嗓门。这一秀不打紧,仿佛启动了军备竞赛的阀门,反刺激得对方更加来劲,那叫卖声是甚嚣尘上、响遏行云的。若仔细听去,其间又五音杂陈,杭州方言中掺和着北方官话的腔调。自宋室南渡以后,不光北方的皇室、官员和士兵扈从南下,大批的商贩小民也历经颠沛流离,移居临安。起初那几年,临安居民的语言系统中,可以明白无误地分辨出"杭音"和"北音",经过十多年的掺沙子,那带着黄河水的泥浆味和中州大地上槐花香的北方官话亦入乡随俗,逐渐融化于"杭音"之中,形成了临安独特的语言系统。这是一种既不同于原先的杭州方言,也与周遭的吴越方言迥然有别的新语种,它体现了一种贵族气派和天子脚下的优越感。正因为语言中附着的某种身份标识,土著居民也乐于攀龙附凤,以能说几句洋泾浜的"北音"为时尚。例如他们呼玉为"御"、一为"倚"、百为"摆",[3]这些都是北方官话的腔调,镶嵌在吴越方言中,恰到好处地渲染出临安人的皇都意识。

　　临安是临时安顿的意思,它另外还有一个名称,叫"行在所"。这两个名字的意思差不多,其中既透出某种谦恭,又隐含着某种动感,似乎这里只是暂时歇歇脚的地方,皇上随时准备起驾还都、拔脚开溜的。因为宋室的都城远在北方的东京,虽然皇上已死心塌地地要在这里安顿下去,但对外不能这样说,因为那是自己执政合法性的根基所在。临安的居民也希望皇上千秋万载地在这里安顿,他们是与皇上休戚与共的。元宵的灯火、端午的龙船,那既是皇上的面子,也是临安市民的面子;民谚中的"东门菜、西门水、南门柴、北门米"既是皇上过日子的底子,也是临安市民过日子的底子。平心而论,这几年,临安的面子和底子都有了不少起色。别的不说,单说这"北门米"。北门即余杭门,是大运河进入临安的门户,苏湖熟,天下足,粮米亦通过运河由此门入城。民以食为天,物价最基本的标尺是粮价。自古以来就有"斗米斤盐"的说法,因为盐不能当饭吃,它的消费大体上是一个常数,价格也不会有很大的波动。北宋神宗熙丰以前,[4]一石米六七百文,时盐价为每斤六七十文,斗米斤盐,大体相当。到了徽宗宣和年间,[5]斗米二百五十文至三百文,而盐价仍旧是六十文,就有点不正常了。高宗建炎元年,[6]刚刚遭遇了靖康之难,东京附近饿殍遍野,粮价奇高,斗米贵至三千、一万甚至四五万,却仍旧有钱无米。当时一只老鼠亦值数百钱,而盐价仍然在百文上下。以斗米斤盐的标准，米价高至数十至数百倍。到了眼下的绍兴十一年秋冬，广盐每斤一百二十文，而邸报上所说的米价是每斗"百余钱"至"数百钱"，估计这个"数百"也就是二百左右，与盐价大致相当。而在两三年前，江南仍斗米千钱，[7]可见这几年收成不错，临安大街小巷的欢乐就是以此为底子的。

绍兴十一年年底的欢乐还有一层原因，今年的立春在年前，而下一个立春则要等到后年的正月，明年两头不见春，也就是所谓的"无春年"。无春年有很多说法，例如"两头不见春，树皮剥到根"，认为将有灾荒。但灾荒是老天作弄，小民能奈其何？你总不能一年不种庄稼吧，只能听命了。比较能够接受的是把无春年称为"寡妇年"，即所谓"寡年无春，不宜结婚"。虽然是凶兆，却是可以规避的。于是一进入秋冬季节，穿红着绿的媒婆便跑成了一道道风景，凡弱冠之男、及笄之女，都忙着攀亲嫁娶。村路上、街巷里，三天两头就见到迎亲的队伍，唢呐和鞭炮渲染着不可一世的喜庆。唢呐的渲染还只是逢场作戏，倏忽之间便随风而去。鞭炮的渲染却是善解人意流连作态的，那炸开的纸屑纷纷扬扬，落红如雨，铺在地上和瓦楞上。过了几日，刚刚褪去了鲜艳，又有新的铺上去。就这样一层一层，汉赋一般铺陈且堆砌。赶在年前成亲虽然有抢的意思，也有不得已而拉郎配的情况，但婚姻大事，断然不会草率的。高门大户自不必说，即使是升斗小民，也要东挪西借，倾其所有，把事情办得风光些、至少体面些。正因为艰难玉成，那欢乐也相应地放大了几倍。又因为乡里街坊淳厚的风俗人情，一家有事，众邻随喜，把那欢乐又放大了几倍。看着一对对新人的身影，人们的目光里不仅有祝福，更有一种如同噩梦初醒的唏嘘感喟。试想一下眼前的这些少男少女吧，如果他们是来自北方的移民，那么在东京城破时，他们大抵刚会牙牙学语，然后就随着家人颠沛于骨林肉莽之中，由中州、江淮而最终流落杭州。如果是杭州的土著居民，他们一定经历了建炎三年金兵的血腥屠城，也一定经历了每到秋高马肥季节，由北方传来的金人用兵的警报。年年岁岁、岁岁年年，这一代人就在惊恐仓皇和饥寒交迫中慢慢长大，随着宛如游丝的"建炎"和战战兢兢的"绍兴"年号一起，挨到了婚嫁的年龄。他们的神情中或许过早地透出了几分沧桑感，但无论如何，这是他们苍茫人生中最重要的日子，他们终究还是快乐的。

绍兴十一年年底的欢乐是这样实在而琐碎的欢乐，带着点隔江犹唱后庭花的味道。

一切都似乎尘埃落定，又似乎蠢蠢欲动。据说朝廷已和金人签订了和约，今后不用打仗了，皇太后也即将回銮。年岁丰稔，边事浸宁，真所谓"饱暖思淫欲"，青年男女们忙着婚嫁也是天经地义的。现在我们终于看出一点意思来了：欢乐才是这里的唯一，所谓翌年是"寡妇年"不过是个由头罢了。

那么在宫墙后面深居简出的皇上呢？皇上当然任何时候都不缺少"饱暖"，因此对饱暖后面的那点欲望也就无所谓思或者不思。他们的所思所想往往是惊世骇俗的，看到老百姓的日子过得好一点了，就要弄点事整整。

例如：杀人。

※ 官家的心事

皇上即宋高宗，但在绍兴十一年的时候，还没有宋高宗这个称呼，高宗是他死后的庙号，带有追认的意思，也是盖棺论定的意思。在绍兴十一年那个时候，无论平民百姓还是文武臣僚，以至宫里的大小老婆和太监侍女都称皇上为"官家"的，这称呼盛行于五代至两宋时期，大约是取"五帝官天下，三王家天下"的意思，也是至高无上的意思。那我们就入乡随俗，也称他"官家"吧。有时为了行文方便，则不妨直呼其名——赵构。

官家这些日子有些纠结，到年底了，宫里宫外都在忙着准备过年。按民间的说法，腊月二十以后的日子不叫日，而叫"夜"，意思大约是平时两天之间有一夜作为过渡，而两个年头之间的这个过渡是要长些的。一进入腊月二十，这一年的暮色就降临了，时间的脚步在夜幕下潜行，鬼神亦肆无忌惮地向人间索取好处，于是开始数"夜"，从二十夜、二十一夜、二十二夜……一直到小年夜、大年夜。现在，随着小年夜的降临，那个让他纠结难解的问题也越发地显得紧迫了。

这段日子他表面上仍然不动声色，大部分时间都在复古殿里抄写《孝经》。经文是抄写在绢素上的，与在纸上写字相比，绢素纹理稍粗，不融墨，容易滞笔，一般人是不敢写的。当年米芾曾在绢素上写过《蜀素帖》，米氏是官家推崇的书坛圣手，他为徽宗皇帝评点宋人书法时说过这样的话：蔡襄勒字，沈辽排字，黄庭坚描字，苏轼画字，至于他自己，则是"刷字"。刷字行笔振迅，势不可遏。他艺高胆大，所以敢于在绢素上弄墨。官家的字原先学黄庭坚，走的是峭快豪放一路，尤其是在收笔的地方往往出锋露芒。哲宗元祐年间，[8]黄庭坚的那一笔捺脚曾风靡一时，称为"元祐脚"，官家对此是认真揣摩过的。正因为如此，绍兴初年，伪齐皇帝刘豫特地挑选擅长黄庭坚书体的人伪造官家的手迹广为散布，进行挑拨离间。这一手很是阴毒，常常弄得官家很尴尬，而且又是防不胜防的。为了对付刘豫的损招，他又改学米芾，几年时间，自觉已入化境。因此，在绢素上抄写《孝经》，也算是对这几年浸淫米字的一次检阅。

《孝经》十八章，他每天抄写一章，从腊月十八日至小年夜，他已经抄了十一章。书法尚韵，韵其实就是一种神采，而笔下的神采是需要你静心守意地去经营的。可在这十一天里，他内心的纠结几乎可以用煎熬来形容，有时写着写着，心绪便散漫了，以至写错了字，废了上好的绢素。

杀，还是不杀？这是一个问题。

武胜定国军节度使充万寿宫使岳飞，是在十月十三日因谋反罪入狱的，可是在直到腊月十八日的两个多月时间里，案情一直没有多大进展，胡乱拼凑的那些谋反证据，任何人一眼就能看出漏洞。按照这样的证据，岳飞只能勉强判两年流刑。官家便"留章不出"，这显然是对大理寺的工作不满意了。善解人意的秦桧便把原先负责此案的御史中丞何铸撤下来，换上万俟卨，因为此人原先当地方官时被岳飞处分过，由他来接手，审讯的力度是不用怀疑的。可以这样说，在腊月十八日之前，案件还只是停留在有罪与无罪的层面上；自腊月十八日以后，就进入了杀与不杀的阶段。

为什么要杀岳飞呢？说到底，就是宋王朝到了绍兴十一年这个时候，主要矛盾已经不是宋金两国的你死我活，而是朝廷内部皇权和武将的较量。这样的判断也许有点神经过敏，但是在政治问题上，神经过敏总比麻木不仁好。官家是喜欢读史的，晚唐五代的历史还不算很远，随手翻开其中的任何一页都令人触目惊心。就在那五十多个年头里，一代代王朝垮塌，一顶顶皇冠落地，不管是喋血丹墀的逼宫还是表面上温情脉脉的禅让，其背后无不闪现着武人的身影。那是怎样一些强梁霸悍一手遮天的身影啊!长枪指挥政治的格局司空见惯,丘八黄袍加身的活剧一再上演。当然,这中间也包括本朝的太祖皇帝赵匡胤,他是穿着殿前都点检(禁军统帅)的制服走向皇位的。因此,宋王朝一直把守内虚外作为祖宗家法和基本国策,而对武将的猜忌与防范则是"守内"的重中之重;也因此,陈桥兵变的喧闹刚刚消散,杯酒释兵权的宴席就已经排开。宋仁宗算是个比较厚道的皇帝,但是像狄青那样行伍出身脸上带着刺字(当过士兵的标记)的将领,虽曾因军功显赫而位列执政,但朝廷终究还是不放心,不久就贬知陈州。仁宗似乎有点不过意,说了句场面上的话:"狄青是忠臣。"却遭来宰相文彦博的反诘:"太祖不也是周世宗的忠臣吗?"也就是说,这种猜忌既不取决于帝王的仁厚或险狭,也不取决于对象的忠奸贤愚,它只针对一种身份:武将。狄青到任后,朝廷每月两次派内侍前来"抚问",实际上是监视。不到半年,一代名将就在陈州忧愤而死。太宗皇帝晚年曾对近臣们说过这样的话:

外忧不过边事,皆可预防。惟奸邪无状,若为内患,深可惧也。帝王用心,常须谨此![9]

这是他当了几十年皇帝的经验之谈,也是一个帝王魂牵梦萦的心结:虽高高在上,却如履薄冰。其中有阴鸷的目光和翻云覆雨的手腕,也有些许血腥味的。世界上有好些道理看起来一说就懂、一点就通,但要真正把玩于掌股之中却是要有时间作底蕴的,所谓历练就是这个意思。官家已经在皇位上坐了十五年,对祖宗家法的领悟也是一年一年地历练出来的。建炎年间,他初登帝位,被金人追得没头苍蝇似的到处乱跑,自然是希望自己手下的将领越厉害越好,真恨不得他们一个个都是天神下凡,三头六臂,杀遍天下无敌手的。到了绍兴年间,宋金双方开始进入拉锯阶段。拉锯也只是在江淮之间,从来过不了江的。官家能在临安安顿下来了,虽说是偏安,却也是固若金汤的。到了这时候,他打量武将的目光便有些复杂了,特别是在金銮殿里看那些得意洋洋的捷报时,高兴固然高兴,但那是掺进了几分忧虑的。他觉得这仗是不能再打下去了,即使再打几个胜仗,也没有多大意思。对于人家来说,也只是个胜负问题,你又不能真的直捣黄龙去灭了他。既然灭不了他,等他养足了元气,还是要打过来的。这样你来我去，还是个没完没了。打仗是武将的事，时间长了，这些人渐渐坐大，拥兵自重，就不把朝廷放在眼里了，直到有一天祸起萧墙，把历史上那些改朝换代的场面再演绎一番。这样的情节官家想一回就怕一回，也警醒一回。很好！现在总算和金国达成了和议，损失了一点银子和面子，却买了个太平。偃革休兵，边事无忧，这边接着就把三大将——张俊、韩世忠、岳飞——的兵权削夺了，只给他们一个光鲜的虚衔；再接着言官的弹章就上来了，于是岳飞下狱。

为什么是岳飞呢？

我们先来看看其他的几位中兴大将：

刘光世，在中兴四将中资格最老，也最窝囊。此人虽是将门之后（他父亲是北宋西军将领刘延庆），且与金人有杀父之仇，但在宋金战场上却畏敌如虎，一触即溃，是有名的逃跑将军。贪生怕死的另一面是贪财好货，绍兴七年他赋闲后，官家赐给他几样宫里的小玩意，此人即"秉烛夜观，几至四更"。这样一个每个毛孔里都渗透着雌性激素和铜臭味的驽下之才，官家虽然不能倚重，却尽管可以放心的。

张俊，不仅是南宋的开国元勋，而且还是岳飞的"伯乐"，当年岳飞曾是他麾下的一名小军官。此人最大的特长是用兵"持重"，其实也就是拥兵自重，一开仗就尽量躲得远远的，事后又吹牛撒谎，贪他人之功以自肥。岳飞私下里说他"暴而寡谋"，这样的评价虽然刻薄，却一点也不过分。战场上寡谋，官场上却很会投机钻营，在对金和议中，张俊一直是跟着官家的思路走的；在建炎三年的"苗刘之变"中，他又有复辟之功。因而在中兴四大将中官位最高，日子也过得最滋润。张家到底有多富？不好说，据传光"没奈何"就有整整一屋子。何物"没奈何"？银子太多了，怕小偷光顾，就铸成一千两一个的大银球，这样小偷即使进屋，也拿这么大的一坨光溜溜的银子没办法，故称"没奈何"。一个武将，不把心思放在练兵打仗上，却成年累月让军士为他当劳工，在官邸内大兴土木，以至民间流传着这样的打油诗："张家寨里没来由，使他花腿抬石头。二圣犹自救不得，行在盖起太平楼。"[10]"花腿"即"花腿军"，张俊驻军临安，怕士兵逃跑，给每个士兵从臀部到大腿刺上花纹，号称"花腿军"。成语所谓的"花拳绣腿"大约就是从这里来的。打仗没本事，政治上乖巧，又一味贪图享受，这样的将领，官家也无须过多猜忌。

韩世忠，出身贫寒，少时横行乡里，人称"韩泼五"。后起之卒伍，以军功而升迁，应该说还是很能打仗的。他是个粗人，没有多少弯弯绕，与岳飞也比较投契。要说毛病，也是天底下所有的男人都喜欢沾惹的毛病：好色。他不仅纳妾多人（那个因"击鼓战金山"而名动天下的梁红玉其实只是他的小妾之一），还喜欢吃窝边草，经常污辱部将妻女，一次竟逼使手下的猛将呼延通自杀，这就有点不像话了。一个对自己的声誉不爱惜的人，政治上不可能有多么远大的图谋，更何况韩泼五同志还曾三度救驾，官家对他也理应有几分感恩心理。

　　剩下来的就是岳飞了。

　　岳飞能打仗，这是不用说的，给一顶军事家的桂冠也不为过。有宋一代，基于守内虚外及重文抑武的国策，大师级的文人学士甚多，但称得上军事家的实在寥寥。杨家将、狄青、岳飞都是民间传说中有口皆碑的战神，但若是剔除其中的演义成分，就他们在历史舞台上的真实表演而言，能否成"家"还是可以商榷的。杨业因为是北汉降将，一直位居偏裨，又过早地死于征辽，发挥的空间受到很大限制。至于其家人诸如佘太君、杨六郎、穆桂英等则多系附会，于史无据。狄青诚然是一代名将，但这个"一代"特指庆历至皇祐期间那个边患并不严重的年代，[11]其功业在于抗击西夏元昊的骚扰和平定南方侬智高的叛乱，战争的规模都不算很大。唯有岳飞天纵英才，又生逢其时，在南宋初年那个大动乱的背景下，凭借着宋金战争的宏大舞台，演出了有声有色的战争活剧。从最初的游击战、运动战到后来平原旷野之上的大兵团对决，岳飞展示了一个军事家杰出的胆略和才华，为风雨飘摇的南宋王朝抹上了一道阳刚之色。

　　平心而论，官家对岳飞曾经是相当器重的，每次岳飞入朝觐见，官家都要单独召见，有时甚至在"寝阁"引对，以示亲密。引对时，除军国大事多有倚重，还问岳飞有没有好马，劝诫他少喝酒，以免误事，并为此说了一个段子，说欧阳修与友人饮酒行令，要求每人作的两句诗必须触犯刑律，而且罪在徒刑以上。一个说："持刀哄寡妇，下海劫人船。"一个说："月黑杀人夜，风高放火天。"轮到欧阳修，说出来的却是："酒黏衫袖重，花压帽檐偏。"众人一听，大惑不解，问为何诗中没有犯罪内容，答曰："酒喝到这种程度，徒刑以上的罪也能犯下了。"可见欧公虽然喜欢行酒游戏，却反对酗酒。于谈笑之中行训喻之意，这样的君臣似乎有点体己的意思了。但绍兴七年的两件事却宣告了他们之间蜜月的结束。先是因官家出尔反尔，不肯让岳飞合兵北伐，岳飞一气之下闹情绪，自说自话地跑到庐山去为母亲守孝，有"要君"之嫌。到了秋天，岳飞上书建议立官家的养子赵瑗为皇储，又犯了宫闱大忌。官家警觉起来，开始把岳飞摆到了对手的位置上。

作为自己的对手，如果岳飞仅仅不怕死、能打仗，或者偶尔不听招呼并不可怕，可怕的是他还不爱钱、不好色。他的那些广泛流传的宣言，例如"文臣不爱钱，武臣不怕死，天下当太平"。例如"冻死不拆屋，饿死不掳掠"，不仅说明他有着很不一般抱负，而且他自己又是身体力行的。岳飞及其家人的生活相当简朴，妻子偶尔穿了一件丝质衣服，岳飞还一定要她换成低档麻布的。他平时的饭菜，大多只是一盘煎猪肉和几样面食，基本上没有两样肉菜。南宋初年因战事频仍，在俸禄上优渥武将。岳飞身为军界高官，建节两镇，料钱（工资）和公用钱（各种补贴和招待费）自然相当可观，他的钱都用到哪里去了呢？答曰：化私为公，补贴军用，拿去购置军服器械和粮米了。至于那个天底下所有的男人都喜欢沾惹的毛病，岳飞也兴趣不大。驻守川陕的大将吴玠是抗金名将，也是个好色之徒，此人最后就是由于服用金石壮阳，咯血而死。他听说岳飞始终一夫一妻，且军中别无姬妾歌女，特地给他送来一名漂亮的川妹子，还置办了许多金玉珠宝作为妆奁。那时候，士大夫之间以美女作为礼物不仅很正常，而且是一件很风雅的事，甚至连自己宠爱的小妾也是可以送人的。但岳飞偏偏不解风情，他只与那位美女隔着屏风说了几句话，大体意思是在他家不可能享福，要吃苦的，最后表示"抱歉"。屏风后面的川妹子在心里嘀咕着：抱歉？那你就"抱"一下，或许能消除"歉"意呢。但岳飞哪里肯？当即派人把她又送回去了。

岳飞太干净了。

最干净的最危险！

这样的结论似乎有点诡异，却偏偏是颠扑不破的。古往今来，似乎从来只有饥民造反而未见贪官造反，因为从根本上说，贪官是一群寄生在皇权肌体上的软体动物，一群肠肥脑满的既得利益者，他们当然不想破坏现有的秩序和游戏规则，也不会忧国忧民持不同政见。他们虽然品行不端，蝇营狗苟，却总觉得自己在不断地得到，利润可观，一切都很滋润。即使原先有一点志向和抱负，也会因手头已经攫取的利益而患得患失。一个把利益看得太重的人是不敢承担风险的,他们没有那么大的胆量和气魄,他们的大脑已经萎缩到只够算计好处和倾轧同僚,而不能思考稍微宏大一点的命题。作为寄生物种,他们一般不具有独立性,只具备依附功能。他们寄生于主子无所不能的权威中,有时甚至寄生于主子的痛苦中谋取利益,但那只是一种小小的狡猾,并不可怕。他们想得最多的是既得利益的保值增值,而不是推倒赌局,重新洗牌。唯其如此,他们即使不那么可爱,也是可以放心的。他们虽然随时可以翻脸不认人,却即使在睡梦中也绝对要向权势点头哈腰。这样当然很好!因为在官家看来,他们汲汲以求的那点利益就捏在自己的手指缝里,自己完全可以予取予求,收放自如。从这个意义上说,他们也是自己豢养的,至少是无心插柳柳成荫。

而那些看起来很干净的正人君子就不那么简单了,王莽在篡位前不也自奉俭朴吗?他穿着粗布衣服招摇宫廷,看到读书人就打躬作揖,极尽谦恭。中原大灾,他一次就献出三十顷地和一百万钱,完全够得上"感动中国"或"道德楷模"了。晚唐大将朱温曾被唐昭宗李晔赐名"全忠",在皇上逃难时,他曾"自为天子执辔,且泣且行,行十余里"。这样的表演一般人是做不出来的。但后来正是这个叫"全忠"的人要了李唐王朝的命。白乐天诗云:"周公恐惧流言日,王莽谦恭未篡时。向使当初身便死,一生真伪复谁知。"可见人心诡秘,真伪难测,那些表面上的清廉自好、忠君爱国之类都是靠不住的,在一个万方多难的乱世,这些反倒成了野心家们最廉价的招牌。像岳飞那样身居高位,却过着有如苦行僧似的日子,看起来堂而皇之,无懈可击,一丝不苟得哪怕一丝不挂也找不出一丝缺点。那他究竟图什么呢?人生在世,谁不好金帛之富、声色之娱?他偏偏不好,那就反常了。反常就说明他有着更高的政治图谋。要知道,雄心与野心只有一纸之隔,一捅就可以破的。也许今天是雄心,明天有了气候就演变成了野心;也可能原本就是野心,只不过用光鲜华丽的外衣遮掩着罢了。

岳飞怨不着别人,他的掘墓人恰恰是他自己。

杀,还是不杀,现在已经不是问题了。自古君疑臣则诛,臣疑君则反,岳飞既已下狱,君臣疑隙已生,那就断然没有再让他活着出去的道理。

这是一颗中兴诸将中最年轻的头颅，可惜了。

杀心既起，那就事不宜迟，因为翌日就是立春，立春是不能杀人的，不仅这一天不能杀人，以后的整个春夏季节都不能杀人，这是历朝历代的规矩，所以才有"秋后问斩"的说法。当然像岳飞这种谋反大逆罪除外，可以特事特办，从重、从严、从快的。但即便如此，过了今天就是除夕，过了除夕就是绍兴十二年的新年。绍兴十二年将是本朝中兴史上具有里程碑意义的一年，大事多、喜事多、敏感事也多，一开年就杀人，终究不好。

主意已定，官家提笔下旨：

岳飞特赐死，张宪、岳云并依军法施行。[12]

在大理寺的奏状上，岳飞、张宪判的是死刑，而岳云判的是流刑。依照大宋刑法，应"以官当徒"，也就是以行政处分抵消刑责，所以实际上岳云是用不着服刑的，只要革除官职，再象征性地"罚铜二十斤入官"即可（按当时的比价，二十斤铜大致相当于铜钱五贯，白银二两多一点），这样的判决显然不称圣意。既然已经开了杀戒，那么多杀一个少杀一个就无所谓了；既然多杀一个无所谓，那么岳云就非杀不可，因为他不仅是岳飞的长子，而且素称勇武，上了战场就不要命。一个上了战场就不要命的岳飞的长子，无论如何得先要了他的命。

想到这一层，他又提笔加上几句：

令杨沂中监斩，仍多差兵将防护。余并依断。[13]

搁下笔，他又前后看了一遍，觉得很满意，特别是那几笔捺脚，显见得有黄山谷"元祐脚"的风骨，却又出神入化，随意所适。不少书家学习前人笔法只知依样画葫芦，有如婢女模仿夫人的做派，总是没有大户人家的气质和风度，那是很可鄙薄的。

钦此！

※ 墓碑上的绍兴年号

每座都城照例都有一处杀人的地方,例如几十年前东京右掖门外的瓮市子以及几百年后北京宣武门外的菜市口。临安的这个地方叫戒民坊。所不同的是,瓮市子和菜市口都是先有地名,后有刑场,时间长了,提起那地方人们便会联想到杀人,其实那地名很无辜。而戒民坊的名字本身就是与杀人有关的,因为那里是市曹行刑之地,也因为行刑含有警戒民众的意思,故名戒民坊。

戒民坊在朝天门之南、御街与市河之间,东侧坊前有一座棚桥,所以民间又称为棚桥巷。北面不远处的御街上则有众安桥。这一带是闹市区,除去百戏杂剧的演出场所——下瓦子和羊棚楼外,众安桥下尤以灯市著名。每年的腊月底到元宵前后,各种各样的花灯就上市了,其形制举凡人物花草、禽兽虫鱼,无不极尽奇巧。白日里的喧阗热闹自不必说,入夜则星布珠悬,流光溢彩,华灯下的街市别是一番缛丽繁华。商家中有好事者,或以诗词曲赋、书经典故制成谜条,悬于灯上,供市人竞猜,谓之猜灯。前几年正值宋金之间战事胶葛,曾有人以中兴四大将的名字作为谜底悬灯征猜,其中有关岳飞的一条尤为出彩,谜面为:"挟泰山以超北海。"语出《孟子·梁惠王》,不仅意思扣得很切,更难得的是字面上的那种风神气势,恰如岳大帅其人。猜灯本是商家招徕顾客的游戏,猜中者并没有什么奖赏,只是在大庭广众之下出一下风头而已,但这已经够了。临安市民是很有几分风头主义的,较之当年的东京,他们的这种参与意识与娱乐精神,以及由此衍生出来的虚荣心,是一点也不逊色的,这大概可以称之为一种帝都心态吧。

虽然戒民坊的名字与杀人有关,但这里其实并不经常杀人,这和附近一个叫打猪巷的地方每天都能听到猪叫不同。人毕竟不是猪,杀人也当然比杀猪要刺激得多,因此每一次杀人都如同饥饿年代的一道盛宴,引起围观者极大的兴趣。绍兴十一年小年夜的这次杀人也不例外。不仅不例外,而且场面更为壮观。这一方面因为是年底,街上本来就人多，用不着谁去号召的；另一方面是马上就要过年了，谁也不会想到这时候会杀人，有点"喜出望外"的意思，因而也就格外热情。可人们也觉得奇怪，一般来说，杀几个死囚是用不着动用禁军的，只大理寺的一干衙役再加上当地厢坊负责治安的差丁就搞定了。可今天不仅动用了禁军，而且大有兴师动众之势，清场、戒严，如临大敌，戒民坊和御街交叉处的三角地带被禁军包围得铁桶一般。而在这铁桶的外围，一队队步骑健卒仍然在走马灯一般不停地调动，脚步沓沓、旌旗猎猎，兵器的碰击声和短促的呼喝声在飞扬的尘土中混杂在一起——这其实只能渲染一种紧张气氛而不能显示他们的精锐和战斗力。人们当然也不可能知道，今天这排场的导演竟是当下军阶最高的枢密院张大帅张俊，而执行导演则是殿前都指挥使杨沂中，这个杨沂中是杨家将的后人，眼下圣眷正隆。他们这一切举轻若重的折腾都是为了万无一失，防止"莫须有"的突发事件（在宋人的习惯用语中，"莫须有"是"可能有"的意思）。但后面的进程表明，这完全是一场虎头蛇尾的表演，或者说，先前那些剑拔弩张的调度完全是小题大做。人犯甫一进场，大理寺的官员匆匆宣读完判决，刽子手甚至连喝一口酒喷在鬼头刀上的仪式也省略了，就手起刀落，砍下两颗人头来。随后便根据规矩，由钱塘县领走首级，仁和县领走尸身，让死者身首异处，又撒一筐黄土掩去血迹了事。围观的市民由于离得太远，始终没有看清人犯的模样，等到历来最擅长撤退的禁军以他们最擅长的方式风流云散地撤去，四面的观众拥进刑场，只看到一摊薄薄的黄土往外渗着鲜血，那形状和范围让人可以想见刚才那些人处置的粗暴和草率。看过了血迹，又顺便想到死者的身份，这才有人记起刚刚宣读的判决中，被问斩的两个人似乎一个叫张宪，一个叫岳云。但这样的提醒当即遭到质疑，这些年岳家军名声鹊起，连黄口小儿在街头游戏中也会表演岳家军杀金兵的，市民们对岳飞麾下的这两员大将自然耳熟能详，这两个专门在战场上出生入死为朝廷砍人家脑袋的壮士，怎么可能被朝廷的刽子手砍了脑袋呢？太不可思议了！

这样的争议当然只发生在少数人之间，大多数人是懵懵懂懂不明就里的，他们只觉得刚才的一幕太过草率，整个过程犹如一个蹩脚的江湖拳师的表演，圈场子的时候架势摆得很大，揎拳捋袖，耀武扬威。可临到真正显身手的时候，却三拳两脚就草草收场了。他们是带着几分被忽悠的感觉离去的。于是街市上又恢复了先前的喧闹繁华，下瓦的杂剧重起丝竹,灯市又挂上了新的谜条,商贩和市民的脚步很快就把戒民坊前那染着鲜血的黄土带走了,了无痕迹。

　　与戒民坊前血沃黄土的场面相比,此前在大理寺监狱对岳飞的执行要干净得多。官家以前曾告诫岳飞要少喝酒,以免误事,这次却很慷慨地赐了他一壶毒酒。这是赵家天子对猜忌对象的惯用手法,当年他们的先人对归降的西蜀孟昶和南唐李煜就是这样处置的,虽然死者痛苦点,但最多也不过七窍出血而已,场面上并不难看。后人一般认为岳飞遇害是在风波亭,这种说法其实是小说家言。首先,作为最高法院的大理寺位于临安城北隅的余杭门内,离钱塘江甚远,即便有一座亭子也大抵不会以"风波"命名的;退一步讲,即便有这样一座风波亭,但宣旨杀人,一壶毒酒,也是应该在密室里进行的,为什么特意要放到一座四面没有遮挡的亭子里去呢?是为了显示风雅还是为了让岳飞凭栏抒怀?显然不合情理。所谓风波亭,其实只是后人在戏剧舞台上为了"表演"需要而设置的,是渲染忠良无端被祸的一种隐喻和符号。中国传统戏剧中以亭为戏的剧目很多,随口可以说出来的就有牡丹亭、望江亭、拜月亭、凤仪亭、花亭会等等。有时尽管剧情与亭子没有任何关系,也硬是要在舞台上放一座亭子,那是为了视觉上的审美需要,让舞台上好看一点。既然已经有了那么多的亭子,那么再多一座风波亭也无妨。我们欣赏这样的无中生有,因为它体现了一种民心向背和历史审判,从此以后,风波亭就以其锋利的存在感固化在一个民族的心灵创口上,用疼痛和愤慨警示我们的千秋万代……

　　有些不起眼的小人物之所以能在历史上留下一点痕迹,完全是因为某种偶然的际遇。南宋末年的贾似道弄权误国,后来倒霉了,要流放到广东高州去,被押送他的一个叫郑虎臣的县尉杀死在漳州木棉庵的茅房里。贾似道名声不好,后人除了讥讽他在厕所里被杀是死得其"所"而外,也顺便记住了这个叫郑虎臣的小人物。郑虎臣的父亲当年曾被贾似道流放过,他杀贾似道其实有发泄私怨的意思;而绍兴年间的大理寺狱卒隗顺之所以青史留名,则完全是由于他的见义勇为。岳飞被害后,隗顺冒着极大的风险将遗体连夜背出钱塘门,偷偷埋葬于九曲丛祠附近的北山之麓,并立了一块小小的墓碑,诡称"贾宜人坟"。宜人是官员命妇的一种名号,"贾"者,假也,这样既不引人注意又有利于日后辨认。像隗顺这样的小人物,大抵一辈子就做了这样一件大事。一个小人物的信念尽管相当单纯,但唯其如此,他的坚守也将格外执着,北山之麓那座小小的坟茔从此成了他生命的圣坛。他也许不懂得什么叫政治与权谋,但他由此知道了什么叫谎言与暴力;他当然不敢抱怨官家的凉薄,但他不理解为什么一个忠勇的爱国者却要以国家的名义被杀害。要一辈子坚守一个秘密并不难,痛苦的是这秘密的长度超过了自己生命的长度,他只能把秘密传给儿子:岳大人腰间系了一只玉环,是他生前佩带的,他的家人和部属应该认识;岳大人的棺材上有一个铅桶,上面有大理寺的勒字,那是我埋葬时所作的记号。天理昭昭,良心不灭,朝廷迟早会给他平反的……

这是一个小人物最后的遗言。

但官家不这么想,因为他懂得政治与权谋,也不太在乎有人抱怨他"凉薄"。据说赵匡胤当年曾在太庙立一誓碑,规定"不得杀士大夫及上书言事人"。这样的祖宗家法,宋代的历任皇帝大体上都是执行的,所以尽管政潮起伏,翻云覆雨,但被杀头的并不多。官家即位以后,这十五年间开了两次杀戒,第一次杀的是学潮领袖陈东和布衣士子欧阳澈。当时他即位才三个月,刚刚尝到了当皇帝的滋味,陈东和欧阳澈就上书指责他"不当即大位",且"语侵宫掖",也就是批评他在女人身上太用功,这涉及他执政的合法性和个人品德问题。一个做惯了亲王的花花太岁还没来得及从心理上完成角色转换,一怒之下就把两个书生的头颅砍了。砍了你的头颅,你还能说三道四吗?在执政的合法性这一点上,专制者总是格外敏感,下手也格外无情,不管你说他阴谋也好阳谋也好,冒天下之大不韪他也无所谓的。但随着执政经验的丰富,官家开始反思了:以言论罪人、搞文字狱、杀知识分子,这不仅违背了祖宗家法,而且要背千秋恶名的。从个人感情上讲,那两个家伙当然该杀,别说杀一次,就是杀一百次也不解恨。但你既然搞了政治,就不能由着性子来、只图一时痛快,这就好比妓女和嫖客之间不能动真情一样,不然你就别干这一行。官家终于想通了,他下令为两位书生平反,并赠官推恩,让他们的子女中有一人进入公务员序列。陈东没有儿子,他的一个侄子跟着沾光,封了个正科级的承事郎,相当于状元及第后的起步官阶,很不错了。

第一次杀人,可以说杀得快,平反也快。第二次恰恰相反,杀的时候瞻前顾后,颇费纠结，但杀了以后就铁定了心坚决不平反。岳飞被害后，官家又在皇位上坐了差不多二十一年，这期间南宋的政坛经历了一系列大事，其中包括秦桧死后的"更化"与"叙复"，也就是重新调整政策，为历次运动中受迫害的人平反昭雪。但尽管岳飞冤案举世皆知人神共愤，尽管已经有了秦桧这样一个相当称职的替罪羊，也尽管有不少官家个人感情上并不欣赏的人照样沾溉皇恩重出江湖，官家却始终坚持不给岳飞平反。在这种死猪不怕开水烫的态度背后，究竟隐藏着怎样的政治考量和人格因素呢？是一个政治上已相当成熟的帝王的深谋远虑，还是一个偏执狂的意气用事，这实在是很值得玩味的。但是有一点似乎可以肯定，官家实际上是用这种姿态向历史宣告：诛杀岳飞完全出自宸衷独断，所谓"秦桧矫旨"的说法其实是太抬举他也太冤枉他了。北山之麓的那座"贾宜人坟"荒草萋萋，见证了一个"中兴圣主"的南面之术如何历练成无赖以至无耻，直至有宋一代历时最长的绍兴年号最后终结。

大理寺关于岳案的判决中照例有"家产籍没入官"的内容，接下来自然是抄家了。相信历朝历代的中国人对抄家都不会陌生，那是对赢者通吃的政治定律最富于仪式感的阐释，也是在失势者的伤口上再度施虐。岳飞的遗产由秦桧的小舅子王会负责抄没，这个"小舅子"本身就是个贪酷之徒，凡是与财产沾边的事他都特别来劲。为了找出岳家的真金白银，他充分显示了挖地三尺的攻坚意识、顺藤摸瓜的务实精神，以及秃子头上抓跳蚤的职业灵感和鸡蛋里面找骨头的创新理念。他把岳家的下人都抓起来严刑拷鞫，不少人因此被折磨至死。如此历时数年，才搜搜刮刮地拿出了一份抄没清单，详录如下：

钱：三千三百二十二贯八百六十三文；

田：七顷八十八亩一角一步；

地：十一顷九十六亩三角；

水磨：五所；

房廊草瓦屋：四百九十八间。

另有麻布和丝帛三千余匹，米麦五千余斛。[14]

这中间的"田"和"地"是有区别的，前者指可耕作的熟田，后者指荒山、草场以及那些"水磨"等农业设施占用的土地。以上清单看起来绝对数字似乎不少，特别是土地和房屋。但作为岳飞那个级别的将领，他的收入别的不说，光是朝廷的赏赐就相当可观，进京觐见要赏，重大节日要赏，打了胜仗更要赏，每次至少有上千两银子。绍兴十一年他基本上没有打仗，而且十月以后就入狱了，这一年的赏赐尚有白银二千两、丝绸二千匹、金碗三只、金杯三十只。而清单上抄没的现钱总共只有三千多贯，相当于一千多两银子，只及得上张俊家里的一坨"没奈何"。那么他的钱都到哪里去了呢？显然都置了土地和房屋，然后再把土地房屋出租，收益则用于补贴军需，要不然他把那么多布帛米麦堆在家里干什么？那都是士兵身上的衣服和碗里的饭食啊！有些清廉需要靠不断重复的谎言来支撑，而岳飞只需要这张精确到几文钱的抄没清单就够了。

司马迁在《史记》中说刘邦得知吕后处死韩信时，"且喜且怜之。"班固在《汉书》中亦称"且喜且哀之"。两位史家对专制帝王薄情寡恩的刻画惊人地相似。赵宋的官家在得知岳飞的家产如此不起眼时会作何感想呢？恐怕决不会"怜"也不会"哀"的，而只会报以几声阴鸷的冷笑，因为根据他的驭人逻辑，最干净的最危险，正所谓大奸谋国，小智谋财，此人图谋深远，不杀他杀谁呢？

但岳飞还有一笔被朝廷忽视了的遗产，似乎也应该说一说。

绍兴十一年夏天，三大将被罢去兵权，封为空头的枢密使一类勾当。朝廷一方面在暗中罗织罪名，要对岳飞下手，一方面又派他随张俊巡视淮东。这是岳飞最后一次身临宋金前线。在楚州时，他突然想到一个叫李宝的人，此人原是自己帐下的统领，现在韩世忠军中，正出戍海州。岳飞便将他召来"措置战守"。虽然当时朝廷上下一片议和之声，但岳飞始终认定宋金之间难免一战。他见李宝胆略不凡，曾是北方义军首领，便要他率部沿海路北上山东，以熟悉水文地理，演练海战。日后一旦有事，或可破敌之水师，或可作战略迂回。李宝遵照岳飞的布置扬帆出海，直至文登蓬莱，为日后可能发生的海战作了一番认真的预演。二十年后的绍兴三十一年，金主完颜亮大举南侵，垂危之秋，李宝率战船一百二十艘孤军深入，在山东唐岛附近大破金军的浙东舰队，让完颜亮从海路直取临安的战略意图彻底落空。岳飞当年不经意间布下的一粒棋子，成就了宋金大战中一次决定性的劫争，结果宋军做活了，中盘胜出。《宋史·李宝传》中认为：

> 向微（如果没有）唐岛之捷，则亮之死未可期，钱塘之危可忧也。宝之功亦大矣。

这样的评价是很客观的，正是因为有了李宝的唐岛大捷，再加上后来虞允文的采石大捷，才促成了完颜亮的迅速败亡。

岳飞在被害二十年后又一次拯救了赵宋王朝。

现在是绍兴十一年的年底，对于官家三十六年的执政生涯来说，即将到来的绍兴十二年是第十六个年头，这是一个政治家步入成熟的年龄。经过这些年的左右折冲和上下折腾，他的执政理念中已经形成了几条颠扑不破的基本原则。赵构并不是有宋一代执政时间最长的帝王，但他的绍兴年号却是有宋一代历时最长的年号，前后达三十二年。作为一种写在旗帜上的施政纲领被长期高举和坚持，说明此人内心足够强大，一旦认定了什么是很难改变的，这些都决定了这个王朝的质地和他个人在历史上的作为。绍兴十一年年底的临安是欢乐而祥和的，尽管戒民坊前有几摊黄土遮掩不住的血迹。无论是朱漆豪门还是小户人家，年货已经备好，祝福的鞭炮在远远近近地炸响。对生计的追求和娱乐精神的泛滥，让这座城市滋养着敦厚而蓬勃的生机，如同入夜那琐碎而实实在在的万家灯火。如果再看得仔细点，一些里弄深巷里的偶然性情节也许可以视为几笔散漫的注脚，例如当时城内的河岸边大都没有栏杆，有醉酒者夜行经过，远近灯火迷离，屡有视河道为坦途而落水溺死者——却死得并不痛苦。[15]而在另一个层面上，以宋金和议和诛杀岳飞这两大事件为标志，这个在废墟上仓皇诞生的南宋王朝也终于完成了自己的成人礼。

一个平庸、压抑，却也可称繁荣的时代开始了。

注释：

〔1〕 绍兴：宋高宗赵构的年号，1131年—1162年。
〔2〕 见刘子翚《汴京事诗》："辇毂繁华事可伤，师师垂老过湖湘。缕衣檀板无颜色，一曲当年动帝王。"认为李师师靖康之难后颠沛浙中，后又流徙湖南，谋生手段依然是"缕衣檀板"。
〔3〕 参见郎瑛《七修类稿》卷二六《杭音》。
〔4〕 宋神宗年号：熙宁，1068年—1077年；元丰，1078年—1085年。
〔5〕 宣和：1119年—1125年。
〔6〕 建炎：1127年—1130年。
〔7〕 以上物价参见王仲荦《金泥玉屑丛考》卷八、卷九。
〔8〕 元祐：1086年—1093年。
〔9〕 《续资治通鉴长编》卷三二淳化二年八月丁亥。
〔10〕 《鸡肋篇·行在军中谣》。
〔11〕 宋仁宗年号：庆历，1041年—1048年；皇祐，1049年—1053年。
〔12〕〔13〕 《建炎以来系年要录》卷一四三绍兴十一年十二月癸巳，《建炎以来朝野杂记》乙集卷十二《岳少保诬证断案》。
〔14〕 《金佗续编》卷十三《户部复田宅符》。
〔15〕 《西湖游览志余》卷二一《委巷丛谈》。

公元一一四二年·农历壬戌年

正月

南宋 绍兴十二年

※ 大朝会

　　行都的新年是从宫城里的大朝会开始的，如果把元旦到元宵的整个年节视为一台大戏，那么元旦一早的大朝会便是这台大戏的揭幕典礼。这种规格的大朝会每年只举行两次，除去元旦，就是冬至，它是彰显一个王朝内在精神和外在华衮最盛大的排场，连任何一点微小的细节也要像军国大事一样高蹈唯美的。今年的大朝会由于是在新落成的大庆殿举行，所谓万象更新就更加显得名副其实了。

　　对于官家来说，这个万象更新的大朝会就和刚刚签署的宋金和议一样，既是这么多年来梦寐以求的，却又一直欲说还休，姗姗来迟。

　　临安的宫城原先是杭州的州衙。靖康之难后，官家一行仓皇南渡，就食杭州；后来又升杭州为临安府，定为临时首都。"直把杭州作汴州"也是将就的意思，没有办法的办法。之所以把杭州改名临安，据说是因为听信了一个拆字先生的说法，认为杭州的"杭"字，拆开来重新组合恰恰是金军统帅的名字"兀术"。这固然不足信，但建炎年间完颜兀术确曾攻占杭州，其间的蹂躏与洗劫，成为这座江南名城挥之不去的梦魇。官家在诏书中表明心迹时，说自己之所以选中这里落脚，"非厌雨露之苦而图宫室之安也"[1]。这也不能完全说是装模作样，因为当时临安实在没有这样的条件。州衙虽算得上是全城最像样的建筑，但作为一个王朝的宫城，还是显得太简陋也太逼仄了。宋朝尚火德，宫殿应以红色为主色调，但当时限于财力，粉刷宫墙连油漆也用不起，竟然用的是红土。而且就是这种用红土粉刷的殿子，外朝也只有一座。官家如果在这里会见群臣，就称之为后殿；要是在这里处理政务，便改称内殿；逢双日在这里听专家学者的讲座，那时又叫讲殿。三个殿名合用一个殿堂，因事而改名，可谓物尽其用、因陋就简了。假如一个臣子接到通知，叫他先到后殿奏事，然后陪官家一起到讲殿听课，下课后又到内殿有所垂询，那其实是在一个地方，根本用不着屁颠屁颠地赶场子。而且那殿子总共只有三间规模，连百官上朝前排班站队的过廊也没有。晴和天气还好说，遇上雨雪就只好沾沐天恩，一个个落汤鸡似的很狼狈。再加上宫里的甬道都是泥路，一下雨泥泞湿滑，官员们跌跌绊绊地踉跄上朝，给本来庄严肃穆的场面平添了几分滑稽。即使进了殿子，也是碰屁股转弯，像"秦长脚"（秦桧）那样的个头，一不小心头巾就触到了屋梁。[2]对于那些来自北方的臣子来说，江南的梅雨本来就有如炼狱，那期间遇上朝会，人多、殿子小，又加闷热难当，满屋子都是人肉味。北方人又喜欢吃大蒜生葱，不光嘴里的异味忒重，偶尔有人偷偷放一个闷屁更是殃及无辜，足以让满朝文武竞赛着表演皱眉头，弄得负责纠仪的礼部官员和御前侍卫大为紧张，却又无可奈何。鉴于这种情况，官家索性取消了前殿的朝会。他这个人很会表演，不说没有条件，而是说二圣未还，自己要放低姿态，不忍心享受那样的排场。[3]

　　形容过年的隆重，除去"万象更新"而外还有一个词：普天同庆。所谓"庆"表面上看是一种仪式，其实一招一式走到最后，都归结为很实惠的感官享受：一个是吃，一个是玩。对于普通民众来说，这两样都是平日里无缘消受的。最好的东西都集中在这几天里吃，而且是借助了"年"的名义，堂而皇之地吃，花样翻新地吃，还要通过走亲访友互相交流着吃，你说这是多大的奢侈。在一个农业社会里，吃永远是最大的问题，口腹之飨也永远是最大的享受，所以才有乡下的老农猜想皇上该一天三顿吃肉夹馍那样的笑话。再说玩。玩向来是与休闲同义的，因为你先得有"闲"，然后才能去"玩"。那些终日里为生计所迫操劳奔波的小民们什么时候才能"闲"几天呢？只有过年。那么就玩吧！临安市民从来就不缺少娱乐的天赋，朝廷也体恤民情，有一种叫"关扑"的赌博游戏，平日里是禁止的，到了过年也特地开禁三天。[4]过年真好！可以尽情地吃，尽情地玩，这是人的天性最放纵的几天，也是一年中最自由的几天，而这一切都是建立在平时不能放纵不得自由的基础上的。设想一下，在一个缺少宗教传统的社会里，世俗的享受就是终极追求，如果有一天吃的问题解决了，那么过年的魅力肯定就失去了一半；如果休闲的问题也解决了，过年肯定就彻底无趣了。因为那些好处平日里随时都可以受用，唾手可得，过年还有什么劲呢？大约只有小孩子才盼着到时候可以增加一岁，心理上多一份自豪感吧。

　　很不幸，宫城内的官家就属于已经"解决了"的这一类，小民百姓们在过年时才能享受的吃喝玩乐，早就成了他日常生活的一部分，他一直就处于在这样的生活中，一点新鲜感也不会有的。因此，官家的年，就回到了表层意义上的仪式感。相对于普通民众来说，官家是具有宗教情怀的，他的宗教就是权力，而正月初一的大朝会就无异于一次盛大的宗教仪式。仪式是个好东西，它用华丽的卤簿、庄严的音乐、繁缛的程序以及森严的等级宣示着至高无上的皇权。它营造出一种气场，在这个气场内，所有的人都不是"人"，而是道具，你的一举一动包括拜舞的幅度和山呼的音调都被极其严格地规范着、程序着，这叫做"一切如仪"。而所有的"一切"又是由你的身份决定的，无论是你衣服的颜色和图案、帽子上有几道梁、装饰什么，手中朝笏的质地，还是你站立的位置，都不能有丝毫僭越。那是一个权力金字塔的华彩呈现，在这金字塔顶端的明星只有一个——官家。他冠冕堂皇，高高在上，心安理得地接受所有的欢呼与朝拜。这时候的官家才是真正的官家：官天下，家天下，万物皆备于我。在这样的位子上，即便是一个丧失了心智的白痴，也会不怒自威、顾盼生风的。世界上有那么多的美好词句，竟没有一个能恰如其分地表述他的尊贵与权威，只能用一个大而无当的"天"来指代：他的身份是天子，他的面孔称为天表或天颜，给他说话要称为上奏天听，他制定的规矩称为天宪，他住的地方称为天阙，他派出去传达旨意的人——哪怕是一个恶棍或者流氓——也要称为天使，他稍有一点不高兴便称为天威，他无论给予你奖励还是惩罚都认为是天恩。这么多带天字头的词，偏偏少了一个治理国家和民众最需要的词——天良，因为它与皇权无关，只能暂告阙如。不知是不是这个原因，根据以上的语言逻辑，他的老娘似乎也应该称为天娘的，为了不至于因为与天良谐音而引起误读，便称之为天慈或天眷。

　　大庆殿无疑是宫城内最重要的建筑，它是一个政权的礼仪象征，凡是有关王朝体面的各种典礼都在这里举行。就像一个大明星常常有好多艺名一样，它也是一殿多用、因事揭名的。正朔大朝时，这里称大庆殿；进士唱名，称集英殿；祀神祭天，称明堂殿；庆贺皇帝和皇后的生日，又称紫宸殿；宣布执政级的重大人事任命（因为诏书是写在白麻纸上的，是谓"宣麻"），则称文德殿。当然，它还有一个更流行的俗称：金銮殿，这个俗称几乎取代了民间对皇城的所有想象。官家虽说不上雄才大略，却是个心思细密的人。绍兴十一年春天，当宋金和议已有眉目时，他就开始谋划朝会的兴废事宜，当务之急就是要把那一套礼仪恢复起来，因为这是一个王朝的体面。体面不是面子，而是对秩序的维护与重申。想当年完颜兀术扫荡江南时，官家在海船上流亡了整整五个月。孤篷渺渺，海天茫茫，君臣各为生死，哪里还能行什么礼仪？只有等到御舟近岸下碇，臣僚才有机会登上御舟朝拜官家。海滩上污泥陷足，文武大臣穿着草鞋，深一脚浅一脚地蹒跚而行。实在不好走时，就用稻秸垫在路上。当时的宰相吕颐浩和参知政事范宗尹突发灵感，以戏言恰好凑成一副对联，曰："草履便将为赤舄"，"稻秸聊以当沙堤。"[5]对这种充满了头巾气的戏谑，想必官家听到后不会很开心。但时世艰难，也就顾不上许多了。当一群臣子穿着草鞋走在铺着稻秸的烂泥路上，一边嘻嘻哈哈地开着玩笑一边来朝见时，一个王朝的体面无论如何是打了折扣的。现在，重振体面就是重振朝纲，官家要抓纲治国了。于是，几乎是在罢去三大将兵权的同时，大庆殿亦隆重开工。此后，在整个秋冬季节，大庆殿营建工程一直与岳飞冤案紧锣密鼓地齐头并进。一方张扬于外朝，大干快上，热火朝天；一方策划于密室，群小蝇营，狼狈为奸。一方的主持人是秦桧的狗腿子、临安知府俞俟；一方的主持人是秦桧的另一个狗腿子、御史中丞万俟卨。同为中兴盛世的两大献礼工程，一并委系于秦氏之裙带，可见官家对"师相"的倚重。而两大工程又几乎同时在年底大功告成，这样精确的谋划，不能不令人叹服！

大年初一天还没有亮，文武百僚就开始在丽正门外排班。今天是大朝会，官员们不再从后门"倒骑龙"了，而是从南面的丽正门进入。负责议程的内侍更是神气活现，即便是皇亲国戚也要被他们呼来喝去地支使。小人得志是要有气候的，大朝会的庄严隆重赋予了他们骄横跋扈的底气。他们逐队厉声喝问："班齐未？"禁卫人员逐一应答："班齐！"那阵势就像军队集结时检查口令一样。[6]队伍整顿完毕，宫门尚未开启，大家只好瑟缩在寒风中等待五更报时。皇宫内计时的更漏比民间短，宫中五更过后，民间四更才结束。因此宫中打过了五更，梆鼓声就交替响起，称为"攒点"，也就是发布标准时间的意思。五更攒点的梆鼓声终于在城楼上响起，这时候，透过大庆殿殿角上的鸱吻犹见疏星点点。于是宫门缓缓打开，门轴吱吱呀呀的摩擦声尖利地划过晨光熹微的夜空。百官蹑手蹑脚而又神情整肃地鱼贯而进，绍兴十二年的元旦大朝会开始了。

但严格地说，今年的大朝会其实并不"大"，文武百官应该来的当然都来了，一个也不会缺。缺的是那一干支撑场面的卤簿仪仗，像法驾、伞扇、仪卫、雅乐等等都是临时拼凑的，不成体统，只能聊胜于无。当初东京大朝会时，光是黄麾仗的仪节就要动用五千余人。五千余人的旌旗队列，那是怎样一种盛大的排场？不说别的，以现在宫城的规模，怕是站也没地方站了。不"大"的第二个原因是缺了四方朝贺的外国使节。所谓"万国衣冠拜冕旒"，那是汉唐气象，不去说了。即便是在东京时，朝贺的外国来宾也还是相当可观的。仅孟元老在《东京梦华录》中点到的名字就有：辽、西夏、高丽、交阯、回纥、于阗、三佛齐、南蛮五姓番、真腊、大理、大食等国。[7]这些国家有的逢节必贺，有的隔三差五。逢节必贺的国家有辽、西夏和高丽。辽是北方的强邻，根据真宗景德年间的《澶渊之盟》，宋辽为兄弟之国，辽圣宗称宋真宗为兄，宋每年给辽"岁币"银绢三十万两匹，这是哥哥给小弟的红包，图个皆大欢喜。在西夏面前，宋王朝要尊贵一些，双方名义上是父子君臣，西夏国王在文书上自称"男"上书于"父大宋皇帝"。宋也要给红包，每年银绢二十五万五千两匹。与送给辽的"岁币"不同，这是"岁赐"，有点居高临下的意思。宋与高丽则算得上是特殊关系，这种"特殊"当然不是"同志加兄弟"，而是宗主国和藩国的关系。藩国的重大事情要由宗主国决定，新国王即位或遴选王后，自己定了人选是不算数的，要报告宗主国批准，由宗主国册封。还有一个就是奉正朔，也就是采用宗主国的年号和历法，例如按照规矩，现在的"高丽时间"也应该是绍兴十二年正月初一，这就叫奉正朔。至于其他的那些"蕞尔小夷"，则基本上都是通商关系。因为宋王朝看重的是"事大之礼"，对他们采取"羁縻"政策，出手相当大方，每次都有数倍于贡品的"回赐"。他们尝到了甜头，就来得更勤，带的贡品也更多。其中有些商人甚至冒充国使，他们带着土特产来到东京，诚惶诚恐地给皇上叩几个头，喊几声"万岁万万岁"，然后就等着你的"回赐"。这种"蚯蚓钓老龙"的游戏弄得宋王朝后来也吃不消了，只得采取"一分收受，九分抽买"的政策，即你们带来的东西，一分作为朝贡品，给予回赐，其余的九分则按市场价抽买。但不管怎么说，作为天朝上国，有人来朝贡总是好事，破费点银子算什么呢？而到了绍兴十二年的元旦大朝会时，那些原先来朝的衣冠使节已中断了多年，门庭冷落、物是人非，也是时势使然。辽早已亡于金，而宋王朝由于丢失了从大散关到淮河以北的大片疆土，与西夏已不再是邻国，西夏已不再承认这个"父大宋皇帝"，也不再派使节来朝贺了。当然，这样也好，宋朝倒每年省了一个大红包。但根据最近签署的宋金和议，宋每年要给金国银绢五十万两匹，而且名义既不是当初给辽的"岁币"，也不是给西夏的"岁赐"，更不是给高丽一类藩国来朝的"回赐"，而是"岁贡"。银子多少倒无所谓，关键是这个"贡"字不大好听，那是奴才给主子的孝敬。有些事情想起来实在窝囊，以前宋王朝是人家的父君、大哥或宗主国时，要掏钱安抚人家；现在当了人家的臣子，又要掏钱孝敬人家。为什么掏钱的总是自己呢？难道就因为国号姓"宋"（送）么？前些日子，又有一则消息让官家不爽，以前一直死心塌地抱宋王朝粗腿的高丽，竟然准备奉大金为正朔，采用大金的皇统年号。[8]但这种不爽官家只能放在心里，因为人家自有人家的处境和道理：我反正是抱别人的粗腿，既然你已经做了人家的臣子，我当然要拣粗的抱了。

如此看来，绍兴十二年临安宫城里的元旦大朝会，其实也就是在日常朝会的基础上换了个地方，又增加了若干程序而已。新落成的大庆殿只是徒有外壳，内部设施还没有到位，到处弥漫着一股新鲜的木头、石灰和油漆的气味。朝会增加的程序之一就是上公致辞，由宰相秦桧代表百官发表了一通用古雅而华丽的词藻组成的官话套话。"一切如仪"也并不准确，人毕竟不是道具，在这样大的场合难免有一点小小的差错。连官家本人的表现也不能说十全十美，因为过于想显示天子威仪，反倒显得有点拘谨，就像一个人刚刚装了一副假牙，嘴总是抿得紧紧的，生怕那玩意儿掉出来一样。但那场面和气氛还是让他很受用，在他十五年的帝王生涯中，还没有哪一个新年过得这样风生水起心情舒畅的。况且他很快就进入了角色，在庄严刻板的程式化表演中，时不时还会有一些恰到好处的即兴表演。最后一道程序是官家赐宴，满朝文武被折腾了半天，最后热热闹闹地吃了一顿饭。但正如吃过国宴的人都知道这种宴会其实只是一种规格一样，大庆殿里的这顿饭也并不可口，其中的一道主菜即胙肉，是除夕夜里祭祀用的猪牛羊肉。祭祀用的肉是不放盐的，执事们用刀子割成小块，分赐群臣，这种毫无味道的白肉，吃起来苦不堪言，但又不能不吃。有的大臣这种宴会吃多了，便在私下里有所变通，他们事先在家中把手绢放在五香肉羹里煮出味来，到时候一边吃胙肉一边拿出来擦嘴，这样，肉有了味道，又不会被参以无礼和不敬。宋代是个科学发明相当活跃的时代，可惜沈括的《梦溪笔谈》在这之前已经成书，不然，说不定也要把这一发明收录在册的。但绝大多数的臣子既没有这样的经验也没有这样的胆量，只能硬着头皮往下吞。因此,正如《水浒》中那位黑大汉所说的,一个个都"嘴里淡得出鸟来"。

在大朝会的礼乐和执事们分赐胙肉的忙碌中,绍兴十二年拉开了帷幕。

※ 一号文件

绍兴十二年岁在壬戌,属狗。

中国人历来相信属相与命运有一种内在的对应,例如男女结亲,要看属相是不是相克,虎羊配是断然不行的,龙虎配也不好,就是鸡狗配也不大妥当,鸡飞狗跳,不得安宁。这些当然都是小事,至多也不过影响一对姻缘而已。要是到了帝王那里就不一样了,朕即国家,再小的事,在那里也会变成国家意志而搅动天下苍生。宋徽宗赵佶属狗,便把天下的狗视为同类,曾下令全国禁止屠狗。但估计这种禁令只限于皇上的本命年这一年,或者是每年的天宁节,[9]也就是皇上过生日的这一天。要是长期执行的话,不仅要断了多少小民的生计,就连鲁智深醉打山门时怀里也不会揣着一条熟狗腿了。今年又逢狗年,天下的狗屠却用不着再忌讳什么了,因为徽宗皇帝已经死在北国荒原。作为狗年的标志,还没到元宵节,大街小巷已抢先挂满了各种以狗为造型的灯彩。

如果说元旦大朝会是年节这台大戏的开幕式,那么元宵灯节就是闭幕式;如果说开幕式是庄严刻板的宫廷礼仪,那么闭幕式就是庶民百姓的倾情狂欢。宫廷礼仪的排场再大,毕竟只在大内一隅,只有庶民百姓的狂欢才是整个城市的盛会。万人空巷也好,踵事增华也好,那些只是表象,在所有的靡丽喧阗背后,不光有这座城市不甘平庸的心,还有一种告别演出的意味。元宵一过,年节就算结束了,一切又将回归原来的轨道,流年似水,庸常碌碌,生活就像磨道一样周而复始。闭幕式不管多么辉煌炫目,结局总是个曲终人散。因此,虽然是欢乐,骨子里却带着无可奈何的留恋。又唯其如此,元宵的声色都是走向极致的,甚至是走向嚣张、走向回光返照。那是千金散去后的最后一次盛宴,也是今宵有酒今宵醉的意思,有如京剧舞台上那垓下舞剑的虞姬和马上琵琶的昭君,格外地风情万种明艳照人。

那么官家呢?官家的感受当然不会等同于庶民百姓,他看重的还是元宵的仪式感,或者说是一次秀场。所有的仪式都是秀场,而年节一头一尾的两次秀场其实是互为映衬的。大朝会宣示的是森严的等级和皇权的高高在上,而元宵灯节则通过与民同乐体现了帝王的亲和平易。正是前一次仪式给后一次仪式做好了铺垫,因为越是位高权重,走下来一步才越发显得难能可贵。就如同我们常说某某要人平易近人,这个某某要人首先必须不是"人",他和"人"是既不平等也不应该亲近的。也就是说他首先得有这个资格:要人;然后他貌似平等地走近了你,你才会受宠若惊。试问,谁曾恭维过一个乡野老农或城市清洁工平易近人的?他们不具备这个资格。特殊情境下的平易近人实际上指向了一种常态下的不平等和不近人情。因此,在一个民主的体制里,把这个词加诸于执政者恰恰可能是一种反讽。当年在东京,每年的元宵灯节都要在宣德门外挂起"宣和与民同乐"的六字金牌。[10]对于皇上来说,这是主动放低了姿态,他当然有足够的资格这样做;对于民众来说,这是被破格抬高身份。有了这种钦定的破格,他们才可以走近皇城,隐隐约约地听到宣德楼上透过珠帘彩幕泄漏出来的些许嘻笑,或挤在御街两边等待銮驾翠华摇摇地经过时一瞻天颜,那样的荣幸,是足够他们长久地回味且津津乐道的。

在官家看来,元宵灯节的与民同乐其实算不上什么要务,那是每年都有的虚应故事,所有的活动自有修内司的近臣和御前司的禁军去安排,官家只要到时候像明星一样出一下场就行了,根本用不着操心的。这些日子里,他想得最多的还是今年的施政如何开局,怎样破题。新年伊始,朝廷发出的第一个声音是给全国定调子的,它应该体现出一种高瞻远瞩的政治智慧和大局观。因此,还没等到元宵的灯节开场,正月十四日,都察院、大理寺和尚书省就同时动作了。

   戊申(十四日)御史中丞万俟卨大理卿周三畏同班入对,以鞫岳飞狱毕故也。尚书省以飞狱案令刑部镂板遍牒诸路。

这是《建炎以来系年要录》中的有关记载，两件事都是与岳飞狱案有关的，万俟卨和周三畏作为岳案的主要承办人，现在案件已经了结，向中央作一个全面的报告自在情理之中。而尚书省则提出将岳案以中央文件的形式通报全国，并令刑部将岳飞集团的罪行"镂板遍牒诸路"，也就是将文字和字体制成统一的版样，发到全国路一级的行政单位，由各地按照格式镌刻于碑石。这是关于岳案进一步的深化处理。距离腊月二十九日岳飞授首已经整整半个月了，这么大的一件事，要尽快向全国有个交代才是，毕竟人头落地简单，但要肃清流毒、统一思想就不那么容易了。那么，用遍布于全国的石碑作为终极审判，应该是一个不错的创意。

　　这种以石头的审判来昭示天下的做法其实也说不上什么创意，远的且不说，北宋崇宁初年，宋徽宗打着新法的旗号，以一种情绪化的方式对旧党进行清算，曾将旧党集团的名单刻石于端礼门外和文德殿东壁，以示惩戒；全国各地也跟着依样画葫芦，史称元祐党人碑。就艺术价值而言，那肯定可以称为中国文化史上第一流的碑刻，碑文书丹出自徽宗御笔，他用令人惊艳的瘦金体亲自书写了那份长达三百零九人的名单，也书写了一种在政治生活中睚眦必报的专横与无知。中国民间有一种说法："宁跌在屎上，不跌在纸上。"似乎什么结论一旦落在纸上，就铁定难改了，更何况是刻在石碑上呢？更何况石碑遍于国中呢？那肯定就被定格在历史的耻辱柱上永世不得翻身了。其实也不然。人既然能铸碑，也就能毁碑，元祐党人碑大约不到五年时间就被推倒了。可见相对于历史来说，无论是纸上的结论还是石碑上的审判，都是肤浅而短命的。

　　正月十四这一天廷议的主旨就是岳案，从几个部门都在同一天就同一议题入对或上书来看，这是不是官家的有意安排呢？不好说。但是以岳案作为新一年施政的开局之举，显然是官家深谋远虑的结果。而且在官家的潜意识里，正月十四日也实在不是一个普通的日子，比之于全年的其他任何一个日子，正月十四日都更加刻骨铭心，因为这个日子不仅曾改变了他一生的命运，还在深层心理上影响了他整个帝王生涯中的决策和作为。

　　一切都肇始于十六年前的那个正月十四日……

　　渔阳鼙鼓动地来，惊醒了宋王朝高枕锦裘间的春梦。年前，金人第一次兵临东京城下,那个黯淡的新年,满朝君臣和全城百姓是在漫天风雪和惊惶不安中度过的。为了满足金人的退兵条件,靖康元年正月十四日,作为康王的赵构和少宰张邦昌前往金营充当人质。两国交兵,充当人质是九死一生的勾当。事前,钦宗赵桓召见皇弟们讨论人选时,赵构"越次而进,请行。"[11] "越次"是什么意思?就是本来轮不到他去,因为他在三十二个兄弟中只排行第九,就是去送死也还不够资格,但他偏偏自告奋勇、慷慨请行。赵构此举,表明他当时尚有几分牛皮哄哄的锐气。但一入金营,他很快就为自己的轻狂后悔不已,那几分锐气亦烟消云散。在金营的那些日子里,虽然人家对他还算客气,并没有怎么难为他。但金人的军威之盛、弓马之强令他目瞪口呆。游牧民族那种血腥而野性的征服力震慑了他,那震慑是彻头彻尾、沦肌浃髓的,而且几乎是终身性的。一个十九岁的亲王的脊梁由此而坍塌,软骨病的基因已入膏肓,精神的自我矮化亦由此而滥觞,金人不可战胜的阴影,将一直死死地笼罩着这位此后的偏安之君。金营二十五天的经历,有如脱胎换骨,给赵构留下的除去软骨病,还有冷血症。赵构临行前,曾对钦宗——也是他的大哥——说过这样的话:"朝廷若有便宜,无以一亲王为念。"[12]这话说得很漂亮,此后也一直记在他的圣德碑上。其实同样是这两句话,说他是以身许国、视死如归自然不错。但要是换一个角度解释则是:如果你不把小弟的性命当回事,那就便宜行事,想怎样干就怎样干。这是对钦宗的一种提醒:你稍有造次,我的命可就玩完了。果然,赵构在金营期间,钦宗命姚平仲率兵夜劫金营,结果遭到伏兵掩击而大败。当夜金营灯火通明、杀声震天,据说赵构"颇惊骇"。在惊骇的同时,他肯定对钦宗充满了怨恨:你只爱自己的皇位,何曾想过我的死活?所谓兄弟之情,也只是你手中赌博的筹码而已,从今以后……他当时认为自己这下是死定了,当然也就没有"以后"了。想不到金人并没有杀他,他居然回来了,以至有了"以后"——第二年金人再次南下,钦宗又叫他出使金营议和。请注意,这次不是去当人质,而是作为议和使者。两国交兵,不斩来使,应该是没有什么风险的。但赵构已有了自己的想法,他出城后就是不进金营,只是在外面兜圈子,趁机发展自己的力量。当金兵俘虏了两代皇帝和全体皇室成员(其中亦包括赵构的生母韦氏、他的三个老婆和五个女儿)以及大量金银细软安然北去后,他就堂而皇之地当起了皇帝。后来金人册封刘豫为儿皇帝,在文告中对赵构有一段揭露:

衔命出和，已作潜身之计；提兵入卫，反为护己之资。忍视父兄，甘为俘虏。事虽难济，人岂无情。方在殷忧，乐于僭号。心之幸祸，于此可知。[13]

金人的这段文告写得何等好啊！正是经历了那次在金营中的二十五天后，赵构已把手足之情看淡。更何况在皇权的巨大诱惑面前，他理所当然地把赵桓放到了自己对手的位置上。在以后的几十年里，他对"迎回二圣"一直只是喊在嘴上、做做样子而已。即便自己在临安羽翼已丰、根基已稳，接回赵桓对他的皇位并不会形成什么威胁，也始终不让他回来。直到那个倒霉的"渊圣皇帝"在金人的一次马球游戏中被纷乱的马蹄踩成肉泥。

对于赵构来说，靖康元年的正月十四日标志着一个艰难而伟大的转折和开端。山河破碎，风雨飘摇，从养尊处优的亲王到平白捡了顶皇冠而又总是提心吊胆的官家，这些年他经历的大劫难和大幸运真有如坐过山车一般，想起来既感到后怕又不由得沾沾自喜。而金人的凌逼和武人的坐大一直是他耿耿于怀的两大忧虑，为此他只得委曲求全，打碎了牙就蘸点白糖当作糯米粽子往肚里咽。很好！绍兴十一年下半年峰回路转，宋金和议终于告成，岳飞集团也被一举粉碎，王朝中兴的历史由此掀开了新的一页。虽然名义上自己成了大金的臣子，但关起门来还是唯我独尊；虽然王朝只有半壁江山，但收拾好了也足够自己受用的。俗话说，再美的酒喝下去都会有尿，当皇帝这样大的美事，受一点委屈算什么呢？

绍兴十二年正月十四日，朝廷下发了关于岳飞问题的一号文件，在政治上肃清影响的同时，组织处理也开始了。

※ 组织这把刀子

在一个专制社会里，组织是个令人敬畏的词，一切的任用、奖励、教谕和惩罚都来自组织。而所谓的组织处理又往往是最能体现办事效率、也最能体验操作快感的活儿，那种果断、精致和得心应手，真有如庖丁解牛一般，每一刀都臻于艺术，堪称游刃有余。

首先从岳飞当初的幕僚团队下手。这中间又分几种情况。

第一种是紧跟派。有一个叫智浃的进士，"知书，通春秋左氏传，好直言。"[14]大概因为书读多了，就难免迂腐。在一般人看来，此公虽然姓智，智商却不高，根据就是他"好直言"。一个小人物要在社会上生存，其他什么都可以"好"，唯独不能"好直言"。要不怎么自古就有"明哲保身"的说法呢？反之，你不明哲，不通世故，不辨轻重，什么话都敢讲，也不管是不是和上面保持一致，当然就不能保身了。因为性格原因，这个智浃一直混得不好，岳飞把他招至幕下，以宾客待之。岳飞下狱后，智浃"好直言"的脾气又来了，竟然上书为岳飞鸣冤叫屈。这样的人能有什么好果子吃呢？"坐决杖送袁州编管。"[15]死打一顿，吊销户口，送到广阔天地去管制劳动。那时候对官员和读书人的处分有流放、编管、听读几种，流放是以罪犯身份到边远地区去服刑；编管则是编入当地的户籍，由地方官严加看管；听读相对轻一些，大致相当于下放劳动接受再教育一类。智浃是个小人物，落得这样的下场，那叫作噘嘴骡子卖个驴价钱——全贱在一张嘴上。

李若虚原先也是岳飞帐下的幕僚，后来官至司农少卿、秘阁修撰。主帅出事了，那些在他手下帮忙或帮闲的人自然脱不了干系。但李若虚的问题还要比这更严重。绍兴十年夏天，金人背盟南侵，一心求和的赵构也只得应战。这是宋金开战以来最大规模的战事，双方动员的兵力都在二十万以上。在战争的初始阶段，宋军的形势相当不错，特别是中路军的刘锜在平原地区取得了"顺昌大捷"。岳家军也从鄂州麾兵北上，准备与金军主力在河南决战，一举光复中原。但前线的胜利却让朝廷惶惶不安，官家既担心岳飞成就北伐伟业，功高震主；又害怕岳飞在军事上的失败使自己失去和金人和谈的资本。他派当时担任司农少卿的李若虚出使岳家军，传达他"重兵持守，轻兵择利"的手诏和"兵不可轻动，宜且班师"的口谕。[16]这样的最高指示简直混账透顶，岳飞当然无法接受。他向李若虚详细分析了战场形势，认为十年之功，在此一战，对金反攻决定性的时刻已经到来。李若虚激于大义，决定不再阻挠岳飞进兵，自愿承担"矫旨之罪"。而就在他返回行都的路上，就不断传来岳家军所向披靡的捷报。回到临安,李若虚上奏了岳飞对形势的分析,认为不用多长时间就会取得决定性的胜利,所担心的只有其他将领不能和岳家军协同作战。官家虽然恼火,但由于战局尚在演变之中,一时也不便贸然处分李若虚,只能恨在心里。现在到了组织处理的时候,李若虚理所当然地被安排在第一批次,他和岳飞的另一个叫朱芾的幕僚"并落职"。[17]

第二种是世故派。例如薛弼,此人在岳飞手下当参谋官时,与岳飞关系不错,岳飞也很器重他,可以说对他有知遇之恩。他这个人很聪明,知道什么话该说,什么话不该说,该说的话该说到什么分上,这些都很有讲究。绍兴七年秋天,岳飞去建康行朝奏事,作为随军转运的薛弼也"奉旨入觐"。两人一起乘船东下。刚上船时,岳飞就告诉薛弼,这次他要向官家上一道奏章,建议立建国公赵瑗、也是官家的养子为皇太子。薛弼觉得立储这样的事很敏感,很容易引起官家的猜忌。但他也未置可否,就默默而退。船到建康,薛弼知道岳飞自己已写好了奏章,就提醒了一句:身为大将,似乎不应该干预这样的事。见岳飞坚持己见,也就不再说了。奏对时,岳飞被安排在第一班,薛弼在第二班。岳飞在官家面前读完奏章,官家果然很不高兴,冷冷地说:"卿虽忠,然握重兵于外,此事非卿所当与也。"[18]语气中已经有几分杀机了。接下来薛弼奏对时,官家又用此事敲打他,薛弼马上撇清,说奏章从撰稿到抄写都是岳飞一个人完成的,他毫不知情。在处理人际关系上,薛弼也很有一套,岳飞对他的知遇之恩并不影响他和岳飞对立面的秦桧、万俟卨等人也有交情。绍兴二年八月,秦桧罢相,退居永嘉赋闲。一个从金国逃回来的落魄文人,偶尔在政坛上出了一下风头,很快就落荒而去,当时谁也看不出这个秦会之将来还"会"有东山再起"之"时,[19]门庭冷落也是情理之中的事。但薛弼却一有机会就去看望他,给秦桧留下了很好的印象。人家倒霉的时候你去烧冷灶,往往比他得势时磕头磕出血来也要有用。而且又不用花多大的本钱,只要你有心。薛弼在这方面是个有心人。在这次组织处理中,他因八面玲珑的人际关系而安然无事,"无一词累及。"[12]这说明即便在政治斗争中,所谓的政治立场并不是决定性的,人际关系才是硬道理。

第三种是投机派。有一个叫王辅的彭山知县因贪污受贿被撤职。岳飞自己文化水平不高,却很喜欢延揽文士,这一点后来也成为官家猜忌他的原因之一。王辅也是文人的底子,下台后就投到岳飞军中。小人往往有才,岳飞怜其才,对他很优待。岳飞下狱后，王辅觉得机会来了，就指使儿子上书朝廷，无中生有地揭发了岳飞一大堆问题。秦桧一看当然很高兴，秦桧高兴了官家当然也很高兴。"由是脱罪籍，寻擢知普州。"[21]从一个因为经济犯罪被撤职的知县，到取消处分升任知州，可见人只要肯昧良心，总是不会吃亏的。这种唯利是图的小人太让人恶心，不说也罢。

对岳飞幕僚团队的处理暂且打住，接下来是参与审理岳案的专案组成员。

上面所说的紧跟派中有个李若虚，李若虚的弟弟李若朴官居大理寺丞，自始至终参与了岳案的审理。作为一个有正义感的法官，这样的经历无异于炼狱。起初，他力图在权力意志和法律精神之间调和，以轻刑了结案件。最后定案时，在"上意"已决、一定要处以极刑的情况下，李若朴和大理寺另外一个叫何彦猷的官员"喧然力争，以众意为非"，[22]认为罪证不能成立，岳飞最多只能判二年徒刑。从这个"喧然力争"中，我们可以想见两人抗争的勇气，他们大抵是从法律的角度来揭示罗织的虚妄，对他们来说，讲法律并不难。但专制社会里的法律从来就是政治的奴仆，而所谓政治就是一种流氓化的公权，这种公权是无所不能所向披靡的，和他们讲法律无异于向妓女讲贞操。因此，李、何二人的声音尽管法律上无懈可击，可一旦上升到政治斗争的高度，便完全可以忽略不计。法律既不能保护无辜的岳飞，当然也不能保护秉持法律精神的法官，李若朴、何彦猷"并罢"。而在此之前，大理寺官员薛仁辅已经因为他的法律良心而先行罢官。还有一个叫周三畏的人物，在岳飞专案中一直担任副主审，后世的杂剧戏文中把他塑造成一个敢于伸张正义的红脸，《说岳全传》中还说他在岳飞被害后私出涌金门，挂冠而去。其实周三畏一直在官场上混得好好的，岳案后他先是升迁刑部侍郎，不久就当上了刑部尚书。如果他真的曾为岳飞说过话，以官家和秦桧的心胸，这样的官场路线图是不可设想的。真实的周三畏是个畏首畏尾畏权势的"三畏"庸人，小说和戏文中的说法只是演义而已。

如果说以上的处理只是分门别类，对号入座，那么对孙近的处理则体现了曲径通幽和借题发挥的政治智慧。孙近曾长期担任参知政事（副宰相），而且兼权同知枢密院事（军委副主席），但真正让他名满天下的，还是第一次绍兴和议期间，编修官胡铨所上的《请斩秦桧、孙近、王伦以谢天下疏》。那篇批判投降主义的檄文后来以手抄本的形式流散出去，一时天下争传，朝野沸腾。孙近这个人的德性也正如胡铨在奏疏中所痛斥的那样:"傅会桧（秦桧）事"、"伴食中书"、"漫不敢可否一事"。[23]他对秦桧唯命是从,自己不敢有一点主见。连他的表兄弟杨炜也鄙视他"平生龌龊谨畏"。但过分谨畏有时也会发昏。绍兴十一年年初,金人再犯淮西,朝野张皇失措,孙近建议张浚（此张浚非彼张俊,为便于区别,时称水张）都督诸军御敌,本意是为秦桧分责,不料却得罪了秦桧,被降为徒有虚名的闲职。替主子揩屁股却被屎给活埋了,这就是奴才的下场。但按理说,孙近和岳案并没有任何瓜葛,为什么现在又要把他揪出来呢?除去继续清算去年的旧账,这中间另有玄机。

且看秦桧的打手万俟卨在劾论中是怎么说的:"及闻乌珠（完颜兀术）屯泗之始,岳飞就鞠之初,则每对宾客喜生面颜。"[24]这段话我起初怎么也看不懂,不知道孙近究竟错在哪里,岳飞下狱了他高兴,不正说明他和朝廷保持一致吗?转了几个弯子才想明白了:孙近"喜生面颜"是因为金人用兵,而金人用兵则证明和议行不通,而和议行不通又证明搞岳飞搞错了,孙近是幸灾乐祸——"幸"和议之灾,"乐"朝廷之祸。好了,现在把他和岳飞扯上了。但把他和岳飞扯上了还不是目的所在,目的所在是要扯上另一个人——赵士㒟。

我们接着往下看,"（孙近）顷帅绍兴,与士㒟交通甚密。及近执政,或得宫中密语,往往漏之。"[25]这段话很关键,它的厉害之处在于:一、把赵士㒟扯出来了。二、赵士㒟是宗室,按辈分还是官家的皇叔,根据祖宗家法,宗室是不能和大臣"交通"的,但赵士㒟和大臣"交通甚密"。三、赵士㒟通过孙近刺探"禁中密语"。那么,为什么要扯上赵士㒟呢?因为岳飞下狱后,赵士㒟曾挺身而出,为岳飞力辩,并以全家百口的性命担保岳飞的清白。但赵士㒟是皇叔,身份特殊,这次暂且不作处理,先通过处理孙近敲打他一下。实际上这种不处理比处理还要厉害,问题已经扯出来了,帽子拿在我手里,接下去你还有好日子过吗?让你整天提心吊胆,不知道帽子什么时候落下来。你虽然贵为皇叔,却贵而不重,除去在祖先祭祀和宫廷典礼中的礼仪功能以外,并没有什么实权,不怕你翻天。先打草惊蛇提醒你一下,说明我已经注意你了,且看你如何动作。至于什么时候收拾你,再说。官家真不愧是中兴圣主啊,才三十来岁,政治手腕就玩得这样炉火纯青,出神入化,足够让人长见识的。

至此,与岳案有关的组织处理大体告一段落。顺便说一下,有几个小人物居然也在这期间得到了奖掖，这几个人是中书省派到专案组去的，任务大抵是起草结案报告和朝廷下发的文件之类，因为文字"委得平正，颇见究心"，因而"诏各转一官资"。[26]可惜的是，这几个幸运儿都没有留下名字，我们只知道是"中书吏"六名。中书即宰相府，推测他们是秦桧派到专案组去的细作应该不会有错。

※ 灯火阑珊处

元宵节终于在人们的翘首期盼中到来了，尽管只是年节这台大戏的闭幕式，但人们的热情却不见轻描淡写，倒像是重整旗鼓良宵无尽似的，因为对于他们来说，大年初一的乐趣都是大体相似的，而元宵的这个晚上却各有各的乐趣。

那些灯彩，那些人流，那些应有尽有的玩意和小吃，那些瓦舍勾栏里的歌舞百戏，那些凤箫香艳的宝马雕车，那些贵妇人蛾儿雪柳的头饰和俗称"错到底"的时尚凤头鞋，那些少男少女眉眼间的暧昧和羞怯，那些被挤掉的第二天几乎可以堆积如山的鞋子和头巾，还有那些不知是一见钟情还是蓄谋已久的私奔故事就不去说了，这里单说一样：偷，其间就有无穷的乐趣。

那都是些怀着希望和祝福在灯节中游走的身影。两宋时代，元宵节的到来就意味着"放偷节"的到来，在这个夜晚，偷窃是与名正言顺堂而皇之联系在一起的，那既是一种娱乐，也是一种变相的馈赠，人们可以明目张胆地偷人家的东西。除去顺手牵羊地"偷青"——偷人家园子里的青菜时蔬——而外，偷得最多的是灯。民俗认为正月十五的灯盏可以使人生子，若夫妇同去偷了人家门前的灯盏，回家放于床下，可当月怀孕。故有民谣云："偷了刘家的灯，当年吃了当年生。有了女孩叫灯哥，有了男孩叫灯成。"灯盏怎么可以吃呢？可以吃，因为那些灯盏都是用豆面捏成或用水萝卜雕成的，所以有的求孕女子在街上偷了灯就当场吃下去。偷灯还有讲究：一般要偷刘姓和戴姓的，"刘"即"留"，"戴"即"带"，取其谐音，意为"留住孩子"或"带上孩子"。这两个姓氏的人家都要特意多做些灯放在门前的。自己家的灯被人偷，这是一种吉利，所以说偷与被偷都是皆大欢喜的事。若到了当年秋冬季节真有"灯哥"或"灯成"问世，主人要备一份礼物——其中包括一只铜质或锡质的新灯盏——去被偷的人家"还灯"，并且让孩子认那家为干亲。这是元宵灯节的欢乐向人际关系的延伸，也是沉淀在元宵记忆中的一些温馨花絮。

二更以后，御街东侧面对登平坊的东华门打开了，早就聚集在门前的民间艺人和小商小贩顿时像见了救星似的蜂拥而上，所有的叫卖和吆喝都在高八度上运行，几至声嘶力竭。大家都盼望今天官家能有所宣唤，让自己到大内去献艺或做生意，那不仅是一种莫大的荣耀，而且是几乎可以一夕致富的商机。以前在东京的时候，徽宗皇帝"与民同乐"的方式是带着妃嫔和王子们在宣德楼上赏灯看戏。灯彩集中在宣德门外临时搭成的鳌山上，戏在宣德楼下也是临时搭成的露台上。皇帝在楼上看，市民在楼下看。灯是一样的灯，戏也是一样的戏。看到热闹处，楼上楼下的哄闹声响成一片，这就叫"同乐"。其实楼下的人主要不在于看戏，而在于看楼上看戏的人，运气好的市民或许在惊鸿一瞥间看到一片飘出珠帘的衣袖，心头便猜想着那是不是皇上。但临安宫城简陋，暂时还没有宣德楼那样高敞雄硕的建筑，官家只得与时俱进，把元宵晚上与民同乐的方式改为出宫买市，把那些民间艺人和小商小贩召进宫城去营业。从某种意义上说，这样的"同"距离更近，市民已经看过的歌舞和已经品尝过的小吃，再宣进宫去，让皇室成员面对面地消费，这就不光是"同乐"，甚至还"同吃"了，你说这是何等的平易亲民！

那些被宣唤的艺人和商贩真是幸运啊，在官家和妃嫔们那里，这些来自市井的歌舞虽然俚俗，却是那样鲜活有趣，带给他们的是銮殿凤阙里从未体验过的愉悦。那一出名叫《货郎》的歌舞中不但有货郎戏婴儿的耍笑情节，还有货郎鼓的拨打，太平歌的吟叫，深宫里的金枝玉叶何曾见识过？即便是那专门模仿各种叫卖吆喝的"像生"和模仿各地方言的"学乡谈"，也让他们忍俊不禁。当年东京的瓦子里有专门表演"叫果子"的文八娘，临安的像生艺人则有"故衣毛三"，把街头叫卖旧衣服的吆喝模仿得惟妙惟肖。至于那些花样繁多的市井小吃，虽然宫里的厨师们也做得，但终究是个"卷上珠帘总不如"。对于他们来说，其实吃什么并不重要，重要的是这种现买现吃甚至现做现吃的现场感；现场感也并不重要，重要的是这种争先恐后、莺啼燕语的氛围；

氛围也并不重要,最重要的是让他们有了一种久违了的自由。宫里的人——特别是那些女人们——也可怜哩,成年累月,就像被关在一口活棺材里似的,沉闷、窒息,一举一动都被规矩囚禁着,何曾这样自由地呼吸过?那么就让他们自由一回吧。这些人自由了,出手的赏钱也格外大方,一般都要数倍于市值。有的妃嫔之间平日里本来就较劲争风,现在带着这种心理给赏钱,甚至有扔出金银珠宝的。[27]这样看来,所谓艺人和商贩们"一夕致富"就不是虚话了。而且,除去当晚所得外,更重要的是身价的提高和广告效应,以后,他们堂而皇之地打出一面"御前"的招牌,不想让生意火起来都难。

当然,能走进宫城去的毕竟只是少数幸运儿,那要求是"华洁及善歌叫者"。[28]就是要挑选那些衣着鲜亮、干净、嗓门好、善于"歌叫"的角色。这个"歌叫"很有意思,既可解释为歌舞和叫卖,又可解释为像唱歌那样叫卖。那么谁来挑选呢?一个是临安知府,一个是修内司的大太监。由他们先私下里决定了,预先发出通知,让有关的歌舞班子和商贩在东华门外等候宣唤。因此,在先前的那些日子里,艺人和商贩们很早就开始打通关节,那都是要用真金白银来铺路的。从表面上看,是接触多了便有了交情。但交情和交易是两回事,你如果混淆了两者之间的界限,那就只能咎由自取了。官场和商场是行都社会生活的两道风景线,缺少了其中的一道,就不成其为行都了,在歌舞升平的背后,这种官商之间的交易从来就没有停止过。

元宵夜里的歌叫喧阗到了四更以后才渐渐湮息,那湮息不是潮水退去或大戏散场那样呼啦啦一下子就人去场空,而是有如抽丝剥茧一般慢慢"消弱"下去的。三鼓敲过,也就是皇室宣唤市卖与民同乐大致走过场以后,就开始有人回家了。御街上的人流松动起来,渐渐散入了灯火阑珊的深巷小院,闹市的喧哗变成了渐行渐远的闲言碎语。四更以后,街上才真正清静下来,远处的灯火也次第熄灭,只有宫城前鳌山上的几盏华贵的琉璃灯、藕丝灯和裁锦无骨灯还亮着。这些灯都是两浙、福建等路的三司长官进贡的。据说光是那一对琉璃灯的造价就相当于福建南建州三个月的田赋收入。这时候虽说还是亮着,但毕竟没有了先前那般烈火烹油的气焰,有点高处不胜寒的孤单。四处渐渐暗下来,回首苍穹,先前几乎被灯火屏蔽的那一轮明月已悄无声息地移到了西南天际,却越发地显得圆满了。御街上有如古战场一般狼藉,到处是炮仗的残骸、被挤坏和踩过的玩具、烧了一个窟窿的破灯笼。除去偶尔走过的巡夜的禁军，就是几个提着小灯且走且停的"扫街"人。"扫街"不是打扫和清理，而是寻找游人丢失的有价值的东西，在那些铺陈满地的弃物中，说不定会碰上几件遗钗堕珥或细碎银两的。每年的灯节，都有关于扫街人"扫"到金银珠宝的传闻，那中间自然有不少夸大其词的成分，但今年的一桩传闻却是千真万确的：有人竟然"扫"到了一件价值连城的水晶注子。注子是一种酒器，并不是钗环钏珥之类随身佩带的首饰，怎么可能遗落在大街上的呢？合理的推论应该是：哪位古董商人带着它刚刚来到临安，还没来得及安顿下来就加入了狂欢的人流，结果在沉醉和拥挤中丢失……

人们只能羡慕那位扫街人的运气了，运气一旦来了，真是挡也挡不住的。

而就在行都的灯火渐至熄灭时，在通往各地的驿道上，那些身佩铃铛，手持檄牌，带着朝廷"一号文件"的铺兵正在兼程疾驰。根据规矩，发送中央文件的铺兵是要分两批出发的，第一批先发往太平州、万州和寿春府。并不是因为这三个地方特别遥远，也不是因为这三个地方特别重要，而仅仅是因为这三个地方的名字特别有寓意：太平万寿。

这样的创意是在宋室南渡以后才有的，官家谋划国事之用心，可谓深远且细密矣。

注释：

〔1〕　《乾道临安志》卷一《行在所·官阙》。
〔2〕　《建炎以来系年要录》卷六八绍兴三年九月丙辰："茆屋才三楹，侍臣行列，巾裹触栋宇。"
〔3〕　《忠正德文集》卷八《丙辰笔录》。
〔4〕　《梦粱录》卷一《正月》。
〔5〕　《鸡肋编》卷上，《老学庵笔记》卷二。
〔6〕　《梦粱录》卷一《元旦大朝会》。
〔7〕　《东京梦华录》卷第六《元旦朝会》。
〔8〕　据《高丽志》一七：绍兴十二年七月，高丽始行金皇统年号。
〔9〕　帝王的生日统称圣节，但每个帝王为自己的生日命名的节日名称各不相同，宋徽宗赵佶的生日为天宁节，宋高宗赵构的生日为天申节。
〔10〕　《东京梦华录》卷第六《元宵》。
〔11〕〔12〕　《三朝北盟会编》卷三十，《杜隐文集》卷二九《圣瑞图赞并序》。
〔13〕　《伪齐录》卷上，《三朝北盟会编》卷一四一。
〔14〕〔15〕〔17〕〔20〕〔21〕〔22〕〔26〕　《建炎以来系年要录》卷一四四绍兴十二年正月戊申。
〔16〕　《鄂国金佗粹编》卷二，《三朝北盟会编》卷二〇二，《建炎以来系年要录》卷一三六绍兴十年六月乙丑。
〔18〕　《忠正德文集》卷九《辨诬笔录》。
〔19〕　秦桧字会之。
〔23〕　《建炎以来系年要录》卷一二三绍兴八年十一月丁未，胡铨《澹庵集》卷二《上高宗封事》。
〔24〕〔25〕　《建炎以来系年要录》卷一四四绍兴十二年正月庚申。
〔27〕〔28〕　《武林旧事》卷二《元夕》。

公元一一四二年·农历壬戌年

二月

南宋 绍兴十二年

※ 其无后乎

　　一个人的悲哀有许多种，但只有羞于出口的悲哀才算得上是大悲哀。对于一个男人来说，所谓的大悲哀莫过于由生理无能导致的无后。如果这种悲哀又被别人视为软肋而设局戏弄，那就实在悲哀到极点了。

　　有一段时间，秀州（嘉兴）精严寺新塑的大佛香火很盛，据说妇人无子者祈祷于此，并且在佛殿内独寝一宵，往往可以得子。让一个女子独寝于佛殿，自然要有相关措施作为保证的，其中最重要的措施就是当晚殿门由其家人亲自上锁，而且那锁也是他们自己带来的。礼佛最重虔诚，心诚则灵，谁也不会想到其中有什么见不得人的名堂。况且也确有妇人回去后不久受孕的，一年四季，因烧香得子前来还愿的人络绎不绝。由是精严寺名声大振，显灵之说被炒得沸沸扬扬，风靡百里方圆。前来求子的信徒中，甚至有不少官宦之家的红粉贵妇。但后来有一个寺内挑水的小头陀因为受到虐待，向官府告发了那个叫也僧的主人。原来那厮是个《水浒》中裴如海一类的风流和尚，他房中有穴道通向佛殿，直至大佛腹中。每有妇人宿于佛殿，也僧就通过穴道，从大佛的头顶爬出来，与妇人交合。且自称是佛州人，奉大佛的旨意前来送子的。妇人身陷其中，惊恐有如羔羊，又加求子心切，只能任其轻薄。第二天也不敢说出去。机关揭穿后，也僧被官府处死。而远近那些因礼佛降生的童男童女，想必有不少都是那秃驴打的种。所谓大佛香火灵验，一时成为笑谈。

　　临安离秀州不算很远，精严寺香火的神话行都也有所闻，甚至还传进了宫里。官家盛年无子，这不光是他一个人的心病，也是影响王朝长治久安的隐患。有一个内侍急于邀功又不知深浅，曾向官家说及秀州大佛的香火很灵，暗示官家带着嫔妃去精严寺求子。官家对这些神神鬼鬼的事情向来不大相信。况且圣驾出行，兴师动众，也不是一桩小事。因此一直没有下文。后来也僧事发，所谓佛门净地竟成藏污纳垢的淫窝，宫里的嫔妃们虽然没有去蹚那里的浑水，但官家每每想起，还是像吞了一只苍蝇似的恶心。不过恶心尽管恶心，也不好说什么，这种事，说出口便让一个男人无地自容。他身边有那么多的女人，用佳丽如云来形容一点也不过分。那些青春的身体就像阳光下的土地那样，肥沃、滋润、充满了孕育的渴望，只要落下一粒种子，就会立竿见影地蹦出一个鲜活的生命来。可是官家偏偏不能给他们一粒种子，虽然他也在勉力耕耘，不舍昼夜。种子这个词看似平易，却体现了一种最残酷的生命逻辑：没有"种"就没有"子"，不管你拥有多少土地。因此，就像一个富翁守着金山银山被活活饿死那样，官家只能面临着一个帝王最尴尬的收获——无子。

平民无子，不过关系一门兴衰；帝王无子，那就是国家大事了。北宋熙宁末年，天下大旱，一般认为这是上天对朝廷的警示。神宗皇帝决定改元，让执政大臣议定新的年号。年号虽只有几个字，但要做到得体却并不容易，首先意思要好，既要吉祥如意，又要体现特定时期的执政理念。第二文字要典雅端庄，又不能和历史上的年号重复。太祖乾德三年，宋军平蜀，缴获的物品中有一面铜镜，上面刻着"乾德四年铸"的字样。太祖大惑不解。有一个翰林学士告诉他，前蜀王衍也用过这一年号。也就是说，在宋朝以乾德为年号的四十多年前，人家已用过这个年号。太祖还算宽厚，没有追究当初提议用"乾德"的官员，只是感慨道："宰相当用读书人啊！"间接地批评了该同志的不学无术。再说神宗改元，执政大臣最初拟定的年号是"大成"。熙宁是神宗推行新法的改革之年，现在改革大见成效，这意思不错吧？可皇上说：不行！因为"成"字的字形是"一人负戈"，有打仗的意思。再议。执政大臣们穷尽文思，又取了一个"丰亨"，避开了那个不吉利的"成"字，但体现改革大见成效的意思不变。这下总行了吧？还不行，皇上说："亨"字下面是"子不成"，有绝后的意思；但这个"丰"字还是可用的。虽然没有通过，但有了一个字就好办了，于是大家就船下篙，最后敲定了一个皆大欢喜的"元丰"年号。[1]一个是打仗，一个是无后，这是当年神宗皇帝最怕的两件事，也是这些年来官家一直耿耿于怀的两件事。现在，仗总算消停了，但无后之忧仍旧无解。

在这个世界上，官家本来是最不应该绝后的。他生就一副雄健的体魄，且骑得烈马，挽得硬弓，早在康王府时就在女人身体上的耕耘特别用功，以至靖康之难后，金人向宋朝俘虏"询宫中事"时，宋宫俘虏说："康王目光如炬，好色如父，侍婢多死者。"[2]他的耕耘也屡有收获,曾先后有过五个女儿。特别是建炎元年六月,一个姓潘的女人为他生了一个儿子,取名赵旉。当时官家刚刚登基才一个多月,赵旉理所当然地被立为皇太子。之所以说是"一个姓潘的女人",是因为她当初只是康王身边一名普通的侍妾,没有位号;而且正因为没有位号,康王其他的三个老婆和五个女儿都被金人俘虏北去,唯独她因为不在妃嫔的名册中而得以幸免。那时候官家才二十一岁,正当一个男人生理能力的峰值年龄,当了皇上以后又有源源不断的年轻女人送到他身边。按照这样的趋势,他像一个称职的种畜那样繁育出一大群幼崽应该没有问题,即使要打破他父亲在四十五岁前即有三十二子三十四女的纪录也不是没有可能。但这些美好的愿景不久就被金兵的马蹄声捣碎了。建炎二年二月,官家驻跸扬州。扬州是个好地方啊,春风十里,烟柳繁华,山水和美女都令人销魂。但对于帝王来说,扬州又是个不祥之地,隋炀帝杨广就是在这里丧命的。初春的一天,官家正在寝宫中消受新纳的维扬姝丽,内侍破门来报,说金人的骑兵已攻陷天长,前锋距扬州只有几十里了。官家大惊失色,竟然跌落床下。慌乱中只带了五六名内侍仓皇出城,一路狂奔,经瓜洲逃往镇江。此次扬州之劫,丢了运河中满载着财宝器物、金帛文书的船队只是小事,丢了特地从东京请来的列祖列宗的牌位也是小事,丢了十多万扈从的军士和逃难的百姓还是小事,丢了江北的最后一座城池,任随金兵在那里烧杀抢掠更是小事,最大的悲剧是官家大白天从女人身上跌下来,丢了元阳,留下了"腐萎之症",一个世界上拥有最多女人的男人从此丧失了在女人身上的播种能力。问君能有几多愁,恰似……李煜是被赵家的先人用牵机药毒死的,现在再借用他的诗句来形容赵家后人的纠结和无奈,似乎有点刻薄。那就改一下吧:问君能有几多愁,恰似一群太监上青楼……

好在已经有了一个儿子。在这之前,官家已命两名信得过的武将护卫皇太子和六宫粉黛前往杭州。但等到官家逃到杭州团聚时,这两名姓苗和姓刘的丘八又发动兵变,将官家赶下台,把皇太子赵旉扶上了皇位,并改元明受,史称苗刘之变或明受之变。说苗刘把赵旉"扶"上皇位其实是不准确的,应该用"抱"。可怜的赵旉不能消受当皇帝的种种好处,却要承受当傀儡的种种折磨。整天在武人的呼斥中像道具似的抱进抱出、临朝视事,一个襁褓中的小孩子如何吃得消?不久,在婴儿的啼哭和士兵的欢呼中,兵变被平定,赵构成功复辟。赵旉用不着再当道具了,但他的一条小命也差不多了。这个皇太子原本就先天不足，他母亲在妊娠期间正值金兵攻陷东京前后，潘氏东躲西藏，提心吊胆，所以孩子一生下来就是个病秧子。经历了这次兵变，更加弱不禁风。恰巧有一个宫女不慎踢翻了地上一只鼎，官家虽然立即"斩宫人于庑下"，但受此惊吓，皇太子赵旉当即死于宫中，享年两岁零一个月。[3]

苗刘之变总共只有二十多天，对官家来说却是又一次脱胎换骨。一个政治家总是在艰难绝境的磨练中走向成熟的，他亲身体验了武将的跋扈与骄横，那阴影将一直死死地纠缠着他。赵旉之死又让他成了名副其实的"独夫"，心理上的变态亦由此而滥觞。这些都为绍兴年间的政坛运作和十二年后的岳飞之死埋下了伏笔。

在失去了生育能力之后，又失去了唯一的子嗣，官家内心的痛苦是可以想见的。但主子的痛苦恰恰可以成为下人拍马屁的机遇，这些人不怕你痛苦，就怕你不痛苦。拍马屁的一个重要诀窍就在于窥测你有什么痛苦，因此，他们甚至希望你痛苦。你一痛苦，他们就给你挠痒痒，给你上心灵鸡汤，这叫做投其所好。一时间，各种神神鬼鬼的祥瑞说法竞相出笼。按照迷信说法，高禖神掌管生育，求子须礼敬高禖。于是每年的仲春季节，就在临安城郊筑坛礼祀。一个临安知府上奏说，在开工的那一天，有六只白鹤自东而来，在祀坛上空翩翩起舞。又说祀坛筑成之后，每天清晨都有红色和黄色的瑞气"光彻上下"，一直延续到日出。这些都是祥瑞现象，"以兆万世无穷之庆。"[4]这种马屁玩的就是个虚无缥渺，他说有就是有，谁又敢站出来说没有？官家求子心切，也只好宁可信其有。如果说所谓的白鹤和瑞气压根儿就不靠谱的话，另一个臣子的说法倒是有根有据的，说真符县有一户人家一胎生了三个男孩。人家一胎多子与官家有什么关系呢？有。因为这户人家姓宋，叫宋仲昌，"姓同国号"。而且他老婆生产的这一天又适逢天申节（官家的生日），所以说这是官家"子孙众多之祥"。官家听了，也觉得有点意思，随即"诏付史馆"。[5]但不管祀神的典礼如何有声有色，祥瑞的闹剧怎样无尽无休，宫里的那些女人们却始终守身如玉，楚腰纤细，不见一点起色。

官家现在不得不面临着一个帝王最大的尴尬。在本朝的历代帝王中，他自认为是在位期间遭受磨难最多的一个，扬州惊魂就不去说了，苗刘之变也不去说了，当年行朝在海上流亡时，整个船队只剩下一双鞋子，就穿在他的脚上；整个船队只剩下五张饼子，他一个人吃了三张半，那样的磨难谁曾经历过？从深宫逃到荒野，从淮北逃到江南，从陆地逃到海上，可以说，这皇位即使不是自己打下来的，也是自己"逃"出来的。现在好不容易才安顿下来，皇位也坐稳了，可是这九五之尊却没有子嗣来继承，身后只能拱手交给别人，你说这是多大的尴尬？尴尬其实是比痛苦还要折磨人的，痛苦能体现一个人内在的深度，而尴尬只能体现一个人极度的无奈；痛苦还可以呼天抢地地发泄，而尴尬只能强颜欢笑，任自己的一颗心在流血。当年汉成帝无子，遂使王莽篡位，差一点颠覆了刘汉王朝。本朝的仁宗皇帝无子，引起了长达八年的立储之争，围绕着皇位继承问题，政坛上危机四伏，最后仁宗只得从宗室中挑选了一名堂侄来当接班人，这就是后来的宋英宗，也是官家的曾祖父。这场论争之所以长达八年，就因为仁宗不甘心继统旁移，总希望自己能弄出个儿子来。而执政大臣们之所以敢于犯颜力争，就因为他们抓住了皇上的软肋——他始终无法弄出个儿子来。有时候官家觉得自己很了不起，这些年宵衣旰食，艰难玉成，在废墟上中兴了赵宋王朝，这样的功业几乎可以和太祖太宗比肩了，私下里难免有几分"舍我其谁"的自得。有时候却又顾影自怜，悲从中来。你尽管贵为天子，权倾四方，打个喷嚏也会化为满天风雨，但权力再大有什么用？它甚至无法唤起一次性冲动。在这一点上，自己还不如一个山野农夫，那些人即便守着个粗手大脚的黄脸婆，却也种瓜得瓜、种豆得豆，照样能生出一窝儿女来，把炕头上排得满满的。"农妇山泉有点田，"小户人家自有小户人家的乐趣啊。有人说，凡是你渴望得到的东西，带给你的总是痛苦大于快乐。官家最渴望得到一个儿子，带给他的却几乎全是痛苦而没有半点快乐。春花秋月何时了，心事知多少，一个帝王的心事谁能体察呢？

于是，仁宗嘉祐年间那些立储的故事又再次上演。但嘉祐年间的立储之争一共只延续了八年，这次却延续了三十多年。而且严格地说，嘉祐年间是争论，这次只能说是议论，因为如今的官员（个别者如岳飞除外）已没有当年那些大臣的凛然风骨了。一个时代的气象往往体现在官员的操守上，像韩琦、司马光、文彦博、范仲淹那样宏博峭拔的文人士大夫，现在朝堂上一个也找不着了。

官家自己没有儿子，立储只能从宗室中选一名子侄辈的孩子，但太宗这一脉的后人都被金兵抓到五国城去了，只有太祖一脉的后人流落在民间。由一个血统上已经隔了八代的太祖苗裔入继大统，这实在是官家很不情愿的。在这三十多年间，他采取的战术无非两招：一招是拖延，老鼠偷木锨——拖到哪里算哪里；一招是匹嫡，也就是选两个孩子养在身边，一视同仁。匹嫡的目的也是为了拖延，因为是两个孩子，名义上就有一个考察和挑选的过程，两个孩子互为替补，所以任何一个人的地位都是不稳固的。

被选中的这两个孩子一个叫赵伯琮，一个叫赵伯玖。入了皇家，当了皇帝的养子，自然要改名的，这是为了漂白你的身份。而且这种漂白以后还要反复进行，可以说每一次改名都是官家拖延战术的阶段性体现，也都暗藏着对该养子身份的某种定位。若仔细推敲一下这两个孩子改名的全过程，不难看出官家在数十年中那种既想敷衍拖延却又无可奈何的心理轨迹。毕竟是要把皇位传给人家的孩子，钝刀子割肉啊！

赵伯琮和赵伯玖这两个名字，"伯"字标志着辈分，此外没有什么实在意义。有意义的是"琮"和"玖"，这两个字的偏旁都是"王"，不消说，是美玉的意思，因此，美玉就成了这两个孩子宗室身份的烙印。第一次改名是刚入宫成为官家养子的时候，赵伯琮改为赵瑗，赵伯玖改为赵璩，两个字的偏旁还是"王"，还是美玉。也就是说，你们只是养子，不是皇子，宗室身份本质上并没有变。赵瑗九岁入资善堂听读，资善堂是皇家子弟读书的地方，取"乾资始善长"之义。入资善堂读书，似乎表明给予他皇子的待遇。但官家这时候做了一个小动作，他下诏"建国公禄赐比皇子"。[6]建国公是赵瑗的封号，这个"比"字相当暧昧，用现在的话说，就是"参照"。你只是"参照"皇子的工资标准，并不是皇子。这个带着宗室烙印的"瑗"字从绍兴二年一直用到绍兴三十年，也就是从孩子六岁用到三十四岁。这时官家也已五十四岁，敬神的香火加上御医的春药，始终没能帮他弄出个儿子来，他只得正式册封赵瑗为皇子，改名赵玮。皇子就意味着承认你是官家的儿子，准备将来接班了，对于赵瑗来说，这总算是上了一个台阶。既然册封赵瑗为皇子，那么赵璩的名分只能是皇侄，当然也就不用改名了。但赵瑗改的这个名字仍旧大可玩味，玮，还是美玉。这就暗示着，你虽然是皇子，但毕竟不是官家亲生的，宗室的烙印还在，因为皇子还不是皇太子，皇位不一定就传给你。这样又拖了两年，直到官家在皇位上坐腻了，才在绍兴三十二年立赵玮为皇太子，改名赵昚，随后又主动禅让。这个"昚"字是什么意思呢？原先美玉的身份烙印没有了，但官家还是忘不了提醒这位赵匡胤的七代孙：你要小心谨慎哩（"昚"为"慎"的异体字），不要翘尾巴，更不要忘记皇位是谁给你的，以后处理朝政，要看老夫的脸色才是。

现在是绍兴十二年二月，过了年，建国公赵瑗就十六岁了。十六岁标志着成年，按照惯例，成年皇子要出宫居住。这一方面是为了培养他们独立生活的能力，另外还有一个不好明说的原因是，在后宫里，严格地说只能有一个男人，这个人就是皇帝。其他的人，要么是女人（嫔妃和宫女），要么是不具备性能力的男人（内侍和未成年的皇子）。因此，后宫里不管哪个女人怀孕了，理所当然地就是龙种。这样的制度安排，当然是为了强化皇帝对后宫众多妻妾的性垄断，但更深层的意义则在于确保皇帝子孙血统的纯正和家天下的千秋万代。如果皇子成年后不搬出去住，这些公子哥儿身份尊贵，又无所事事，整天在女人堆里晃来晃去，难免要和宫女甚至妃子们弄出风流事来，要是暗结珠胎，谁搞得清来龙去脉？那岂不是要把皇家的辈分伦序搅成一笔糊涂账？

赵瑗出宫居住不是个大问题，却是个敏感问题。一般来说，凡是能摆到桌面上来的问题都不是问题。敏感问题的微妙之处就在于不能摆到桌面上来明说，或者摆到桌面上来说的是一回事，可影射和暗示的却是另一回事。这种事关影射或暗示的敏感问题，最能考验一个人的嗅觉和心机。

围绕着赵瑗出宫居住的礼仪问题，各方面的动向值得关注。

※ 建国公出第

赵瑗出宫的这一天是二月初七，这一天还发生了另外一件事，顺便说一下。

这件事就是已故大臣李纲的家属奉旨送还犀带。鉴于宋金和议已成，宋王朝以后除去"岁贡"而外，逢年过节少不了还要给金国送礼的。礼品又无非金银器物、珠宝珍玩。北宋的时候，宫中这些东西很多，随手拿几样送出去倒无所谓。但经历了靖康之难和扬州之劫以后，好东西都落入了金人之手，现在要给人家送礼，只能多方搜求了。李纲这个人，在世的时候官家就一直很讨厌；即便他死了，官家也仍然耿耿于怀。前些时，官家突然想到李纲在靖康和建炎年间主持抗金大局时，朝廷对他有过不少赏赐。朝廷对臣子的赏赐档案上都有记载的，官家一查档案，发现那些赏赐中间有三根贵重的犀带。这样的好东西，放在他家里有什么用？就下诏让李纲的家属送回来。当然名义上用的是一个"市"字，也就是买，因为朝廷给了几贯铜钱作为补偿。细心的读者可以看到，此后官家接待金使时，好几次送过犀带一类的礼品，其中想必就有李纲家属奉旨送还的那几根。这种做法，几百年以后又被金人的后辈发扬光大，且总结为两句话：宁赠友邦，不与家奴。

回头再说赵瑗出宫。关于这件事，《建炎以来系年要录》中记载如是：

辛未……诏建国公瑗出外第。

总共只有十个字，简略至极，波澜不惊。

但事情本身并不像史书上记载的那样平淡。如果一定要说平淡，也只能这样说：正是因为有了此前那些明争暗斗的不平淡，才有了二月初七这一天的平淡。

争斗的中心议题是出宫的礼仪。礼仪无小事，皇家更甚。赵瑗出宫的礼仪表面上看都是一些细节问题，例如以后入宫时在哪儿上马，在哪儿下马，可以不可以骑马进入宫门；参加朝会和典礼时的侍班幕次如何安排，是站在宗室的行列里，还是站在皇子的位置上；扈从銮驾出行时，行马在太尉之前，还是在太尉之后；逢年过节要不要去太庙和景灵宫烧香叩头（请不要小看这点"香火"，取得了这个资格，就意味着成了人家香火的传承者），等等。但隐藏在这些细节背后的，则是承认不承认赵瑗皇子乃至皇储的身份，可见兹体事大。

围绕着皇储身份的争斗，主角一般都不是皇储或准皇储本人，而是宦官、后妃、外戚、权臣和所谓的"潜邸亲随"，当然最关键的还是皇帝。一个从民间领进来的、虚岁刚十六岁的孩子有什么能耐呢？他不过是别人眼中的一只潜力股，别人不管是买进还是抛出，哄抬还是打压，都是一种利益算计，甚至是一种赌博。以一个人日后能不能当皇帝作为投注的对象，这应该算得上是世界上最大的赌博了。

官家的想法前面已经说过了，他就是三斤半的羊子七斤半的卵——慢慢拖。以前，他拖延的借口是拿年龄说事,"都是小孩儿,且与放行。"[7]现在孩子已经成年了,他不能再拿年龄说事了。这事有点麻烦,承认吧,不情愿;不承认吧,心里的那些想法又摆不上台面。因为皇储乃一国之本,自古储君不立,祸乱之源,这方面的教训不胜枚举。现在皇储长期虚悬,自然会引起各方面的窥测。于是,他干脆不表态,发扬民主,让下面的人说。他相信下面总会有人说出他想说的话。民主是个好东西,只要你掌握了绝对的权力,有时候其实是用不着自己说什么的,尽管让他们去"民主"好了。

官家相信的"有人"首先是秦桧。在立储问题上,秦桧是理所当然的反对派,这中间除去迎合官家的阴暗心理外,权力博弈中的利害考量应是主要因素。首先,赵瑗一旦被立为储君,东宫太子的影响力加上将来君临天下的预期,必然会形成一个新的权力中心,这对秦桧独相专权的局面将是一个巨大的冲击。官家通过赵瑗,又多了一条了解朝野动向的渠道;而赵瑗也可以利用自己的皇储地位,向官家施加影响,这些都对秦桧操纵朝政极为不利。其次,秦桧在朝中党羽密布,分据津要,几乎可以一手遮天,在这样的情况下,一旦赵构在他前面死去,又没有法定的继承人,他就可以操纵废立,而后外恃强邻,内挟强权,逐步取赵宋而代之。这种不臣之心,实际上在秦桧执政的后期已见端倪。据说有一次秦桧找相士张九万拆字,用扇柄就地画个"一"字,张九万祝贺道:"相公当加官爵。"秦桧说:"我位居宰相,爵为国公,复何所加?"张九万解释道:"'土'上一画,非王而何?当享真王之贵。"[8]在这个世界上,谁不想当皇帝呢?人生在世,所求者无非荣华富贵,而要享世代无穷之富贵,只有当皇帝。因为只有皇帝的子孙可以接下去当皇帝,没有宰相的子孙一定当宰相的。君子之泽,五世而斩,除去皇族,一个权力世系若能维持五世,那已经算很长的了,而且最后的下场往往不好。曾经有一个倔强的农民说过:"王侯将相宁有种乎?"这话说对了一半,你出将入相,官做得再大也不能算是"种",但当了皇帝就有"种"了,可以一劳永逸了。因此,当皇帝并不仅仅是为了自己,更重要的是为了留下荣华富贵的"种",让后人世世代代地收获。

但秦桧也没有儿子,有必要给后人留这个"种"吗?从表面上看,他是没有血亲嫡子,现在的一个儿子是从他大舅子王唤那里承嗣过来的。王唤的老婆是北宋宰相郑居中的女儿,宰相的女儿脾气都不小,所谓"怙势而妒"自不待言。[9]王唤喜欢偷鸡摸狗，身边有一个婢女怀孕了，郑氏自然容不得，将婢女逐出门去。这个女人后来生下一子，王晚就把他过继给秦桧，取名秦熺。[10]一般人只知道秦桧养着人家一个私生子，却很少有人知道秦桧自己也有一个私生子养在人家，而且其身世也与秦熺惊人地相似。秦桧无子，并不是因为他自己不行，而是老婆王氏无能。王氏是北宋宰相王珪的孙女，同样"怙势而妒"。看来这些侯门千金都有一种家族病，谁要是自己不想自由，把她们娶进家门是一个不错的选择。当年秦桧在北宋任学官时，红袖添香夜读书，顺便把一个婢女的肚子搞大了。不用说，该婢女同样被王氏逐出家门。这个女人后来嫁入了一户姓林的人家，生下的儿子取名林一飞。秦桧南归后，寻访到这个唯一的亲骨肉，自然要着意栽培，现已官至尚书右司员外郎，实际上就是为他老子执掌尚书省。秦桧要整什么人，就让林一飞去示意台谏上书弹劾。秦桧的几个死党曾建议他干脆把这个儿子认下来，秦桧也有此心，但碍于王氏的霸悍，一时未能遂意。但秦桧如果像拆字先生所预言的那样"享真王之贵"，作为龙种的林一飞被立为皇太子是没有问题的。

秦桧反对给予赵瑗皇子待遇，但他也不明说，先做出公事公办的样子，叫吏部、礼部、资善堂和太常寺等部门去制定有关的礼仪。他知道官家的心思，如果那些人搞出来的礼仪不合圣意，他再站出来说话不迟。那样既可以让官家高兴，又可以趁机打击那些拥护赵瑗的持不同政见者。

官家身边有一个叫吴才人的女人。才人是嫔妃的一种封号，并不是说她有才。但这个吴才人倒确实有才，她出身于东京一个珠宝商人的家庭，从小受到很好的教育，不仅知书识理，而且工于翰墨，再加上很有心计，因此虽然长得不是很漂亮，却很得官家的赏识。立储问题向来就是后宫矛盾的焦点，深宫孽海，波诡云谲，其中的争斗，即使说你死我活也不为过分。因为母以子贵，谁的儿子被立为皇储，她将来就是母仪天下的皇太后，对于一个女人来说，这无疑是至高无上的了。官家后宫中的这些女人虽然都没有生育，但他有两个养子，分别由张婕妤和吴才人抚养。婕妤也是一种封号，比才人要高两级。张婕妤的优势在于她的身体语言——长得漂亮，因此很得官家宠爱。两个女人，一个有才但不很漂亮，受到赏识；一个漂亮但不很有才，受到宠爱。赏识和宠爱还是有差别的，这种差别不仅体现在两个人女人的封号上，而且体现在她们抚养孩子的分工上，张氏抚养哥哥赵瑗，吴氏抚养弟弟赵璩。赵瑗天资聪颖，而且又先入宫,被立为皇储的呼声很高,这自然是吴才人不愿看到的。这些年来,她一方面暗地里为赵璩力争,让两个孩子至少处于并列地位。赵瑗被封为建国公,她马上给官家吹风,也给赵璩封一个吴国公。另一方面又极力怂恿官家拖延立储,目的是拖中求变。绍兴十二年二月初,她期待的变化果然来了,那个因漂亮而得宠的张婕妤红颜命薄,突然病死,赵瑗由吴才人一并抚养。按理说,赵瑗现在也成了她的儿子,她不应该再阻挠立储了。但这个女人的心机很细密,她以前一直是唱衰赵瑗的,现在赵瑗刚刚来到自己身边,对自己还没有感情,这时候就立他为皇子,他肯定不会感激自己。反正两个孩子都在自己膝下,孰亲孰疏,再慢慢考察不迟。这个吴才人——后来的贵妃、皇后、皇太后和太皇太后——很不简单,在南宋前期整整七十年的政坛上,她的身影一直时隐时现,贯穿于高孝光宁四朝,甚至在一段非常时期还曾经有过垂帘听政的短暂表演,但那是我在另一部书中的情节,暂且按下不表。

　　吴才人的这些想法,自然会润物细无声地影响官家,后宫裙带、枕畔香风,从来就是影响政坛的一股不可小视的力量,这些都注定了赵瑗的出宫之礼不会云淡风轻。

　　再说"潜邸亲随"。"潜邸"这个词是指皇帝即位前所居府第,当年的"潜龙"——也就是太子——周围的那些人,亦称之为"潜邸亲随"或"潜邸旧人"。这些人无疑都是太子的基干力量,因为一旦太子即位,一朝天子一朝臣,他们都会飞黄腾达,成为新皇帝的股肱重臣。北宋时期,潜邸亲随不仅升迁超常,而且受到极大的信任。对此,时人张方平在上奏中有过这样的批评,他说的虽然是军职,其实文官也差不多:"臣窃见国朝故事,所除军职,或以边功,或以劳旧,或以肺腑。"[11]这个"肺腑"实在是神来之笔,用以指代潜邸亲信,不仅贴切得无以复加,也不仅蕴含着灵犀相通的感情色彩,还有几分令人猜度的吊诡意味。潜邸亲信当初的品级都不高,只不过是太子身边的教师或跟班一类,而日后的前程却是如此灿烂,实在令人艳羡不已。但要说这样的差事坐赢不输,那也不见得。就投资学的基本原理而言,大凡收益越高,则风险越大,这是成正比的。特别是帝王有诸多王子,接班人意向不明的情况下,一旦介入了立储之争,其后果要么上天,要么入地。因为事涉皇权继承,这个家族内是没有一点人情味可言的,那种窝里斗也比其他的任何家族更加你死我活。新君即位,对自己亲信的封赏自然有如春天般的温暖,对对手的报复也肯定会秋风扫落叶一样残酷无情。既有大是大非，必有大悲大喜，就像一句民间俗语所说的：抬棺材抬到银子——哭的哭，笑的笑。

赵瑗九岁就入资善堂读书，他身边的亲信随从自然也有一个小圈子，而且在这个小圈子的外面，还会有一个大圈子。在他出宫的礼仪问题上，这个圈子里包括两种人，一种是认为应该给予赵瑗皇子以至皇储地位的人；一种是认定赵瑗日后必能成为皇储以至继承皇位的人。前面一种人是卫道者，后面一种人是投机者。但无论卫道还是投机，大抵都有一种共同的判断：官家本人无子，这是几乎可以铁定的；如果能有，在这十几年的时间内也早就有了。既然官家铁定无子，那么赵瑗成为皇储就是迟早的事；既然赵瑗迟早要成为皇储，自己何不早点登上这条船，且划上几桨呢？

现在，这个圈子里的人就集中在资善堂、吏部、礼部和太常寺，可以想见，由他们制定的礼仪肯定是为赵瑗量身定做的：他不仅应该享受皇子的规格，而且还要为日后的皇储地位预留伏笔。他们也预见到这样做有相当的风险，便采取了一种"大呼隆"的做法，要求大家在奏章上联合署名，这样既显得人多势众，又可以规避风险，一旦风向不对，可以用"集体意见"来分解个人责任。这种联合署名看似齐心协力，其实掩盖了各人内心不便示人的蠢动，原先各人的那点小算盘只藏在心底，他可以表达，也可以不表达——不表达也不一定就会被划入反对派。但现在不行了，一纸奏章摆在面前，署名还是不署名，实际上就形成了要么拥护要么反对的尴尬局面，你无法沉默，也无法支支吾吾。那么就署名吧，众目睽睽之下，谁愿意被贴上一块反对的标签呢？

只有一个人没有署名，此人名叫施坰，官居太常少卿，也就是太常寺的二把手。与前面所说的那些人相比，他对形势的分析要更务实一些：官家的态度甚可玩味，宰执大臣则明摆着是唱反调的，风向如此，赵瑗这次很难以皇子身份出宫。至于他日后继位的前景，那应该是几十年以后的事，几十年中，什么事情都有可能发生，现在用不着急急忙忙地登上他那条船。鉴于这样的形势分析，他决定赌一把：不在奏章上署名。

关于几个部门的联合奏章如何被驳回，接下去又如何重新拟定礼仪规格，这中间的情节后人不甚了了。我们只知道，二月初七这一天波澜不惊，赵瑗出宫时的身份仍然是官家的养子。

赵瑗出宫时波澜不惊，并不说明事情就这样过去了。腊月的债，还得快，十八天以后，也就是二月二十五日，开始追究了。事关政治原则，"集体意见"并不能分解个人责任，"集体意见"就集体罢免，在奏章上署名的七名官员全部落马，其中包括吏部和礼部尚书、资善堂翊善、礼部侍郎、太常寺丞等。他们的罪名是：

专任己意，怀奸附丽。[12]

这个罪名很模糊。专任己意，"己意"是什么内容？不清楚；怀奸附丽，"附丽"的是什么人，也没有说。但相信眼明人一看就知道是怎么回事。

施坰是唯一的收益者，他不仅"居职如常"，[13]而且不久就调任礼部侍郎。礼部的班子在这次事件中几乎全烂掉了，调他去是为了加强领导。虽然都是副部级，平行移动，但两个部门的分量却不可同日而语。太常寺只负责祭享宗庙一类差事，与鬼为邻，闲曹冷灶，当然也没有什么油水。与之相比，礼部却要吃香得多。礼部要参与考论典制，历来都遴选有名望的大儒主持，故有南宫舍人之称。这当然只是虚名，但实权也不小，它最大的权力就是主持科举考试。科举是文官的进身之阶，满朝朱紫贵，都是读书人。宋初规定，五品以上官服为朱色，三品以上官服为紫色，但"朱紫贵"须是"读书人"，只有从科场考出来的功名才是正途出身，那是官场上的硬派司。即便是专为照顾干部子弟而举行的"锁厅试"，也还是要"试"一下的，通不过就不能提拔。这实际上就赋予礼部半个中组部的功能，可见不是个冷衙门。施坰从太常少卿调任礼部侍郎，无疑是从糠箩跳进了米箩。他这一把赌赢了，赢得盆满钵满。

但是与赵瑗有关的礼仪问题才只是开了个头。又过了不到两年，绍兴十四年正月，秀州城里死了一个退休的六品朝奉郎，这本不是什么大事。但消息传到临安，却在朝廷内部引起了一阵波澜，因为这个叫赵子偁的人是赵瑗的生父。自己的亲老子死了，赵瑗要不要服丧呢？这又是一个礼仪问题，而隐藏在这个礼仪问题背后的，同样是对赵瑗身份的定位。官家还是老办法，令群臣集议。经过上一次事件，赵瑗的那个圈子已是人仰马翻，剩下的也不敢饶舌，只能听凭秦桧的党羽们在那里大讲人伦亲情，并异口同声地主张"持服，乞依故事"。[14]所谓"故事"，就是历史上处理此类问题的范例。而秦桧的党羽们所说的"故事",就是宋英宗赵曙为生父赵允让服丧的事。但他们在这里玩了一个偷梁换柱的小伎俩:当年赵曙是在为父亲守丧期间被仁宗立为皇子的,也就是说,赵允让死的时候,赵曙还没有过继给仁宗,他当时的名字也不叫赵曙,叫赵宗实,他当然应该服丧。而赵子偁的这个儿子早在十二年前就过继给了官家,名字也从赵伯琮改成了赵瑗,从伦理上讲,他已经不再是赵子偁的儿子了,现在要他依照赵曙的"故事"去给赵子偁服丧,实际上就是不承认他是官家的皇子。对于这样的处理意见,官家当然乐得批准,他用民主集议的形式,又一次表明了自己还不准备立储的心迹。

这样,到了绍兴十四年正月,赵瑗又穿上丧服,成了一个六品朝奉郎灵前的孝子。在这期间,秦桧又以持服守丧不当给俸为由,扣除了赵瑗的俸禄。小人毕竟是小人,即使当了宰相也仍旧是小肚鸡肠。其实对于赵瑗这个身份的人来说,几两银子算什么呢?但人家就是要捏手掐脚地算计你,弄得你不舒服。从这种小事上亦可以看出,秦桧是把赵瑗作为自己政治上的对手来看待的,在阻挠立储的背后,他确有不臣之心。官家看到赵瑗的俸禄被扣,只得"自出内帑,月如所除给焉"。[15]这倒也不能说是虚情假意,因为他与秦桧不同,即使在传位问题上,他的对手也不是赵瑗,而是自己,自己没本事弄出个儿子来,皇位终究还是要传给这个养子的。说到底,他只是还没有死心,想骑毛驴看唱本——走着瞧而已。

※ 无雨的江南

古时候称二月为如月。《尔雅·释天》中有"二月为如"的说法,清代乾嘉学派的代表人物郝懿行的释义是:"如者,随从之意,万物相随而出,如如然也。"

这个"如如然"很好,有一种跃跃欲试的情态。

二月十五日是花朝节,相传这一天是百花的生日,"浙间风俗,以为春序正中,百花争放之时,最堪游赏。"[16]今年的花朝节正值春分,节气中的春天一般是从立春开始的,但人们视觉中的春天却要等到春分才姗姗而来。再过几天，桃花水一下，那就不光是满园春色关不住，而是漫山遍野的浩大春景了。

赏花是这个月里理所当然的娱乐，"小楼一夜听春雨，深巷明朝卖杏花。"杏花性子急，比桃花李花都要开得早，春分一过，就有点迫不及待了。而且据说杏花还很风流，遇上花不浓或不结果的树，只要挂上少女的裙子，就会花繁果满，这当然很有意思。陆游笔下的杏花说的是临安的市井风情，皇宫里自然要更富丽也更讲究些的。修内司的太监们早就开始排办花市了，他们最擅长的是锦上添花，例如把园子里的花木一株株用绸缎装点起来，即使还没到开花的时候，也是姹紫嫣红的妖娆。花开了，又把花盆搬弄到大厅里，摆出什么吉祥的图案和福禄寿喜之类的字，那就真是花团锦簇了；或者选花形好的连着枝条剪下来，插在各种器物里，作为案前清供。那些花瓶自然都不是寻常器物，最普通的也是官窑定制的雨过天青瓷瓶，还有从泉州上岸的大食玻璃以及名贵的碾玉水晶金壶，连挂在上面标着花名的小牌牌也是象牙的玩意。有时候还要效仿西湖的花市，让小太监在花间摆摊交易，甚至"列肆关扑"——做一种用赌博的方式进行买卖物品的游戏，[17]那交易的都是些与花有关的小物什，虽值不了几个钱，但若能赚得嫔妃们的展颜一笑，也就够了。

西湖是行都最大的盆景，也是官家最神往的地方。自元宵收灯以后，临安府就着手整治西湖，包括南山和北山的规划修葺，亭馆桥廊的油饰妆画，湖滨园林的花木栽培，总共的费用为二十万贯。这笔钱不用从府库里支出，而是依照惯例，由负责管理酿酒行业的"检点酒所"赞助。对于偌大的西湖来说，二十万贯实在算不上大数目，相比于宫内的消费，甚至只能算是一点毛毛雨。宫内的那些消费，这里只说一样。早在二月上旬，福建漕司进贡的第一纲蜡茶就入宫了。福建瓯县的"北苑茶"驰名已久，五代时期，南唐北苑使善制茶，其原料即取自瓯县，故名"北苑茶"。这个季节的新茶是什么价钱呢？一个相当于腰带上那块椭圆形饰物那么大、被称之为"銙"的小盒子，装上几撮茶叶，价值竟为四百贯。而实际上，"仅可供数瓯之啜耳。"[18]福建漕司进贡的这第一纲茶叶，总共为一百銙，你算算这笔账。整治西湖，说到底是为了讨官家一个喜欢，每年开春以后，官家都要带着嫔妃们来湖上游赏的，到时候满眼绿树繁花，龙心大悦，区区二十万贯铜钱就连毛毛雨也算不上了。

寻常百姓若要赏花，走出城门也有几个好去处，例如钱塘门外的玉壶和古柳林、钱湖门外的庆乐园和小湖园。嘉会门外的包家山以桃花最为著名，满山的桃花开了，云蒸霞蔚一般。张太尉张俊家的花园也是很有名的，但那是私家花园，人们只能站在高处看上几眼。最好的去处自然还是余杭门外的东西马塍。塍的本意是指田埂，马塍就是养马的荒地。五代和北宋时期这里都是朝廷的军马场，到南宋初年的苗刘兵变前，仍是神勇步军和神锐马军的教练场所。也许正是长期的马军操练，马蹄将土壤踏成粉尘，又留下大量马粪等优质肥料，使得这里成了临安著名的"花都"，所谓"马塍东西花百里，锦云绣雾参差起"就是最好的证明。[19]但作为行都最具盛名的鲜花种植栽培基地和营销批发中心，这里的花卉都是贴上了商品标签的，如果有人还想寻一点淳朴自然的野趣，那就不妨到乡村去看菜花。

那乡村里满田满垄的菜花也是一道风景哩。

油菜从食用蔬菜被栽培成以菜籽榨油为主的作物，转型期恰在南宋，其中最具标志意义的是出现了"菜花"一词。虽然最早以菜花入诗的是晚唐时期的刘禹锡，他在著名的《玄都观》中写出了"百亩庭中半是苔，桃花净尽菜花开"的诗句，但这里的菜花显然是作为食用蔬菜栽培的。但到了南宋时期，随着油菜从菜畦进入了大田，文人诗词中的"菜花"也大量出现。历经高孝光宁四朝的项安世有一首诗，题目很长：《自过汉水菜花弥望不绝土人以其子为油》，几乎就是一篇内容提要，其中开始两句为："汉南汉北满平田，三月黄花也可怜。"[20]这里传递了两个极具农业史价值的重要信息，一是当时油菜的种植面积之广，所谓"弥望不绝"就是极好的写照。其二是油菜的功用说得很明确："以其籽为油。"汉水流域如此，江浙一带当然更甚，这在陆游、陈造、范成大、舒岳祥等人的诗中都有呈现。"菜花随麦长，田水入池平"写的是浙东宁海风光，[21]而"芜菁满地花，柳絮漫天白"则是诗人在任嘉兴县尉时所作。[22]"芜菁"即为油菜，从诗中的"满地花"我们可以想见江南地区大面积种植油菜的壮观景象。

在所有农作物的花中，大约只有两种可以称得上华丽，一种是向日葵，另一种是油菜花。向日葵传入中国较晚，这里就单说油菜花，那是一种华丽的高贵，又是一种华丽的朴实，好大一片烂漫的金黄色，汪洋恣肆，云霞一般铺展开来，你只能用华丽来形容。虽然菜花是乡土气的，人们一般也不会把它和华丽联系在一起，但华丽有时是一种气势，本来并不华丽的个体，汇聚在一起就有了华丽的视觉冲击力。菜花开了，乡村里到处浮动着若有若无的香气，那香气不妖娆，不媚俗，是平民品格的质朴，又有着乡野风情的浪漫，足以让人陶醉的。蜜蜂和蝴蝶飞来了，追逐着香气也追逐着明媚的春光。女人们从田间走过，衣衫上沾满了金色的花瓣，于是走到哪里，蜜蜂和蝴蝶就跟到哪里，真可以用"招蜂惹蝶"来形容。有时候，菜花也被女人们插在发髻上，就那么极随意的几枝，却使女人整个地鲜亮起来、生动起来，一颦一笑都流溢出不着铅华的自信，这是乡村妇女特有的"艳福"。

过了年，天气渐渐转暖，江南的春耕就开始了。二月初一是中和节，也是春耕的启动仪式，这一天官家要亲行躬耕，并象征性地赐给百姓五谷种子，以示奖励农桑。民间也在这一天用新酿的宜春酒祭祀勾芒神——那是专门掌管植物生长的神祇——祈求丰收。但今年遇上了春旱，立春后有一个节气叫雨水，这说明春雨的重要。有经验的老农早在上一年冬天就预见今年少雨，因为每年立冬后的逢壬日谓之入液，至小雪出液，这期间得雨谓之液雨，无雨则主来年干旱，故有农谚云："液雨不流铎，高田不要作。"[23]上一年不仅没有下液雨，而且整个冬季一直雨雪偏少，进入正月以后，索性一滴雨也不曾下。老天就像一个不识时务的浪荡子，不管你怎样忧心如焚，他都是喜笑颜开的好脸色。迎神求雨的社戏到处锣动鼓响，可东风吹，战鼓擂，老天就是不肯换一副面孔。广袤的江南大地有如嗷嗷待哺的弃婴，被干旱折磨得奄奄一息。各地由于干旱引起火灾的奏报不断送到朝廷，二月，镇江大火、芜湖大火、池州大火、太平州大火。三月初三，清明节的后一天，行都临安又发生了火灾，还差一点延及太庙。[24]清明前的桃花水历来是农家的命根子，有"一寸桃花一寸金"的说法，这时候麦子正圆身拔节，遇上卡脖子旱，夏熟的收成就很难指望了。而冬闲的土地要翻耕播种，也苦巴巴地等着雨水的滋润哩。

百姓急，官家也急。百姓急是因为自己的肚皮，每年的春荒是最难熬的日脚，贫下小户为了度荒，连坛坛罐罐里的种粮都倒出来吃光了，原指望新麦登场以后能吃上几顿饱饭，再用麦子兑换秋熟的种子。如果夏熟的收成打了折扣，再缴去租税，不仅吃不上饱饭，秋熟的种子还要东挪西借，一年的日子就没有巴成了。官家急是因为国脉所系，在乎农桑。宋室南渡以后，朝廷困于立国之需，一直奉行战时财政体制，对百姓的征敛相当苛猛，以至朱熹认为："古者刻剥之法，本朝皆备。"[25]这个"刻剥"当然是动词，也当然比我们后来所用的"剥削"要更形象。在一个农耕社会里，朝廷的"刻剥"主要来自农业。羊毛出在羊身上，土地上的收成不好，税赋就成了无源之水。若征收不足，则政府无法运转，再加上给金国的"岁贡"，财政势必陷入危机。若催逼太急，又容易激起民变，一旦出了大事，动用军队，花的银子就更像流水似的了。这是就国计民生的大局而言。即使从小处看，春旱也并不遥远，例如朝廷诸军的五万多匹军马，[26]每天都要喂大麦和豌豆，喂了这两样东西才能强筋骨、长耐力。没有这两样东西，你就是给它吃山珍海味也是白搭。因此官赋中的"马料"一色，就是夏熟的大麦和豌豆。这就是说，如果春旱加剧，夏粮歉收，大麦豌豆征不上来，连军马都会跑不动的。

　　前些日子，官家去天竺山敬香。天气仍然一如往常的晴好，沿途的风景也很养眼，这无疑是一年中最适宜出行的季节。途中经过一处叫九里松的地方，官家又顺便看了自己写的"九里松"匾牌。这里原来的牌子出自大书法家吴说的墨迹，去年官家经过这里时，应地方官员之请，御笔亲书"九里松"三字，替换了吴说的牌子。上路以后，官家仍丢不下对吴说的欣赏，认为吴的字绢秀大雅，如春风著纸，运笔之间有虞世南、黄庭坚的神貌。又说自己反复写了三遍，现在看来，终究不如吴说的那块。[27]銮驾不紧不慢地迤逦而行，路转溪桥，竹外桃花，官家的心情也很不错。但这样的好心情却被一幅人力拉犁的画面破坏了，那是怎样一幅令人触目惊心的图景啊！一张原始的木犁，把一家三代拴在一起，他们的形体姿态组合成一尊力的雕塑。老者在后面扶犁，青年夫妇和几个孩子在前面背着套绳，那样子就像拴在绳子上的一串蚂蚱。仲春天气还带着寒意，可男人却打着赤膊，阳光软软地照下来，映着他那斜斜地朝向天空的脊梁。拉犁的人一律弯着腰，身子向前倾过去、倾过去，和地面成一个危险的锐角。江南多硬质黏土，天一干，更是硬得像石板似的。犁铧艰难地且进且停，划出浅浅的一道痕迹——却仍然是白的。夹在男人和孩子之间的是一个女人，有一绺黑发从额前垂下来，几乎垂到地面了。她捋起头发抿上耳根的当儿，稍稍扬起头来，于是官家看到了一张在宫中从来不曾看到过的那种女人的脸，虽然看不清眉眼和肤色，但那张脸就叫农妇。

这样的画面以后又一再出现,以至成为春日乡野上的一道风景,尽管拉犁人的组合不尽相同,但那些身姿却书写着同样的艰难生计。官家的心情黯淡了,他不是一个昏聩之主,从各级的奏报和官员陛见的述职中,他对民生疾苦也是有所了解的,其中甚至包括一些具体而微的细节,例如江南地区的地租一般来说都是五五中分,但是这中间还要看佃户是不是用主家的耕牛和农具,如佃户用田主的耕牛,则田主取六成,"谓之牛米。"[28]这个"牛米"厉害啊,光是这一项,就占去了一成。还有些贫穷的佃户,连农具和种粮也要田主提供,则又要减去二成。佃户辛苦一年,最后只能得到二成。在这种情况下,也就不难理解农户为什么要用人力拉犁了。因为农具和种粮这两项你没有就是没有,是无法替代也无法简省的,只有耕牛一项,可以用自己的力气和汗水来置换。为了那一成的"牛米",他们只得背上套绳,低头弯腰,在春日的田野上演示一幅力的雕像。人的力气毕竟和牲畜是不能相比的,所以"当牛做马"一词才被用来形容极度的劳役。但对于那些贫苦农民来说,这样做也许是值得的,因为他们一无所有,只有力气和汗水。俗话说:"力气不是财,用掉有得来。"如果他们也能用力气和汗水来替代农具、替代种子,从而能够挣到收获的五成,那该多好!诗人说:"锄禾日当午,汗滴禾下土。"其实早在禾苗出土之前,那土地已经被汗水浸泡过多少遍了。那些农夫和农妇们肩上背负的,不仅仅是一张原始的木犁,而是整个宫廷的縻费和满朝文武的俸禄,是艰难前行的大宋王朝啊。

乡村田间人力拉犁的镜头,显然深深地触动了官家,贫瘠的土地和更贫瘠的脊梁,那不是风景,而是王朝的病灶。对于农耕民族来说,牛是最重要的生产工具。牛耕田曰"犁",牛拉车曰"牵",这从篆文的原始字形中都可以看出来,因此,尊重牛,爱护牛,轻易不杀牛,是古已有之的传统。孟子说:"鸡豚狗彘之畜,无失其时,七十者可以食肉矣。"他也认为喂养鸡、猪和狗,用来杀了吃肉是很正常的事,但他没有说到杀牛。杀牛往往是重大祭祀活动,即所谓的"太牢"。耕牛金贵啊!绍兴十二年二月二十二日,官家做了两件事。第一件,令福建漕司买牛发来临安,借与没有牛的贫困户耕作。第二件是叫人画了一幅人力拉犁的画像,挂在自己的左右,"庶不忘耕稼之艰难。"[29]两件事做好了,又上纲上线地做了一番总结:

> 汉文帝每下诏，必曰农者天下之本。若文帝可谓知民事之本矣。[30]

这中间有没有作秀的成分呢？当然有，因为作秀从来就是领导艺术的一部分；但也不全是作秀。正所谓不当家不知柴米贵，他是当家人，本朝税赋之重他是知道的，但也没有办法。包养知识分子，要花钱；包养武人，要花钱；通过"岁贡"买太平，也要花钱。这些钱从哪里来呢？只能向民间征收。小民的艰难和贫困，是我们这个古老帝国的一种宿命。所以要发展生产，发展才是硬道理。但发展不光是让权贵和富人发财，富人和权贵当然应该吃肉，但也要让穷人喝一口汤。如果他们连汤也喝不上，那就是竭泽而渔，弄到最后谁也没有肉吃没有汤喝。汉文帝务本舍末，奖励农桑，开创了西汉初期"文景之治"的全新局面。他这个人比较讲究实际，甚至在临死前还下了一道遗诏，要天下臣民祭祀他只在三天之内，过了三天，就要脱去丧服，该干活的干活，该婚嫁的婚嫁，该喝酒吃肉的照常喝酒吃肉。都说他是无为而治，其实他是大有作为的，文景两朝凡四十年，历来被史家誉为盛世。盛世不是王婆卖瓜自己喊出来的，而是要后世公认的，几千年来被后世公认的盛世能有几个？

官家喜欢读史，也喜欢拿历史说事，这次是拿汉文帝说经济政策，而就在几天之前，他还说过另外一番话：

> 征战之事，各有地利，北敌骑兵，虽中国所不能及，若要驰骋江淮，恐未易得志。[31]

接下去便列举了孙吴之对抗曹魏、东晋之对抗苻坚、拓跋氏虽雄踞中原而历六朝衰乱，却终不能奄有江表。真可谓纵横捭阖，雄论古今，侃侃而滔滔，但中心思想无非是说江南可踞，偏安有理，我们不用去招惹人家，也不用唱什么收复中原的高调，就守住江南这一亩三分地，图个长治久安。现在我们应该知道了，汉文帝也好，吴大帝也好，东晋六朝也好，这些符号加在一起其实就是官家的执政理念：对外苟且偷安，不生事端，当好小媳妇；对内发展经济，休养生息，过好小日子。

不久就发生了一件事，恰好可以作为这种执政理念的一条注脚。

宋金和约签订以后，接下来就是具体落实条约中的有关条款。从二月十五日起，两国代表开始划分边界。从纸上虚拟的指向到地面上山川原野的勘定，这中间自然有不少纠纷，也自然都以宋方的退让来了结，这些都不是问题。为了讨好金国，宋方还主动做出了一些亲善示软的举动，例如改四川岷州为西和州，这是为了避早已死去的金太祖完颜旻的名讳，以表示承认大金是宗主国，自己是臣子。那么就西和州吧，这么多年来梦寐以求的不就是一个"和"吗？再一个问题就是遣返北人，这中间包括南宋初年所遣使臣的家属。那时候南宋方面急于求和，始终以各种名义死皮赖脸地遣使北往。而金人又不给面子，连起码的外交礼仪也不讲，这些使臣都被扣押，有的还被迫接受了金廷的官职。建炎二年，官家寻求出使金国的使臣，既然有去无还，大臣们一个个都像缩头乌龟似的，只有宇文虚中慨然应诏，以资政殿大学士、左太中大夫，充大金祈请使。[32]只要看看"祈请使"这样的名字，就知道这种差事有多屈辱。宇文虚中当然也被扣押。次年，由于宋金关系略有松动，金方放宋使南归，宇文虚中说："二圣未归，我不能回去。"独留虎狼之地。由于他仪表堂堂，才华出众，金人很看重他，给他加以官爵。但宇文虚中始终心系故国，每每派人持密信告以金国动向，还想方设法干扰金人的南侵计划，实际上充当了宋方的卧底。

绍兴十一年年底，金方移文南宋，索宇文虚中家属北迁。宇文密奏官家："若金人索我家属，就说我的家属早已在靖康之乱中失散。"这本来是一个很好打的马虎眼，但官家担心得罪金人，干碍和议，不仅不保护这位赤胆忠心的功臣，反而亲自下诏派中使前往闽中执行。或许他的想法是，让宇文一家在北国团聚，也好无牵无挂地为金人效劳，省得他人在曹营心在汉，惹是生非。希望自己的忠臣死心塌地为敌人服务，这样大度的君王真是少见。宇文虚中有两个儿子，长子师瑗，次子师琮，都居于闽中。宇文氏一家想把小儿子师琮留下来延续宗嗣，可守臣程迈不允。师瑗便叫姐夫赵恬用海船带着师琮逃往温陵，自己去临安应命。程迈得知，派人从海上把师琮截回。师瑗到临安上疏请留其弟，朝廷亦不允，强行把宇文虚中的妻子黎氏与全家老小送往金国。而就在宇文一家从闽中扶老携幼地北上时，福建漕司的耕牛也按期发送临安，两拨人"牛"，走的应该是同一条路线。

宇文虚中的家属走了，福建漕司的耕牛来了，很好，很好，这两件都是值得官家高兴的事。

　　三年后，宇文虚中暗中联络义勇之士及内外官员七十余人，密谋在祭天大典时劫杀金主完颜亶，挟钦宗夺兵杖南奔。事败，全家百余口被活活烧死，悲惨之状，据说连苍天都为之变色。

注释：

〔1〕 《石林燕语》卷一。
〔2〕 《靖康裨史笺证·青宫译语》。
〔3〕 《建炎以来系年要录》卷二五建炎三年七月丙戌,《宋史》卷二四六《元懿太子旉传》。
〔4〕〔5〕 《宋史》卷六二《五行志》。
〔6〕 《建炎以来系年要录》卷八九绍兴五年五月辛巳。
〔7〕 《建炎以来系年要录》卷一二一绍兴八年八月。
〔8〕 《说郛》卷四六《瑞桂堂暇录》。
〔9〕〔10〕 《三朝北盟会编》卷一四三,《挥麈录余话》卷二。
〔11〕 张方平《乐全集》卷二四《论除兵官事》。
〔12〕〔13〕 《建炎以来系年要录》卷一四四绍兴十二年二月己丑。
〔14〕 《建炎以来系年要录》卷一五一绍兴十四年正月庚辰。
〔15〕 《宋史》卷三三《孝宗记》、卷四七三《秦桧传》,《建炎以来朝野杂记》乙集《壬午内禅志》。
〔16〕 《梦粱录》卷一《二月望》。
〔17〕 《武林旧事》卷二《赏花》。
〔18〕 《武林旧事》卷二《进茶》。
〔19〕 《水心集》卷七。
〔20〕 《平庵悔稿》卷三。
〔21〕 《闻风集》卷八《即事》。
〔22〕 《东山诗选》卷上《送陈良卿》。
〔23〕 《岁时广记》卷四《入液雨》。
〔24〕 《宋史》卷二四《高宗记》。
〔25〕 《朱子语类》卷一一〇《论财赋》。
〔26〕 据尚平《南宋马政研究》,绍兴年间南宋军马（骑兵）的数量为：四川地区一万三千匹,临安附近一万匹,长江下游地区一万五千匹,长江中游地区一万四千匹,总计五万二千匹左右。
〔27〕 据何学森《书法五千年》,绍兴十四年,吴说赴任信州长官,临行前循例当面向宋高宗辞行,高宗对他说："'九里松'是你写的吧? 我反复写了三遍,看来看去,终究不如你那块。"遂下令重新换用原来吴说写的牌子。

〔28〕《容斋随笔》卷四《牛米》。
〔29〕〔30〕《建炎以来系年要录》卷一四四绍兴十二年二月丙戌。
〔31〕《建炎以来系年要录》卷一四四绍兴十二年二月己巳。
〔32〕《宋史》卷三七一《宇文虚中传》。

公元一一四二年·农历壬戌年

三月

南宋 绍兴十二年

※ 宗室赵士儦

在一个宗法社会里，辈份是很重要的，辈份高的会有一种优越感，人们互相谩骂和调侃时也常常要在辈份上讨便宜。刘邦当了皇帝，已是权倾天下、操纵生杀，但开口还喜欢自称"而公"，也就是你老子的意思。他当然并不真的是人家的老子，如果真的是，那人倒也不吃亏，因为一旦攀上了皇室血统，即使日后不能当皇帝，也会成为宗室。宗室就是与皇帝同一祖先的宗族，通俗一点说，就是皇帝的本家，或者说，是人们经常说的皇亲国戚中的"皇亲"。"皇亲"和"国戚"之间是有区别的，一般来说，族内之人为亲，族外之人为戚，因此又有"外戚"的说法。只有同姓之人才有可能是"亲"。这个"本家"或"皇亲"的含金量毋庸置疑，一荣俱荣也在情理之中。都说宰相家人七品官，更不用说皇帝的本家了，因为有"家天下"作为背景，家与国的联系最为紧密直接的，莫过于宗室。所谓天潢贵胄即相当于铁杆庄稼，那是足够几代人躺在上面受用的。

关于宗室，我们先从这个名字说起：赵士儦。这个"儦"字很冷僻，此刻在我电脑的字盘里就无法找到，只能生造出来。宗室的特殊身份，首先体现在他们的名字上，可以说，没有任何一个家族的名字中有宗室这样多的冷字；或者说，他们是一群最善于在取名字时穷极文思独辟蹊径的人。既然是皇室后裔、金枝玉叶，他们的名字都是要由皇帝赐与的，也就是所谓的"训名"。但这个"训名"又不是全部，它只是规定了一个辈分的排序，就如赵士儦名字中的这个"士"字。另外一个字要你自己取。小民百姓取名很随便，阿猫阿狗都可以，即使同名同姓也无所谓，因为他们不是公众人物，不会由此而引起混乱。但宗室不行，一个国姓，再加一个"训名"，这两个字是铁定的。最后一个字，为了确保其唯一性，只能走冷僻的路子。请看宋代宗室谱中和赵士儦同属太宗系的这些"士"字辈的名字："士庬"、"士儆"、"士雪"、"士轓"、"士籛"、"士晴"、"士琂"，除去国学大师，大概没有几个人一眼就能认出来。再看看"士"字下面的"不"字辈，除去"不诊"、"不墅"、"不秸"这些冷字外，甚至还出现了"不嫖"、"不拙"这样相当不雅的名字。之所以这样做，目的是为了在皇室的牒谱上不会出现雷同的名字，因为那上面的每一个名字都代表着一份俸禄和官爵，一份皇族的光环。较之名字的雅与不雅，这些才是最重要的。

但宗室享有的也只是俸禄、官爵和光环而已，并没有多少政治运作的实际权力。戏剧舞台上有不少宋代宗室的形象，其代表人物就是那个外圆内方、极富于政治智慧的八贤王，给人的印象似乎在政坛上有相当的话语权，不管遇到什么难题，只要他老人家一出场，立马就能摆平，连皇帝也要买他几分账的。但舞台上的戏说并不能当真，据说宋太祖赵匡胤曾把"同姓可封王不拜相"的家法载诸太庙，以防宗室之尊与相权之重相结合，构成对君权的威胁。这或许是吸取了李唐王朝的教训。唐代不仅在政权中广泛起用宗室，而且还委以高官，这一点在中国历史上是相当少见的，其中至少有十三名宗室官至宰相，[1]《新唐书》甚至还专门分立《宗室宰相传》。这些人的是非功过一言难尽，但其中至少有一个人差点要了李唐王朝的命，他就是因其为人而产生了"口蜜腹剑"这个成语、又因其招致安禄山叛乱而声名狼藉的李林甫。

对宗室的优容与限制，是宋代的一贯政策。优容仅限于生活层面，那就是光鲜的头衔和丰厚的俸禄。根据他们在皇族这棵大树上的枝蔓排序以及父辈的恩荫，这些人一生下来就会得到应有的官阶。每年皇帝祭祀祖先时，所有赞襄其事的宗室，无论年龄长幼，包括那些已经死去的先人和还不能自己穿衣服的小孩，都会获得封赏。至于供养，即使是他们中间级别最低的太子右内率府副率，也可以享受如下待遇：每月俸禄二十贯、米十石。冬、春两季每季衣料绫二匹、绢五匹。冬季还有用于填充棉衣的丝棉四十两、罗一匹。外加取暖费、办公费及住房补贴。[2] 林林总总的，大致相当于当时的中级官员。而宗室中官阶最高的节度使，各种名目的供养要在这二十倍以上。他们是一群寄生皇家的富贵闲人，无忧无虑亦无所事事，触犯了刑律也比普通罪犯有着种种优待，即使是远支宗室，生活在远离京师的民间，犯了事地方官也无权过问，只能由专门的宗正司处理。

但如果认为他们的生活中充满了华丽和嚣张，可以恣意妄为、无法无天，那就错了。在很大程度上，他们是自在而不自由的，即使是婚姻，也不能由着自己的感情来。

哲宗年间，宗室赵宗景的妻子死了，他很喜欢自己的一个小妾，想把她扶为正室。但妾和妻之间的鸿沟是不能逾越的，一旦为妾，便终身为妾，主人再怎么宠爱也不能改变"妾身"的底色，就像做了婊子就无复清白那样。赵宗景时任同知大宗正事。大宗正司是管理宗室事务的最高机构，知大宗正事亦是宗室所能荣膺的最高官职，一般都由有相当资格的近支宗室担任。赵宗景的这个"同知"即为大宗正事的副手，也算是很高的职务了。但即便如此，他在原配已死的情况下，想把一个小妾扶正也是不行的。但赵宗景实在是太喜欢这个女人了，就玩了一出瞒天过海、曲线扶正的把戏。在妻子丧服已满之后，他先把那个女人送出府去，以漂白她原先的小妾身份。过了一段时间，又三媒六礼地把她作为"良家女子"娶回来，作为正室。但两口子欢娱不多日，事情还是被朝廷知道了。朝廷当然不能通融，也当然不会照顾当事人的感情，赵宗景因"帷薄不修"——也就是生活作风有问题——而受到降级处分。那个由小妾变成"良家女子"又变成正室夫人的新娘被遣送回娘家，不仅无缘正室，而且连小妾也做不成了。这样的结局虽不及《孔雀东南飞》那般凄绝，却也令人同情。

在政治生活的各个层面，宗室受到的限制更为苛刻。他们得到的那些官爵都是徒有其名的虚衔，而且几乎全为武官。武官却又不能带兵打仗，只能在宫城里狐假虎威。一般来说，皇帝近支宗室的起步官阶为卫将军、右侍禁或右班殿直。仅看这些名字，就可以大体知道他们只是皇宫里的仪卫而已，每当朝会或典礼时，他们挺胸突肚地排列在那里，充当一尊华贵的摆设。朝会和典礼并不是天天有的，平时他们干什么呢？玩，酒令词牌，琴棋书画，舞低杨柳，歌尽桃花。但玩也只能在家里玩，要走出京城，即使不过夜，也要禀报大宗正司。外出时还不得过分招摇，只有年老体病的宗室成员外出可以乘轿，但是又规定夜间使用灯笼不得超过两对。而且，除去朝会和典礼时他们可以和大臣搭几句话，平日里绝对禁止私下交往。相比于这条禁令，反倒是他们和皇帝之间的走动要容易些，那些近支宗室可以偶尔进宫陪皇上下棋、射箭，或在宫廷宴会上诗词唱和。因为从名义上讲，这是家族内部的亲情来往，而"交通"大臣就是政治问题了。

时间长了，这些笼子里的金丝鸟也练就了几手讨好皇上的独门绝技。例如真宗年间，一个叫赵承庆的宗室陪皇帝射箭时，每次都恰到好处地射中在皇帝的箭下面一点点,以此来谕示君臣关系。这肯定不能仅仅归结于吃屎碰个豆瓣——运气好,而是要有相当过硬的射术作为基础的。真宗非常开心,不仅称赞他是"神箭手",而且赐给他金带、马匹和诗。我们可以想象赵承庆射箭时那种如履薄冰的心态,既然箭的着靶点被提到了君臣关系的高度,那么,要是万一自己射不准,射在皇帝的箭上面或者平行,那将会带来怎样的后果呢?因此不管皇上的赏赐如何丰厚,受赐者总不免有些后怕。赵承庆是幸运的,他并没有碰上"万一",但即便如此,"神箭手"却也只能在宫廷里博得君王一笑,并不能到战场上去施展身手。仁宗年间,西夏元昊率二十二州宣告独立,宋王朝的西北边境成了一块战事频仍的软腹部,赵世永等七名青年宗室联名上书,踌躇满志地要求远征平叛。仁宗冠冕堂皇地褒奖了他们的远征计划和进取心,也理所当然地拒绝了他们的带兵请求。赵世永等人是有些冒失了,他们本来就是一群被豢养在高墙内的礼仪角色,决胜疆场的功名是想也不用想的。要出风头,他们只能在翰墨词章中标新立异,给自己自在而不自由的生活寻求一份寄托。事实上,绝大多数的宗室成员就是这样打发时间的。但是很遗憾,这些人没有一个能在宋代的文化史上留下名字。有的宗室出于明火执仗的功利目的,干脆以裸奔谋求上位,把精力用于编录和出版皇帝的诗抄。但同样遗憾的是,这些书没有一本能在更广阔的文人世界中博得声誉。总之,他们的生活中缺少稍稍让人眼睛发亮的精神记录,这是一种空洞的繁缛,一种体制化的平庸,一种没有理想支撑的自在优雅。

这里有一个问题,前面说到的几个宗室,名字都不算冷僻,甚至可以说相当平易,和我在本节一开始的结论明显相悖。其中原委,就在于他们都生活在宋初的几代,那时候天水赵氏刚刚坐了天下,宗室的队伍还不很庞杂,取名字的余地也很大。越到后来,枝枝蔓蔓的越发繁茂,龙的传人渐成浩荡之势,常用字也都用过了,就只能搜肠刮肚地标新立异。例如下面接着要说的赵士㒟,我在前面断言,这个"㒟"字,一眼就能认出来的人没有几个。现在我还是这样说,坚信不疑。

赵士㒟是太宗的五世孙,其曾祖父濮王赵允让即英宗的父亲。也就是说,他的祖父和英宗是嫡亲兄弟,他自己和当今皇上是叔侄关系。靖康之难时,太宗一系的近支宗室大都被虏北去。金兵抓人是照着皇家的谱牒,一个萝卜一个坑地对号入座的。昔日寄生于皇族大树的种种荣耀,转瞬间成了灾难的根源,而且荣耀和灾难的程度恰好成正比，以往越是处于食物链高端的金枝玉叶，现在越是首当其冲地倒霉。赵士儦的皇家血统已经快出五服了，算不上"近支"，反倒逃过一劫。靖康二年春天，金兵押解着北宋的君臣嫔妃宗室贵戚及歌伎工匠一万余人，浩浩荡荡地回老家去了，留下了一个傀儡皇帝张邦昌。这个窝窝囊囊的小老头其实是不想当皇帝的，他最大的本事就是哭。我们还记得，当初他和赵构一起被派去充当人质，在金营的二十五天中他就哭了二十四天半，还有半天是眼睛哭烂了怕生破伤风。现在听说金人要让他当皇帝，便又捶胸顿足地哭得比娘儿们还要娘儿们。但游牧民族天性浪荡，他们喜欢搞恶作剧，你越是不想做的事，他们偏是要你做。在金人的册封仪式上，他又是哭哭啼啼地没个消停，把登基典礼搞得像个丧仪似的。登基以后，张邦昌坚定不移地奉行"三不主义"：不立年号，不用天子礼仪，不接受群臣的山呼万岁。百官朝拜时，他连屁股也不敢挨在御座上，只是规规矩矩地拱着手，站在御案的边上，像个值班的老太监。其实他基本上是不上朝的，整天躲在家里，陪着自己的黄脸婆唉声叹气。他叫人把大内的宫门都上了锁，且贴上"臣张邦昌谨封"的封条。任用官员时，都要加一个"权"字，表明他只是替别人看守这副摊子的，暂时先这么着。

张邦昌不想当皇帝，是由于他没有资格，因为他不姓赵，不具备皇亲贵胄的号召力。专制政治奉行严格的血统传承，DNA高于一切。即便是天下大乱、黄钟毁弃，也只有赵家子孙才有资格出头收拾，其他人做了就是"僭越"。当时，有资格也有想法的赵家子孙至少有这么几个：

赵构：这个人的情况我们已经知道了，他是徽宗的第九个儿子，钦宗的弟弟，既有近属之尊，又有兵马大元帅之位，马前鞍后还有一批追随他的文武臣僚。客观地讲，当皇帝的账面条件是最好的。

赵榛：徽宗的另一个儿子，赵构的弟弟，封信王。他在被金人俘虏北上的途中逃了出来，隐于民间，被北方的抗金武装接入军中，作为号召，于是"两河忠义闻风而动，受旗、榜者约十万人"。[3]

赵子崧：宋太祖赵匡胤一系的宗室，时任淮宁知府。靖康之难后，他招募兵勇，传檄天下，檄文中甚至用了"眇躬"这样古代帝王专用的自谦之词，显见得有问鼎之志。[4]

赵仲琮：宋太宗的四世孙，论辈分应是赵构的皇叔祖。在讨论赵构登基事宜时，他坚持认为这个侄孙辈的年轻人"不当即大位"，只宜"用晋武陵王故事，称制行事，不改元"。[5]也就是要赵构在钦宗的旗号下行靖难之职。他的辈份很高，说话可以倚老卖老；而在倚老卖老的背后，那弦外之音也是很值得玩味的。

赵叔向：宋太宗的弟弟赵廷美一系的宗室，东京被围时，他聚兵七千直抵东京城郊的青城，其目的当然不光是勤王，也有觊觎神器，因时成事的意思。

当此山河破碎之际，这些赵家子孙，有的拥兵自重，有的静观待变，有的琵琶半遮，有的暗藏玄机。但毫无疑问，他们都盯着皇帝的宝座。毕竟当皇帝的诱惑力太大了，面临着这种千载难逢的机遇，哪怕只有百分之一的希望，谁也不会发扬风格轻言放弃的。这中间，赵构虽然血统最近，但也不能说就稳操胜券。当年刘秀中兴汉室，他算是哪一支的宗室？他的皇家血统要仔细上溯到六世之前的汉景帝刘启。到了他这一代，早已沦为乡野一隅的布衣草民。他在南阳起兵时，甚至连一匹马也没有，只能骑在牛背上出征。而在他那个时候，"宗室子，汉元至今，十有余万人。"[6]这十余万刘氏后裔中，比他血统更权威的何止万千？在一个天崩地解的乱世，成王败寇，最重要的当然是胆识。我们一点也不怀疑赵构的胆识，后来的历史证明，他是一个看似怯懦但内心极其强大的男人，他那种隐忍负重的坚韧和该出手时就出手的果决，都超过了他的诸多对手，其中亦包括秦桧和岳飞。但在靖康二年的春夏之交，他的成功有相当大的运气成分。运气说到底就是在一个恰当的时候，一个恰当的人做了一件恰当的事。它是神秘的上帝之手，既轻于鸿毛又重于泰山的。在赵构与一干宗室的皇权博弈中，使局势峰回路转的关键因素，就是赵士㒟"恰当"的拥戴。

四十四岁的赵士㒟在宗室中向有贤名，他本来是有资格也有实力参与皇位竞争的，但他选择了支持赵构。而且不光是自己支持，还替赵构动员了在礼法上具有决定意义的一票：孟太后。

孟太后是哲宗的皇后，也就是赵构的伯母。在此之前，这个命途多舛而又随遇而安的女人，一直是作为后宫倾轧和政治斗争的牺牲品而活着的。她容貌平平，又没有什么心计，而且还比丈夫大三岁。但哲宗的祖母高太后偏偏看中了她有福相，硬塞给孙子做皇后。可以想见，孟氏的福相大抵就是一张肉嘟嘟的包子脸吧？这样的长相在祖母眼里或许端庄富态，但在孙子眼里却缺少审美价值，一个比自己大三岁而且又没有什么心计的包子脸女人，很难得到他的宠爱，更何况他身边还有一个风情万种很会来事的刘婕妤呢？高太后死后，孟氏就在刘婕妤的进逼下一败涂地，她的皇后被废黜，独自居住在冷清清的瑶华宫里。后来瑶华宫失火，她索性住到娘家去了。哲宗死后，徽宗即位，在整个徽宗朝，孟氏都过着黯淡无光的日子，像一件压在箱底的旧衣服似的很少被人们记起。金兵在东京照着皇家谱牒抓人时，她由于已被废黜而得以幸免。这时候，她的身份只是"孟氏"而非"太后"。张邦昌不想当皇帝，就把她从大相国寺附近的民宅中接出来，尊为元祐太后，让她垂帘听政。在赵士儦的动员下，孟太后命内侍"奉乘舆、服御、仪仗"前去南京应天府，支持赵构登基。[7] 一个连当俘虏也不够资格的女人，一个整整二十六年无人问津的怨妇，一个被别人废立了多次、像煎烙饼似的历经颠覆的老妪，突然一下子站上了礼法的制高点，有了凌驾一切的话语权。作为唯一没有被金人俘获的太后，她理所当然地拥有了巨大的象征性权力。从草芥不如到口含天宪，仅仅因为她从"孟氏"变成了"太后"，专制社会中的身份符号，何其了得！

赵构在应天府顺利登基，改元建炎。这个"建炎"很有气魄，当年东汉光武帝开基，用建武年号；宋太祖立国，用建隆年号。宋为火德，"建炎"就是中兴宋室的意思。孟氏被尊为隆祐太后，赵士儦封南外宗正事，后来又晋封大宗正事——这是宗室所能担任的最高职务。

大宗正事本来是闲散的勾当，宗室事务，家长里短，婚丧嫁娶，一地鸡毛。但在从建炎到绍兴初期的几年里，由于北方的宗室大批南迁，对这些人的安置让赵士儦不仅无法闲散，甚至焦头烂额。南渡之初，万方多难，迫于时势，又只能实行先军政治，有限的条件都得先满足军方的需要，那些拖家带口的宗室们起初只能安置在寺庙等公共建筑中，天潢贵胄们的怨愤不平可以想见。又加上南宋政权是一路逃出来的，政府档案都丢在东京，其中亦包括宗室的族谱。这样一来，宗族成员的身份——以及与之相关的官衔和领取津贴的权利——便成了一笔糊涂账，无服宗室冒充有服宗室，或平头百姓冒充宗室成员以骗取待遇的现象屡有发生，对这些人的身份甄别也相当麻烦。一段时期，甚至还出台了告发伪冒宗室可以得到五十贯赏金的政策。但是，告讦之门一开，难免泥沙俱下，谁又能甄别那些告发不是无中生有挟嫌报复呢？这样的乱相直到局势大体安定以后才逐渐厘清。另外还有一件事也值得一说，宋室南迁时，是带着历祖历宗的牌位逃跑的，可逃到瓜洲时，由于金兵追得太紧，亲事官竟把太祖皇帝的牌位丢失了，朝廷只得下诏寻访，最后花了重金才把那块牌位找了回来。祭祀祖先是大宗正事的职责之一，赵士㒟应该也是参与此事的，其中的情节虽不甚了了，但为了一块死人的牌位而搅动天下苍生，且要公开悬赏，这样的事情倒也少见。

南渡的宗室都安置妥当了，太祖皇帝的牌位也找回来了，赵士㒟就没有多少事可做了，因为他不能参与军国大事的谋划——除非在皇权发生危机的时候。

危机果然就来了。

赵构的一生中经历了两次最为艰难凶险的时刻，第一次是作为人质羁困金营，第二次是在苗刘兵变中被废黜。因缘凑巧，这两次都是二十五天，而留给他的心理阴影却是终身性的。两个二十五天加起来是五十天，这五十天实际上决定了他此后的六十年（从建炎元年登基到淳熙十四年以太上皇的身份去世，赵构实际操纵权柄整整六十年），也在某种意义上决定了南宋王朝的质地。此后，对金人的畏避苟且和对武人的猜忌防范，一直贯穿于这个王朝的始终。在平息苗刘兵变的过程中，人们一般只注视活跃在前台的吕颐浩、张俊和韩世忠（甚至还有他的老婆梁氏），其实在后台密谋策划的却是宗室赵士㒟。作为处于事变中心的亲历者和地位尊贵的皇叔，他的两封密信起了至关重要的作用。两封密信，一封写给江南东路安抚制置使、知江宁府的吕颐浩，一封写给督军于平江府的张俊。赵士㒟在信中分析了行都的局势，激励他们尽忠勤王，发兵纾难。这中间的一个带点血腥味的情节是，为了躲避叛军的搜身，赵士㒟给张俊的信，是让他儿子赵不凡用刀子划开大腿，把书信藏在伤口里。仅这一点，这对父子在事变中的表现就堪称"不凡"。

赵士㒟又一次拯救了赵构，他名字中的这个"㒟"本来是柔弱的意思，但在政治斗争的关键时刻，他的姿态却相当坚挺。

赵士㒟对赵构的支持，并不是出于对君王的个人崇拜或政治上的投资分红心理，而是源自一种家国情怀。他对赵构的人格并不欣赏，但为了抗金大局，他觉得需要一个稳定而权威的中央政府。长期的养尊处优让宗室子弟沉溺其中，只知锦瑟银筝，不知金戈铁马,渐成软体动物,而赵士㒟却在这种体制化的庸俗中保持着士大夫应有的风骨。作为一个有血性的宗室成员,他热切地盼望着收复中原的壮剧早日上演。绍兴九年,宋金达成第一次和议,南宋曾短期接管河南一带的失地,官家派赵士㒟和兵部侍郎张焘任祇陵寝使,前往河南永安朝拜祖陵。在途经岳家军的大本营鄂州时,赵士㒟得以和岳飞有过一次会晤。以前,由于宗室不得"交通"大臣的禁令,赵士㒟和岳飞只有神交,并无接触。这次会晤,彼此都有一见如故的知己感。对国家和民族的担当意识,对苟且偷安的抵触和忧虑,对文恬武嬉的痛心疾首,使得他们在会晤中呈现出同一种血质。这种私密交谈中的爱国不是为了哗众和出彩,也不是意气用事,而是建立在对时势和国运的理性审视之上的。岳飞是个有人格魅力的男人,他既是壮怀激烈的,又是清醒务实的;既是铁血骁勇的,又是有情有义的;既有《满江红》那样的雄迈情怀,"待从头收拾旧山河,朝天阙。"又有《小重山》那样的孤独和苦闷,"知音少,弦断有谁听?"[8]对赵士㒟来说,鄂州军营中的匆匆一晤,无疑是一次精神的洗礼和升华。茫茫九派,江天万里,这是鄂州的大气魄,岳飞的雄才大略和耿耿忠心让他相见恨晚,岳家军盘马弯弓的求战氛围更让他振奋不已。这里和临安真是两个世界,两番天地。临安山温水软,歌舞升平,朝廷上下,到处是挤眉弄眼的兜搭和言不及义的废话,那种浅薄的中兴气象有如瘟疫一般恣意蔓延,让人无聊亦令人窒息,何曾见过这样指点江山的雄论和心底无私的朗笑?

这是绍兴九年二月的事,在此后的两年多时间里,宋金双方打打停停,互有胜负,就如同一个痴情女子和浪荡男人之间的婚恋,女方死皮赖脸、低声下气,只求一个"妾身"的名分;男方朝三暮四、得寸进尺,胃口被越吊越高。双方吵吵闹闹却又卿卿我我,始终纠缠不休。对于官家来说,议和是最高目标,为了这个最高目标,是什么代价都可以付出的;而对于金方来说,议和只是最后的退路,在这之前,要尽可能地多占便宜。这样,到了绍兴十一年的夏秋之际,由于刘锜和岳飞打了几个大胜仗,宋方的最高目标和金方的最后退路终于得到了皆大欢喜的统一,双方都不想打下去了。这时候,最能打仗的岳飞理所当然地成了他们共同的敌人,为了给和议的锦匣打上最后一颗钉子,官家把岳飞逮捕入狱,并准备狠下杀手。一时间朝野震惊,不少人上书为岳飞辩冤,但这些人多属布衣下僚,分量不够。韩世忠也是主战派的名将,几个月前,官家本来是要拿他开刀的,幸亏岳飞通风报信,韩急忙求见官家,"号泣,以诉于上。"[9]官家才改变了主意。我们无法想象这位叱咤风云的老将军在官家面前"号泣"时是一种什么腔调,我们也无须探究这位浑身是胆的韩泼五此刻为什么竟像断了脊梁似的瘫成一堆,但专制政治的厉害,于此可见。现在岳飞蒙冤,已成惊弓之鸟的韩世忠自然不敢去找官家说情,只敢去诘问秦桧。秦桧是个无赖,且有恃无恐,他用那句后来有幸遗臭万年的"莫须有",轻飘飘地就把老韩头打发了。

衮衮诸公中,敢于挺身而出、面见官家为岳飞力辩的,只有皇叔赵士㒟。他对官家说:

中原未靖,祸及忠义,是忘二圣,不欲复中原也。臣以百口保飞无他。[10]

什么叫犯颜直谏?这就是。一、别人来为岳飞求情,也许会拐弯抹角地这样说:岳飞有罪,但罪不当诛,请官家从轻发落,给他一次重新做人的机会。赵士㒟却既不拐弯也不抹角,一口咬定岳飞"忠义"。既然岳飞忠义,那为什么要被"祸及"呢?这是一个让官家很难回答的问题。二、祸及岳飞的实质,"是忘二圣,不欲复中原也。"这又是一个官家最怕接招的话题。"忘二圣"就是不孝,"不欲复中原"就是卖国。这些年,二圣和中原这两个敏感词简直成了套在官家头上的紧箍咒,既躲不开又头疼不已。三、甘愿把自己和岳飞捆绑在一起,"臣以百口保飞无他"。你如果一定要说岳飞有罪,那么我也有罪;你如果一定要杀岳飞,那么就把我一家百口也杀掉。

官家当然不可能杀皇叔的一家百口,但心头的恼恨可以想见。以官家的肚肠,赵士㒟的这种担保本身就犯了大忌。官家有理由认为,他和岳飞之间不仅有"交通",而且有勾结。一个宗室,本来就长袖善舞,很有政治头脑,如果再与手握重兵的大将抱成一团,对皇权的威胁将是灾难性的。因此,赵士㒟的担保不仅于事无补,说不定反倒助长了官家的杀心。而赵士㒟的失误在于,他还是过高地估计了官家的觉悟,或者说,过高地估计了官家的德性,以为他还会把"孝悌"、"二圣"、"中原"这些神圣堂皇的指向当回事,还会把皇叔一家百口的"人权"当回事。一旦抬出这些,就能迫使他改弦更张。对于这样的高估,官家宠辱不惊,他是个赤裸裸的实利主义者,在他看来，和维护自己的皇权相比，那些往日喊在嘴上写在文件里的神圣和堂皇，全他妈的一钱不值，只有权力才是硬道理。

后来的事情我们都知道了，岳飞被杀，支持和同情岳飞的官员遭到清洗。在组织处理阶段，官家旁敲侧击地点了赵士㒟的名，虽然暂时未作处理，但埋下了一个伏笔。

到了绍兴十二年三月十八日，埋了两个月的伏笔终于兑现，赵士㒟罢判大宗正事，逐出临安，"令建州居住。"[11]罪名是"贪狡险忍，朋比奸邪"。区区八个字，几乎把世界上所有的丑恶都囊括无遗，让你不能不佩服这种地毯式轰炸的杀伤力。其中虽没有具体说到为岳飞担保一事，但"朋比奸邪"中应该包括了这个意思。

"居住"实际上就是拘管，连起码的人身自由也没有的。从天潢贵胄变成了社会底层的贱民，这样的落差不啻霄壤。建州地处福建中部的荒僻之地，赵士㒟当时五十九岁，后来也就别无选择地死在那里。

从四十四岁到五十九岁，这是一个男人政治上最成熟的年龄，赵士㒟曾把自己成熟的心智和能量用于建立和维护官家的个人权威，最后自己又恰恰死于这种权威。在专制社会里，这样的现象司空见惯。

※ 清明时节

中国传统的二十四个节气中，几乎所有的名字都是有着具体指向的，或季节，或气象，或物候，或农事，实实在在，一个萝卜一个坑。只有一个名字看似指向虚无，却又最是丰饶传神且气韵生动，那就是清明。

这是一年中最好的季节，阳光、土地、河流、阡陌，天地万物都是那样舒活而滋润，充满了情窦初开的勃勃生机。雨是杏花雨，风是杨柳风，水是桃花水，反正都是带着香气和色彩的。人们换上了脱单的衣服，顿觉神清气爽，连呼吸也干净而温暖。杂树生花，群莺乱飞，这是已经被用烂了的描写，却也是最实际的景观。而那些常绿乔木——例如香樟——却在悄悄地褪换叶片，玉树临风，飘洒一地旧妆，就像一个赶场子的当红花旦在后台换行头,既藏藏掖掖又手忙脚乱。河坡和田埂上的草一点一点地绿了,却并不张扬,所以诗人说:草色遥看近却无。

春天是膨胀的季节,阳气上升,心情随之躁动,人们在屋子里待不住了,迫不及待地要往外跑。清明扫墓只是个"往外跑"的由头,实际上是为了踏青和娱乐。小户人家的踏青总是与生计有关的,看看地里庄稼的长势,一边盘算着农事及收成之类。他们大抵是体味不出垂柳的魏晋风度或桃花的晚唐诗意的。对于他们来说,春荒正方兴未艾,但地里的麦子才刚刚起节,虽然蚕豆开花了,但他们知道那两句农谚:"蚕豆开花哄煞人,豌豆开花有巴成。"离麦收还远着呢,因此一路上的心情不会很浪漫。至于杜牧诗中所说的那些人——刚刚扫墓时还悲悲切切地"欲断魂",一转眼就寻找"杏花村"享受去了——起码也应是衣食无忧的中产之家。既然衣食无忧,又既然已经出来了,他们当然不会仅仅满足于在小馆子里喝几杯春酿,此外肯定还有属于这个季节的若干娱乐活动,例如野餐、游戏、斗鸡、踢球、放风筝,甚至调情猎艳、寻花问柳。其中有些活动居然成了现代奥林匹克某些项目的最初创意,例如蹴鞠即足球,角抵即摔跤。有些地方的妇女在清明节喜欢玩一种叫"捶丸"的游戏,几百年以后,人们把类似的运动称之为高尔夫,当然,玩的时间不仅限于春天,参与者也不仅限于妇女,只要你有足够的权势,或者,钱。

若是到了皇家那里,扫墓的排场就更大了。皇家的"皇"字原本就有大的意思,什么事情都要搞得像男人的阳具似的,似乎越大越好。当年在东京时,每年清明,皇帝都要派有相当资格的亲王去皇陵祭扫的。赵宋的皇陵在河南永安,东京到永安相去数百里,光是护卫的军队就有三四千人,沿途的地方官一路趋附迎送,每人又是一批随从。这么多人,一路翠华摇摇,威仪赫赫,在春日的阳光下浩荡而过,中原大地上的这一幕壮剧每年春天都要如期上演,让升平年代的臣民百姓领略一回大宋王朝的国威和军威,由是眼界大开。当然这样的好戏也不是白看的,这一彪人马前呼后拥,途中免不了要踩坏庄稼(这是名副其实的"踏青"),也免不了鸡飞狗跳地骚扰百姓。按照惯例,皇家扫墓,供品自备,但一路的住宿、饮食、防卫、购物等开销都要由地方承担。皇家扫一回墓,当地百姓就得脱一层皮。如果哪一天皇帝突然孝心大发,要亲自扫墓,那就更不得了,当地百姓砸锅卖铁也不及。

但这样的排场南渡以后就再也见不到了。朝廷迁到了江南，且把杭州作汴州，小日子倒也过得很滋润。但皇陵是不能跟着去的，永安现在是大金国的地域，赵家的列祖列宗都成了孤魂野鬼。金人也知道皇陵里有真金白银，一旦心血来潮就掘开坟墓往外掏值钱的玩意。掏过了也懒得再埋上，连死人的骸骨也露天扔着。过了些日子，待把那些玩意变卖得差不多了，再掘一座坟墓看看。那种予取予求的随意，就像掘开自家的地窖往外掏红薯似的。消息传到临安，官家也只能掩面垂泪。前些时，有人在临安市场上出卖一只水晶注子，识货的都说，那品相和质地，八成是皇家用物。后来果然被修内司的官员买进宫里。官家见了，认出是哲宗陵寝的陪葬，少不得又流了一回泪。他让内侍送到太庙去作为祭器，供奉在哲宗的神位前。现在清明节又到了，即便是蓬门小户也要到祖坟上祭扫一回，而数千里之外的皇家陵墓却无人问津。"西北望长安，可怜无数山。"在临安的宫城里遥望西北，其实是连山也看不到的。

绍兴十二年的春旱并没有滞留季节的脚步，花红草绿仍旧一如往年，而清明的一应美食就是以这些花草作为特色的。特色说到底就是一道"色"，它并不是主体，却又是最具招徕意义、也最能喧宾夺主的。主体仍然是米面油盐，但有了这一道"色"，它就成了时鲜，成了某种民俗和风情的符号，也成了只属于这个季节的温馨记忆。那么"色"从何来呢？对于临安人爱吃的青团来说，就是青绿的草汁。在糯米粉中调入草汁，搓团、上笼、隔水蒸熟，就是翠色滑软的青团。对于扬州人爱吃的杨柳饼来说，就是刚刚绽开的鹅黄色的柳芽。在面粉中调入柳芽，倒在铁锅里，且摊且煎，就是嫩香微涩的杨柳饼。以此类推，所谓桃花粥、锦菜饼一类的"色"也不难想见。还有一种"色"是并不见于色相的，湖州知府每年清明都要向宫中进贡挑青，挑青就是脱了壳的螺蛳肉，这里的"青"体现的是一种季节性——专指百草发芽时的螺蛳肉。挑青是吴才人的最爱，有一次她吃得高兴，随口说了句："清明螺，赛只鹅。"此话从宫中传入民间，竟成了湖州一带相当经典的美食谚语。

一般来说，官家对饮食不很讲究，他常对大臣说："朕常日不甚御肉，多食蔬菜。"且认为"水陆之珍，并陈于前，不过一饱"。[12]没有多大意思。有一次韩世忠进献鲟鱼鲊，被"却之"。他标榜自己："艰难之际，不厌菲色。"[13]但他的不讲究恰恰是以讲究为前提的，也就是不讲究排场却讲究精致，不讲究珍奇却讲究特色，不讲究豪奢却讲究养生。对于吃什么和怎样吃，他其实还是相当讲究的，有时甚至讲究到苛刻的程度。例如，厨师杀鱼和王八之类的冷血动物，一定要用竹刀，据说那样才没有腥味。前些时，春笋出土了，厨师别出心裁地做了一道笋烩羊肉，取名为"偷梁换柱"，即把羊排抽出骨头，填以嫩笋，再用糖醋烹制。官家吃了，很是欣赏，同时又批评菜名取得不好。他认为菜名要典雅、喜气，忌用贬词。但有了对菜本身的欣赏，也就够了，须知这样的欣赏并不常有。有时厨师因为一点点细节上的失误，就要丢了宫里的差事。一次厨师杀一只公鸡，见那羽毛漂亮，挑养眼的先拔了几根，准备带回去给伢子做毽子的。但那只公鸡煮熟后便留下了几个出血点，让官家甚是恼怒，厨师当即被逐出宫去。其实官家并不太喜欢荤腥，他更喜欢做出味道的家常菜蔬。有一段时间，他喜欢吃马兰头。马兰头是江南特有的野菜，吴地童谣云："荠菜马兰头，姊姊嫁在门后头。"这里说的是一种风情，没有多少实在意思。如果一定要说有什么意思，那就是，在江南大地上，马兰头和荠菜一样，到处都有。开春后的马兰头除去鲜嫩可口，还可以明目、乌发。官家才三十多岁，但头发已经白了大半。[14]根据吃啥补啥的养生法则，御医王继先推荐他吃马兰头。这个专门为官家配制春药的家伙，以前推荐的都是雄性动物的生殖器。马兰头本是穷人度荒的野菜，现在却成了御前美食。厨师们有的是手艺，清炒、凉拌、氽汤，花样翻新，连青团着色也用马兰头的汁。但有一次偶然间听御膳房的厨娘说，荒野里的马兰头味道最好，而荒野里的马兰头又以长在无主荒坟上的最香。也不知这话触动了官家的哪根神经，反正他从此就不吃马兰头了。他是个疑心病很重的人——皇帝的疑心病都是很重的。

※ 柔福帝姬

这些天，官家一直在盼望来自北方的消息，江南已是桃红柳绿的好春色，想必北方也冰消雪化了。虽然有"清明断雪雪不断，三月还下桃花雪"的说法，但谁曾真的见过？即使有桃花雪，那也是见不得日头，落地即化的。雪一化，母后就该启程南归了。

三月十六日,专门接待大金国使者的都亭驿建成。原先金使下榻都在怀远驿,怀远驿的名字不错,以怀柔对待远方的蛮夷之邦,有泱泱大国的气度。但那地方比较偏,在右二厢。右二厢西临御街,东沿市河,是个柳叶刀一样的狭长条子。怀远驿就在这狭长条子的北端,那一片地带也因此名叫怀远坊,与那个专门杀人的戒民坊相邻,已经算是临安城的北隅了。金使来了,官家在宫中宴客,人家要沿御街走老半天;吃喝完了,回去又得走老半天,饿肚子饱肚子地鞍马劳顿,很容易生胃病的。新建成的都亭驿就在候潮门内、皇城东北角。出了都亭驿,穿过六部桥就到了皇城的东华门。或者沿六部桥到御街再折向南不远,就到了皇城的中门和宁门,进宫很方便的。而且名字也妥当,你现在是大金国的臣子,再用"怀远"就有点拿大了。都亭驿,都者,行都也;亭者,送往迎来之处也,不卑不亢,平正端庄,甚好!

北方的好消息终于来了。三月下旬,原先出使金国一直被扣留的徽猷阁待制洪皓从上京传来佳音,说皇太后即将启程。二十八日,秦桧闻风而动,率全体内阁成员上殿称贺,君臣高调唱和,说了许多不着边际的豪言壮语。皇太后回銮是天大的喜事,怎样颂扬也不为过分,这不仅证明了和议的成效立竿见影,更重要的是可以彰显官家的人君之孝。在此之前,与和议相关的多是负面舆论:丧权辱国、冤杀忠良、靡费金帛、苟且偷安……这些舆论在朝廊下、在街巷里、在士大夫的慷慨高谈和平民百姓的交头接耳中潜滋暗长,有如初夏湿热的黄梅雨一般让官家很不舒服。说实话,哪朝哪代都不能不讲爱国主义,但哪朝哪代都最怕这些太爱国的老朽和愤青。人嘴两张皮,说啥不为奇,人言可畏啊。然而"人言"又是云遮雾罩影影绰绰的,让你无处抓拿,有力气也使不上。对他们的还击,只能用更强势的"人言",就如同要抵御水最好用更多的水,于是便有了消解江河于无形的湖和海一样。现在,借助皇太后回銮这样的盛事,正可以大张旗鼓地歌功颂德,以导向舆论,荡涤邪说。因此,除去发动满朝文武,还要宣喻皇亲国戚,形成强大的称颂氛围。

在所有的皇亲国戚中,与官家血缘最亲的无疑是那位住在漾沙坑第一区的柔福帝姬了。

帝姬这个称号有点怪怪的,熟悉的人不多,其实就是公主。"古者天子嫁女,不自主婚，以同姓诸侯主之，故曰公主。"[15]这是公主得名的由来，而亲王之女则称为郡主。宋徽宗这个人喜欢标新立异，自政和以后，[16]改称公主为帝姬，宗室的女儿相应地改称为宗姬。柔福帝姬是徽宗的女儿，也是徽宗三十四个女儿中唯一从金人魔窟中脱逃南归的幸运儿。当然，柔福帝姬是父皇给她的封号，到了官家这儿，她的封号是福国长公主——当今皇帝的姊妹称为长公主，这和历朝历代是一样的。

从柔福帝姬到福国长公主，官家的这个妹妹似乎注定了是个有"福"之人。

建炎三年冬天，金兵发动了号称"搜山检海"的军事行动，江南州郡望风而下。十二月间，官家正逃亡于台州与温州之间，一天忽然接到奏报，说他有一个叫柔福帝姬的妹妹从金国逃回来了，正在越州等待觐见。官家且喜且疑，一时拿不定主意。父皇的德性官家是知道的，他一生乐此不疲的只有两件事，一个是艺术，一个是女人。后宫里有那么多女人，他又那么勤勉敬业，恐怕连自己也不清楚一共繁殖了多少子女，官家作为儿子就更加不清楚了。加之朝廷南迁时丢失了皇家谱牒，"皇二代"的身份无案可稽，成了一笔糊涂账。好在这位帝姬自报家门，说她是小王贵妃的第四个女儿。徽宗后宫的女人虽然"盖以万计"，[17]但是能爬到贵妃这个层次的毕竟屈指可数。官家身边有一个叫冯益的内侍，当年曾在小王贵妃那里服务过一段时间，知根知底，甚至还依稀记得柔福帝姬小时候的模样，官家便派他去越州查验。同去的还有一名叫吴心儿的宗妇。

冯益是"潜邸旧人"，当年官家还是康王时，他就在左右侍候，很受赏识的。及至康王当了皇上，他更是三九天穿裤衩——抖起来了。因为过于跋扈，好几次遭到弹劾。[18]虽有官家袒护，但职务终究不高，眼下是干办皇城司。一个小有油水的"干办"当然有点委屈了他，他的目标是大内总管——入内内侍省都知，最起码也应该是入内内侍省押班。但官场上的腾达是需要机会的，这次到越州去查验帝姬就是一次不错的机会。在宫中时间长了，冯益对官家的心事揣摩得很透。徽宗皇帝共有三十二个儿子、三十四个女儿，这样的成就即使放在古今中外的大背景下，也算得上是个有作为的帝王。但靖康之难后，除去康王赵构一人外，其余的兄弟姊妹全都被金人掳走，沦为异邦之奴。现在康王当了官家，半壁江山，无限风光在一人。而他那些兄弟姊妹却在金国像猪狗一样地活着。这样巨大的反差肯定不能归咎于官家，但又不能不是官家的一大缺憾。以官家的心计，他当然不希望那些弟兄哥们回来，作为有父皇血统的男性，他们和自己一样也是有资格当皇上的，他们回来了，渐渐地就会衍生出新的权力中心，形成对君权的潜在威胁，所谓兄弟阋墙，在皇家从来就不是什么新鲜事。但如果那些姊妹们有人能回来，那就是另一回事了。这些人既不会危及他的九五之尊，又可以借以彰显他的人伦亲情和人君之德。很好，现在有一个自称柔福帝姬的妹妹回来了，他当然希望这个妹妹是真的，也当然不会吝惜对她的封赏。

柔福帝姬果然是真的，这是冯益的第一印象。不仅那眉眼似曾相识，而且谈吐亦相当得体，显见得是见过一些世面的。当然，女大十八变，更何况她经历了这么残酷的家国之难呢？帝姬自称小名多富，又名媛媛，是父皇的第二十个女儿，生于政和元年，属兔。在冯益和吴心儿面前，她一点也不怯场，对当年东京宫中的旧事也很熟悉。她甚至还记得徽宗在宫内的日常衣着，说父皇经常戴一顶高筩东坡巾——那是东京士大夫中间十分流行的便巾——在淡黄的便袍上披一件丝绵半臂，随意中有一种洒脱。当然，她说得最多的还是母亲小王贵妃。她说因为后宫的嫔妃实在太多，父皇也难得到母亲那里去，母亲无聊了，常常让身边的宫女说些有趣的事解闷。有一个叫张喜儿的宫女，父亲曾在蔡京家当差，小时候常常听父亲说及太师府上的一些琐事。例如蔡京教育儿孙要读书上进，总喜欢说到自己平生最得意的一件事。元符末年，蔡京任北门承旨，那是个专门负责起草机密诏制的职务，有"天子私人"之称。哲宗皇帝驾崩后，他被召入宫中书写遗诏。因为当时还没有公开发丧，一切都处于保密状态，不能让仆佣在旁侍候，于是由枢密使曾布捧砚，左丞相蔡卞磨墨，宰臣章惇拱笔，大宋王朝职务最高的几个顾命大臣侍候他一个人写诏书，让他真正体会到了耍笔杆子的威风。小王贵妃听了，也认为蔡京的字确实写得好，且拿起一枚铜钱，说那上面的"崇宁通宝"就是他写的。

帝姬还说自己及笄以后，母亲经常对她进行妇德教育，其中说到以前公主下嫁，对公婆是不行礼的。唐代宗的升平公主嫁给大功臣郭子仪的儿子郭暧。郭子仪做寿，作为儿媳的升平公主不肯给公公拜寿，被喝醉了的丈夫打了一巴掌。公主哭诉到父皇那里，代宗知道自己女儿的脾气不好，不愿为儿女私事伤了君臣和气，不但赦驸马无罪，还责令公主向公公赔礼。本朝的英宗皇帝是个很律己的君王，家教也很严格，他要求自己的女儿出嫁以后不得以富贵骄人,既然做了人家的媳妇,就要遵守妇道。公主下嫁要向公婆行礼,作为一条规矩,就是从英宗那时候开始的。

柔福帝姬娓娓而谈,平静中带着几份伤感,颇有点"白头宫女说玄宗"的意味。经历了这些年的磨难,当初的金枝玉叶已不再柔弱,她的目光中有执着和坚忍,也有亲情记忆中的温暖,却唯独没有炫耀。那些宫闱背后的陈年旧事如同荒原上的暮色一般弥漫开来,然后化为一股惆怅,丝丝缕缕地沉入每个人的心底。如今时过境迁,物是人非,大宋王朝已不再是那个鲜花着锦的盛世模样了,冯益和吴心儿亦不由得唏嘘不已。

两位钦差屁颠屁颠地回去复命,称确是帝姬无疑,连帝姬说及的那个叫张喜儿的宫女,冯益也依稀记得。官家自然高兴,待到金兵北去,便在临安召见。兄妹相逢,自是悲喜交集。帝姬又讲了这几年的遭遇,说到伤心处难免涕泪交流。但官家对这个妹妹还是有点怀疑。疑点就在她脚上,这个自称柔福帝姬的女人,罗裙下竟露出一双如船大脚。

一个自小长在深宫的帝姬怎么可能有这么大的脚呢?

中国历史上的恋足癖始于帝王的变态性欲,因此,妇女缠足之风理所当然地始于后宫,而那个只会填词不会治国的南唐后主李煜即为始作俑者。所谓"窅娘新月,潘妃莲步",一直被誉为小脚美的最高典范,其中的窅娘即李煜的宠妃。那根又臭又长、从五代南唐一直拖曳到清末民初的裹脚布,大致就是从窅娘那双据说能在莲花上跳舞的小脚开始的。大凡某种时尚的流行,总是先发端于宫廷而后进入娱乐界,最后再风靡于民间。入宋之初,缠足还只是宫中女子的专宠。到了苏轼生活的那个年代,小脚已开始走出宫廷了,他有一首《菩萨蛮》是咏赞小脚的,其下半阕说:"偷穿宫样稳,并立双趺困。纤妙说应难,须从掌上看。"这首词的写作年代大约在熙宁、元丰前后,正是"宫样"的小脚被教坊乐籍效仿的阶段。而到了徽宗宣和年间,缠足已开始走红京师,连尖底绣鞋都有了流行款式。而"金莲"也成为美女的代称,每每出现在女性名字中,《水浒》中那个最漂亮的女人——潘金莲——就是一例。

官家的怀疑是有道理的,一个深宫里的帝姬怎么可能有这么大的脚呢?但官家恰恰忽略了苦难对一个少女的重塑——至少帝姬本人是这样解释的:当初东京城破,一万多人被俘北去，金人驱赶俘虏如同牛羊一般，多少金枝玉叶遗尸荒野。及至到了上京，女眷们都被分给功臣贵戚为奴，除去繁重的劳役，又多了一份屈辱。自己乘间逃脱，一路赤脚南奔，经年累月辗转于荒村僻野，行程不下万里。深宫给了帝姬一双养尊处优的小脚，帝姬却用它走遍了千山万水。经历了这一番出生入死，那一双小脚怎么可能还是旧时模样？如果还是旧时模样，帝姬这辈子是断然回不了南方，也断然见不到九哥的。

这样的解释不仅在理，而且入情，官家想想倒也是。于是兄妹相认，柔福帝姬被封为福国长公主。接下来，等着她的将是排山倒海般的荣华富贵。

这是绍兴四年春天的事，当时柔福帝姬二十岁，已经算得上是大龄剩女了。虽然说皇帝的女儿不愁嫁，但是要找一个合适的乘龙快婿也不是一件容易的事。宋代对宗女的婚姻有着相当严格的规定，强调婚姻的对象应当从"衣冠士族"中选取，这是一条官本位的硬杠子。与宗女结婚的男子，其家族必须具有三代为官的历史。当然，如果新郎本人就是官员，对家族的身份要求可相应放宽。但底线是不得与胥吏、工匠、商人、杂类、伎术官、纳粟得官、进纳买官及"恶逆"之家的子孙通婚。这中间有两点很有意思，一个是靠演艺才能获得的"伎术官"和花钱纳粮换来的官衔不算数，这两类人都被打入另册，受到鄙视。还有一个是所谓的"杂类之家"，其判定的标准专指新郎的舅舅曾为仆、姑姑曾为娼，而非泛指所有的家族成员。这样的标准有点匪夷所思，似乎其他的家庭成员为仆为娼——例如倒过来，舅家为娼，姑家为仆——都无所谓。[19]以上说的是宗女的择偶标准，可以想见，帝姬的标准当然还要更苛刻一些的。因此帝姬结婚不叫出嫁，称为下嫁，那是降格以求，有点委屈了。而娶到帝姬也不叫娶，叫"尚"。这个"尚"字虽有匹配的意思，却专指地位不对等的匹配。说白了，就是高攀。因为你一旦"尚"到了帝姬，就摇身一变，成了皇亲国戚。

有幸"尚"到柔福帝姬的是永州防御使高世荣。防御使是个中级武官，相信该同志各方面的条件都相当不错，要不然焉能攀龙附凤、坦腹东床？因为这是南渡以来帝姬第一次下嫁普通官员，婚礼在当时很具轰动效应。官家当然不肯委屈了这个妹妹，光是陪嫁的"妆奁钱"就给了一万八千贯。这笔钱与靖康之前的用度相比或许算不上很多，但放在时下，也相当于宰相及枢密使五年的俸禄了。虽然当时刚刚经历了战乱，米价奇高，江南斗米千钱，也就是说，一贯铜钱只能买一斗米。如果把一万八千贯换算成大米，还是相当可观的。帝姬当然用不着拿这笔钱去买米，而且官家的陪嫁才只是开了个头，以后每年的俸禄加上各种赏赐还有四万多贯。驸马府坐落在漾沙坑，这个地方的位置在皇城西北，吴山脚下，出钱湖门不远就是西湖，很多宗室贵戚都住在这一带。在南宋末年吴自牧编写的《梦粱录》中，漾沙坑一带有"七官宅"、"杨太后宅"、"杨郡王府"之类带着富贵气的地名，这些都是南宋一百多年历史的流风遗韵，令人想见那些簪缨之家奢华的金粉。不知那"七官宅"中是否包括绍兴初年驸马都尉高世荣的住宅。本朝制度，"宗室不领职事"，凡皇子皇孙包括驸马均不得担任有实权的职务。因此，高世荣的那个"永州防御使"就变成了领工资的虚衔，用不着去上班的，他只需待在临安的府第里陪帝姬享福就是了。这个高世荣不知哪辈子烧了狗屎香，修来了这样的好福气，惹得朝野上下一片羡慕嫉妒恨。

现在是绍兴十二年三月，月底，一封诏书发往钱湖门内漾沙坑的驸马府第，向福国长公主和驸马都尉通报了皇太后即将回銮的喜讯，让他们及早准备迎候銮驾，以承颜问膳，尽事亲之孝。同时亦对妹妹一家圣眷依依。

毋庸置疑，这是一封近年来最富于人情味的诏书。

注释:

〔1〕 王清明《文献通考》卷二五九。
〔2〕 贾志扬《天潢贵胄——宋代宗室史》第三章。
〔3〕 《建炎以来系年要录》卷八建炎元年八月乙酉,《历代名臣奏议》卷一四二。《横塘集》卷九《论宗泽札子》。
〔4〕 王曾瑜《荒淫无道宋高宗》第三章。
〔5〕 《三朝北盟会编》卷九二。
〔6〕 《汉书·平帝纪》
〔7〕 《三朝北盟会编》卷九五,《建炎以来系年要录》卷四建炎元年四月戊辰、丙辰,《宋史》卷四六九《邵成章传》。
〔8〕 《满江红》和《小重山》是岳飞的两首词。
〔9〕 《鄂国金佗稡编》卷八《鄂王行实编年》,《宝真斋法书赞》卷二《高宗皇帝亲随手札御书》,《建炎以来系年要录》卷一四一绍兴十一年七月壬寅。
〔10〕 《三朝北盟会编》卷二〇六,《建炎以来系年要录》卷一四二绍兴十一年十一月丁未,《宋史》卷二四七《赵士㒟传》,《山房集》卷八《杂记》,《齐东野语》卷一三《岳武穆逸事》。
〔11〕 《三朝北盟会编》卷二〇六,《建炎以来系年要录》卷一四四绍兴十二年三月辛亥,《宋史》卷二四七《赵士㒟传》。
〔12〕 《建炎以来系年要录》卷一〇九绍兴七年二月甲辰。
〔13〕 《建炎以来系年要录》卷八三绍兴四年十二月辛卯。
〔14〕 《建炎以来系年要录》卷一四二绍兴十一年十月庚寅。
〔15〕 《明史·礼志九》。
〔16〕 政和:赵徽宗赵佶的年号,1111年—1118年。
〔17〕 《鸡肋篇》卷下。
〔18〕 《宋史》卷四六九《冯益传》。
〔19〕 贾志扬《天潢贵胄——宋代宗室史》第四章。
〔20〕 王仲荦《金泥玉屑丛考》卷九《南宋粮价》。

公元一一四二年·农历壬戌年

四月

南宋 绍兴十二年

※ 大比之年

行都的生机其实不在朝会上那些冠冕堂皇的官话套话里，而在街巷里长年不息的叫卖声中，百货杂陈，市声喧阗，那是一座城市朴素敦厚的底蕴，也是真正有情有义有着肌肤之亲的。因此，随着节令的变化，那叫卖声一个阶段自有一个阶段的主旋律。当你看到满街的米食、灯彩、玩具、桃符、果品、香烛时，不用看皇历，便知道要过年了。开春后，各式各样的花卉从余杭门外的马塍一带涌入城区，"小楼一夜听春雨，深巷明朝卖杏花。"借助这样的诗句，我们至今仍然可以怀想千百年前的临安风情。在大街小巷的卖花声中，寒食省墓和踏青的相关物品又悄然上市了：青团、枣饼、稠饧、风筝，每一种商品都伴随着相应的歌叫。而清明一过就该春试放榜了，"千门走马将看榜，广市吹箫尚卖饧。"其实又岂止是卖饧糖的箫声，那是一年一度的科场经济大开利市了。俗话说：干什么吆喝什么，正是从这"吟叫百端"的市声中，人们体味着行都的时序和生活节律。

当然也有四时不变的老调子：叫果子的，喝故衣的，还有兜售零头碎脑小物什的货郎。一般来说，那是给市声作衬底的，犹如乐队中的低音。但在市声消停的某个时段或地段，它又是作填充的，阒然空寂中冷不丁来两声，虽没头没脑，却有一种老熟人似的牵系和温暖。例如那种被叫作"惊闺"的声音。"惊闺"其实就是货郎鼓，或者是两块敲击出声的铁片。从这名字看，他们做的大抵都是跟妇女儿童有关的生意：打磨铜镜、针头线脑、小玩具小首饰或小零食。道具一响，唤起闺中少女或少妇的注意，用以代替吆喝。因此，在有的地方，"惊闺"甚至有一种更香艳的名称，叫做"唤娇娘"。至于那些靠吆喝叫卖的，就不光要有一副好嗓子，还要出奇制胜，这种出奇甚至会惹出莫名其妙的麻烦来。当年在东京，有个卖馓子的，叫卖时既不吆喝所卖何物，也不夸耀自己的东西如何好，只是一味长吁短叹："亏便亏我啊！"这是一种打悲情牌的推销方式，就如同现在有些商家标榜的所谓"跳楼价"、"大放血"一样。当时哲宗孟皇后被无故废黜瑶华宫，此人在宫前放下担子，一边叹息一边大叫："亏便亏我啊！"这种悲情牌打的实在不是地方，人家正蒙冤受屈，你这不是含沙射影往人家伤口上撒盐吗？当下就被开封府捉将进去，扒下裤子打了一百杖。以后再吆喝时，只得改成了"待我放下歇则个"。[1] 但有了这一番遭遇，生意却无形中放被炒得很热，就像瑶华宫里的那位孟太后一样，后来反倒因祸得福了。

科场经济的升温其实从年初就开始了。今年是大比之年，开春以后，各路州府就开始向临安解送两样东西——贡品和举人。两样东西都是朝廷不可须臾或缺的，一个是维持宫廷生活的一应供养，一个是维护皇权统治的各类人才。两样东西一并解送，这次行动称之为"发解"。"发解"到行都的举人是去参加由礼部主持的考试，因此，礼部试又称为"解试"。当这些满腹经纶的读书人混杂在各式洋货土宜山珍海味中向行都进发时，他们内心的荣耀感不知会不会稍许打一点折扣。解试合格就取得了进士资格，也取得了参加四月初由皇上亲自主持的殿试的资格。殿试是科举的最高等级，真正一考定终身一跃登龙门的。在宋代以前，科举的最高等级只有礼部试，由朝廷指定有名望的文人官僚主持，录取的进士理所当然地尊主考官为座主，自己是门生。在以后的政治生活中，座主和门生之间亦很容易形成势力集团。科举本是朝廷的事，可人情却成了主考官的私人资本，这是稍微有点头脑的帝王都会感到不舒服的。宋太祖这个人当然不仅仅是"稍微有点头脑"，他靠武夫取天下，却把优容文士作为一条基本国策，以文治坐天下。他要自己当座主，直接操控人才选拔，于是殿试便应运而生。既然皇帝是座主，那么所有通过科举进入官场的知识精英就成了天子门生，这是顺理成章的事。

殿试说到底是一次排位赛，没有及格不及格，只是把礼部试录取的进士重新分拣赐名。一甲总共只有三名，赐进士及第，其中第一名即所谓的状元。二甲人数多一些，赐进士出身。三甲人数最多，赐同进士出身。这个"同"字大有意味，表面上看是"相当于"，也算是取得了进入官场的资格，其实是"落脚货"的意思，很不光彩。晚清名臣曾国藩当年中的也是三甲，对此他一直引以为耻，耿耿于怀。据说他在做两江总督时，与江苏按察使李鸿裔过从甚密。太平天国失败后，李鸿裔近水楼台先得月，把洪秀全后宫一个姓谢的妃子纳为侧室，且宠爱有加。有一天曾国藩来串门，无意间撞见李鸿裔在给那个女人洗脚，便随口调侃了一句："代如夫人洗脚。"李鸿裔原先在曾国藩手下当过幕僚，互相以诗文逗趣是常有的事，加之他才思敏捷，亦随口接了一句："赐同进士出身。"对得很工整，也很有谐趣。但用"同进士"对"如夫人"（小老婆）恰好触到了曾的心病，一向度量很大的曾国藩这次却久久不能释怀。后来，有人抓住李鸿裔"私纳逆妃"的把柄大做文章，作为上司和好友的曾国藩却始终不肯施以援手，致使那个姓谢的女人只能投水自尽，李鸿裔亦心灰意冷，辞官而去。一句"同进士"戏言得祸，可见科场荣辱是何等刻骨铭心。李鸿裔的这个玩笑开大了。

与考试有关的生意可谓五花八门，首先是《决科机要》一类的参考书，按照考试的科目，分门别类，从历年中选的卷子中选佳作警句编次成集，方便考生模仿套用。此外，还有各种版本的《时文选萃》。所谓"时文"，就是被官方和文艺界都认可的德艺双馨的好文章。一段时间以来，苏轼的文章风靡天下，他那种辅君治国经世济民的思想是帝王所欣赏的，当今的官家也特别青睐；而苏文中的那种评骘古今的纵横气势和指陈利害的雄健笔力也几乎成为一代文风而影响科举，以至谚语中有"苏文熟，吃羊肉；苏文生，吃菜羹"的说法。因此，在林林总总的时文选编中，苏轼的文章自然不在少数。依靠这些参考资料恶补虽是临时抱佛脚，但毕竟还是在尽人事。也有些考生不问苍生问鬼神，热衷于求魁星、拜文昌。更有意思的是到二相庙去祈求好运。这个"二相"是什么来头呢？说出来有点寒碜，就是孔子的两个学生子游和子夏。子游负责过武城的治理，子夏曾受聘于诸侯，都是芝麻绿豆大的职务。但是孔子的学生中就算这两位的官运好一点，所以被后世的儒生奉为神明，称之为"相"。这个二相庙估计平时也没有多少香火，可一到科考就门庭若市，连功德箱里的香火钱也是大把大把的。这恰好见证了一句成语：利令智昏。在这些被香火熏得黝黑暗淡的泥胎神偶面前，往往是越有地位的越迷信，越有文化的越愚蠢。而那些满街游走，吆喝着"时来运转，买庄田，娶老婆"的卜筮星相之流也趁机大行其道，成为不少考生的精神寄托。在这种骗局中，交易的双方实际上是互相勾结互为同谋的，一方高深莫测，模棱两可；一方过度演绎，专想好事，最后的结局总是皆大欢喜。当然，生意最好的还是临安的酒楼妓馆、瓦舍勾栏，刚刚在礼部试中点了进士的考生固然春风得意，要在这里纵情声色；那些名落孙山的下第者，也只能在这里借酒浇愁。在行都的大街小巷里，身着麻布衣衫的举子们有如蝗虫一般，这是一群为消费市场推波助澜的弄潮儿。一座城市的繁荣是以餐饮娱乐为表情的，灯红酒绿，莺歌燕舞，这是升平年代的灿烂表情。三年一度的礼部试和殿试让行都容光焕发，到处洋溢着酒香脂艳和荷尔蒙的亢奋气息。

有资格参加今年殿试的考生一共二百五十四名。不要以为这些人都是只知道"读读读"的书呆子，他们之中，有的已经是相当级别的官员，例如秦桧的养子秦熺、侄子秦昌时和秦昌龄。"三秦"同时通过礼部试，一时人言籍籍，连大瓦的优伶也在戏台上调侃说，今年"主文柄"的考官是汉朝的韩信，"若不是韩信，如何取得他三秦？"[2]在参加礼部试之前，秦熺已荫补为正八品的右通直郎，而在上一次绍兴八年的殿试中高中榜眼的陈俊卿，起步官阶也只是从八品的左文林郎。可以想见，背靠着秦桧这棵大树，秦熺在官场上的前程应该不用操心。既然如此，他有什么必要挤到科举这座独木桥上来凑热闹呢？应该说很有必要，因为荫补不算出身，只是一种对"官二代"的特殊照顾。但宋太祖知道这些纨绔子弟大多不成器，所以立下规矩，不准荫补入仕者任亲民官。他是这样说的："资荫子弟但能在家弹琵琶、弄丝竹，岂能治民？"[3]语气中很有点不以为然。在官场上，荫补者一般只能坐在黑旮旯里，不仅不如科举出身者荣耀，升迁也受到种种限制。因此，有点志向的仕宦子弟皆"以进士为胜，以资荫为慊"，[4]要到科场上去博一张硬派司，从"无出身"变为"有出身"。秦熺的志向当然不同一般，他起码也是要当"秦二世"的，岂能甘心于一个"无出身"的八品芝麻官？

秦熺等人踌躇满志地准备参加殿试，而一个叫陆游的山阴士子却没有取得殿试资格。早在两年前，十六岁的陆游第一次发解到临安参加进士考试，借住于涌金门外的灵芝寺。[5]意外的是，朝廷突然"展省试期一年"，[6]实际上却推迟到绍兴十二年。这是陆游第一次应举，结果在礼部试中落第，未能进入二百五十四人的大名单。要说才华，这二百五十四个进士加在一起，也不一定比得上他一个人。我们当然不必为他感到不平，因为科举这玩意玩的并不是才华，而是一种组合技能——死记硬背的知识，迎合主流的立意，规范端丽的文本，再加上恰到好处的临场发挥——此外还要有一点运气。当年杜甫在长安踯躅十载，希望能通过科举敲开仕进之门，但尽管他"朝扣富儿门，暮随肥马尘"，最后却两手空空。在中国文化史上，第一流的人才折戟科场，陆游不是第一个，也不是最后一个，这是科举的游戏规则决定的。我们当然也不必为他感到惋惜,陆游此后又多次应举,始终颗粒无收,直到二十多年后,孝宗皇帝因为欣赏他的诗写得好,不用考试赐了他一个进士出身,这样的"出身"在官场上其实用处不大。但正是再三再四的科场失意和伴其终身的仕途落拓,成就了一位气象万千的伟大诗人,这是中国文化的幸运。

绍兴十二年四月初的一天清晨,二百五十四名考生散散落落地通过东华门,走向他们魂牵梦萦的那座人生圣殿。之所以不说"鱼贯而入",是因为他们在通过宫门时,每人都要开怀解衣,接受严格的检查,防止夹带用于作弊的书籍或范文之类,甚至连身上有没有刺青(文身)也要看个仔细。宋代刺青者多为军士、皂隶或市井泼皮,例如《水浒》中的史进、杨雄、鲁智深、阮小五一类人物,他们当然要被摒绝于考场之外。繁复的检查无疑会让队伍很不连贯,甚至有点混乱,却并不会影响考生们心头的神圣感,即使偶尔遭遇了禁军的粗暴,通过后也仍旧器宇轩昂。在他们看来,检查越是严格,倒越是能显出自己身份的高贵,因为能到这里来接受检查——哪怕偶尔遭遇警卫的粗暴——本身就是一种常人难以企及的资格和待遇。

考场设在新落成的大庆殿,不过根据"随事揭名"的原则,今天它的名字叫集英殿。官家显然很重视这次殿试,一切都要显出继往开来的气象。本来,殿试应该是三年一次,逢狗、牛、龙、羊年举行。靖康之难前的最后一次殿试是在宣和六年,那一年的干支是龙。南渡以后,由于时局动乱,殿试的年份就不上规矩了,有时三年,有时四年,上一次是绍兴八年。根据三年一次的规矩,这一次本该在绍兴十一年举行。但官家觉得宋金和议已成,王朝已经进入了一个稳定发展的新时期,"绍兴"的"绍"字本来就是继承的意思,一切都要按照既有的规范来操作,所以才推迟到今年——因为今年适逢狗年。这样,殿试就又回到了逢狗、牛、龙、羊年轮回的轨道上。

集英殿的廊庑特地挂上了帷幕,又用帘子分隔开,依次摆放案桌。监考的官员正襟危坐,宫里的侍从则在一旁为考生端茶送水。殿试是天子亲试,亲试的含义除去亲自命题和亲自决定名次,还有考试时亲临现场。开考前,考生们先到正殿向官家行礼,然后再到廊庑下按事先的划分找到自己的座位。当他们在考桌前坐定,开始研墨濡笔时,太阳已经升上来了。时令已是小满,虽有帷幕挡住了阳光,却也挡住了四面来风,考场内的闷热可以想见。再加上紧张,不少人的衣衫已经湿透了。但是这不要紧,这么多年的寒窗苦读不就是为了今天吗？一旦传胪及第，高中龙门，这麻布衣衫立马就会换成绿襕锦袍的……

※ 策论机要

　　殿试就考一篇策论，策论源于汉代察举中的策问，"策"就是竹简，那时候没有纸，主考官把问题写在竹简上，让应试者口头回答，这就叫"对策"。在科举中，这种考试从口头回答变成了书面论文，称之为"策论"。

　　今年的策论是一篇材料作文，材料是官家的一番自诉衷肠，洋洋洒洒，将近有两百个字，从"朕以凉薄之资，抚艰难之运"开始，然后历数自己这些年如何宵衣旰食，殚精竭虑，以及遭遇的种种困难和误解。最后要求每人写一篇论文，帮助他"拯几坠之绪，振中兴之业"，[7]他将亲自审阅，云云。

　　这种论文的写作要诀，首先是要找准论点。官家的那一番自诉，涉及了当今的道德、文化、财政、军事、外交以及官风民习等诸多问题，你如果眉毛胡子一把抓地泛泛而论，当然也未尝不可，但肯定得不了高分。找准论点就是要摸准官家的心事，投其所好。那么官家的心事究竟是什么呢？这些年来，朝廷内外最大的争论无非是与金国的和议。及至上一年宋金和议正式签署，朝廷又顺势收了武将的兵权，杀了岳飞，并从组织上清洗了主战派，从表面上看，这场争论似乎已经尘埃落定。但官家知道，树欲静而风不止，反对和议的势力仍然在潜滋暗长，同情岳飞者也大有人在，这些都让他一直耿耿于怀。在他的自诉中，聪明的考生应该对这样的两句表述格外留意：

　　　　休兵以息民，而或以为不武。[8]

　　用不着翻译，那意思也能一目了然："我要结束战争，让人民休养生息，却有人认为这是怯懦偷安。"对于一个帝王来说，"怯懦偷安"这样的评价实在是不能承受之重，也成了这些年来官家最大的心病。因此,让这些汲汲于功名的学子们就此策论,既可以见出他们的文学才华和经典阐释能力,又可以考量他们"紧跟"的觉悟和政治素质。也就是说,通过科举让入仕者"皆知趋向之正",[9]这是官家的初衷。在考生这方面,你只要吃准这种导向,然后就可以旁征博引,纵横捭阖,高屋建瓴,雄论滔滔。而行文套路又无非阐述对金和议之完全必要非常及时,批驳反对和议的各种奇谈怪论,颂扬决策者的英明伟大。如果再加上不错的意匠和华美的文笔,这篇策论大致就离"及第"不远了。

但是这中间还有很多讲究。例如颂扬决策者的英明伟大,英明伟大是没有问题的,问题在于颂扬的是一个人,还是两个人。严格地说,"决策者"只有官家一个人,他是皇上,而且是总揽权纲的皇上,不是那种任人摆弄的傀儡。对金和议,他是当之无愧的总设计师。考生们在策论中一定要把这个马屁拍好,因为殿试最终的名次是由官家来钦点的,对他怎样颂扬都不为过分。但是这并不是说可以忽略秦桧的"元勋伟绩"。秦桧是对金和议的具体运作者,又是殿试初选名次的具体操控者。殿试名义上官家是座主,实际上他不可能每篇文章都看,看卷子的还是下面的考官。考官看了卷子拿出一个名次的排序方案,经秦桧首肯后再送官家定夺。这些考官大多是秦桧的党羽,即使不是党羽也只能看他的脸色行事。因此,初选的名次排序理所当然地体现了秦桧的意志。名次到了官家那里,他一般都是认可的,即使调整也只是装模作样地把前三名稍作搬弄,以显示自己的权威。这样看来,秦桧的好恶就相当重要,如果他不高兴,把你的名次排在后面,你的文章写得再好也不可能进入官家的视线。如何在拍好官家马屁的同时恰到好处地兼顾秦桧,这不光是一种文字技巧,更是一种政治智慧。对秦桧的颂扬,不到位不行;但过分了、越位了,也不行,那样不光官家不舒服,秦桧自己也会觉得不妥当。他们两人之间的关系,最恰当的表述应当是明君贤相。对金和议这样的旷世功业,他们一个是总策划,一个是总导演。事实证明,考生们的政治素质是不用担心的,分寸感也都拿捏得很得体。据后来统计,他们在策论中加给秦桧的头衔大致有"真儒"、"真贤"、"圣相"、"命世大贤"、"兴邦元佐"等等不下十种,虽别出心裁,却并不越矩。考虑到这些称号的原创性以及考试时间之紧迫,不能不让人们对绍兴十二年策论的总体水平肃然起敬。

考官阅卷后很快拿出了初选的名次，一甲、二甲、三甲，洋洋大观；状元、榜眼、探花，排序如仪。秦熺不出意外地被排在一甲第一名——也就是状元——的位置上。当主考官把这个名单送给秦桧审查时，在诚惶诚恐的背后其实是很有几分得意的，这种得意并不是因为他们发现了什么了不得的人才，而是因为得到了一次拍马屁的天赐良机。拍马屁也是个技术活儿，寻找和把握机会尤为重要。虽然说机会总是青睐有准备的人，但平时想找个机会巴结宰相大人并不容易。现在机会来了。而同样是机会，其中的含金量又是不同的。如果仅仅是担任一次主考官，并在安排名次时顺着秦桧的心思操作，还不能算是多么好的机会，因为那样做只是中规中矩，听话而已，并不会给秦桧留下特别的好感。幸运的是，本届考生中恰好有一帮秦氏子弟，这就为巴结讨好秦桧提供了极好的运作题材。如此机缘不仅要抓住不放，而且要尽可能地追求效益的最大化。一甲第一名固然非秦熺莫属，连同秦桧的侄子秦昌时和秦昌龄，甚至秦府的馆客何溥，一个个都要照应好。不要说什么公道不公道，换了别的人当主考官，他们也会这样安排的。在一个不公道的大环境下，个别人的公道不仅没有任何意义，而且还要赔上自己的前程，成为官场笑柄。相反，抓住了这次机会，就打通了个人的晋身之阶。由于考卷采用了糊名及誊录等技术手段，作弊需要做很多手脚。秦熺的作弊手段是在策论中以"赋无天地，诗有龙蛇"八个字作为暗号，让考官凭暗号录取。[10]在这一过程中，主考官不仅有了对秦桧的揣摩与迎合，而且实际上也有了与秦桧的勾结与共谋，有了这一层关系，自己的荣华富贵还用得着期待吗？

秦桧似乎并没有把考官们处心积虑的巴结当回事，他大笔一挥，把秦熺由状元降为榜眼，理由并不是他不够优秀，而是"按故事"。故事是什么呢？就是在一般情况下，状元应优先考虑那些从州府考上来的学子，像秦熺这种在职官员的名次要稍逊一点。但这只是一种惯例，并没有明文规定，执行时自由裁量的余地很大。秦桧这样做只是一种姿态，或者说是对官家的一种试探，因为官家最后钦点名次时，照例要把前几名的次序做些调整的。如果官家成心要把状元给秦熺，自己现在先把他拿下来，到时官家再一调整，秦熺正好到位。这叫欲擒故纵，或者叫歪打正着。如果官家不想把状元给秦熺，自己现在把他放上去也没有意思，反倒显出了自己徇私舞弊的小伎俩。宰相和帝王从来都是互斗心术的对手，而自己面对的这位官家又是最擅长算计人的，他生性阴鸷，喜欢盯着人性的下端看，看到的总是人性最底层的欲望和阴私。他既是懦弱的，又是强悍的；既是思考者，又是行动者；既有局内的深切，又有局外的清醒。有时候他也会装糊涂，例如对秦桧的某些做法睁只眼闭只眼的，但如果认为他这是犯糊涂，那你就糊涂得一塌糊涂了。和这样的对手斗心术，秦桧并不轻松。

名单报上去了，等待钦定。

官家这次不按常规出牌了，他没有装模作样地调整名次，而是顺水推舟，对报上来的方案照单全收。这样，一甲前三名的次序就是：状元陈诚之，榜眼秦熺，探花杨邦弼。

秦党上下机关算尽，秦熺还是没能当上状元，反倒让那个来自福建长乐年届五旬的陈诚之捡了个便宜。

但平心而论，单就策论的水平而言，秦熺确实不如陈诚之，甚至也不如第三名的杨邦弼。

我们先看陈诚之的状元文章。

五十岁的陈诚之这些年经历了多少次的科场磨练，我们可以想见，因此，写策论的那一套技术层面的东西——如何破题，如何用典，如何铺陈，以至如何没话找话强词夺理——他操练得不算少，再加上吃透了"屈己求和"的基本国策，写这样一篇策论应该是熟门熟路的。他这篇东西也确实写得不错，全文以所谓帝王的"大度"为统领，然后花开两朵，一表和议，一表任贤（也就是任用秦桧）。说的虽是歪理，却排出堂堂之阵，正正之旗，万夫不当的样子，文气很足。用典则洋洋洒洒，看似信手拈来，却又严丝合缝，平正妥帖。且看：

> 成汤不爱牺牲粢盛，以事葛伯；文王不爱皮币犬马，以事昆夷。汉高祖解平城而归，饰女子以配单于，终身无报复之意，故韩安国称之曰："圣人以天下为家。"光武卑辞厚币，以礼匈奴之使，故马援称之曰："恢廓大度，同符高宗。"盖帝王之度量，兼爱南北之民，不忍争寻常以毙吾之赤子也。[11]

那些尘封在历史深处的旧事，在一个五十岁的考生笔下连翩而来，整齐而且雄辩，似乎过往的那些有作为的君王，都必须具备"屈己求和"这一美德，如果脊梁不弯，膝盖不软，便不能体现帝王的"恢廓大度"，更不可能名垂青史。

以上阐述的是和议之正确。在阐述任贤之重要时，陈文又以历史上的唐太宗为例。这本来只能算是老生常谈，因为唐太宗是有口皆碑的明君，贞观之治亦是旷古公认的盛世，用于佐证任贤这样的命题，可称恰当，却难说出彩，仅中规中矩而已。陈文的出彩之处在于，他为这一典故作了必要的延伸，取得了旧瓶装新酒的效果。他不光赞扬了唐太宗早期求贤若渴、人尽其才的英明，还批评了他后期的猜忌多疑和朝三暮四，从而得出了在任贤问题上不能"始勤而终怠"的结论，也就是要官家始终如一地信任秦桧，重用秦桧，把"屈己求和"进行到底。这样的演绎让官家和秦桧都很舒服。

陈诚之无愧状元手笔。再看杨邦弼的策论，却发现两篇文章的构思竟如出一辙，都是花开两朵，先说和议，再说任贤，这就很有意思了。我们当然不会认为他们有过某种串通或作弊，而只能归结于政治主旋律的强势灌输对考生思维的规范，以至出现了构思的同质化。就像在一些场合，人们往往会用差不多的微笑和奉承来讨好权势者，却毋需事先商量一样。而且这两篇东西虽然构思相同，用典却各有选择，文笔亦各有千秋。在阐述"屈己求和"时，杨文用的是吴越春秋中勾践卧薪尝胆的典故，认为勾践和他的臣子们当初如果"不量力度时，轻死而直犯之，是特匹夫之勇，而非贤君相所宜为也"。最后的结论则是："顾以为今日休兵息民之计，诚为得策。"[12]在阐述任贤时，杨文说得更加直白："陛下信顺以待天下，又得贤相，相与图治，中兴之功，日月可冀。"[13]这样的表述，虽然多少有点失之空乏，却很符合主旋律的要求，让他名列第三，可谓实至名归。

秦熺的策论就不大像话了——既不像官话套话，又不像奉承话马屁话，而是通篇空洞无物，简直不知所云：

> 天子建国，右社稷、左宗庙，是故宗社不可无所依。今神州未归职方氏，则考卜相攸，莫如建康。谓宜申饬有司，早立宗社，权定都之制。[14]

官家要他阐述治国方略，他却说了一通礼仪制度方面的废话，这样的狗屁文章，不仅官家看了不满意,估计秦桧看了也会脸红的。这个平日里颐指气使的"秦二世",用一篇空洞的策论暴露了他的草包本色——除去权欲而外,他的内心其实是多么的贫瘠和荒芜。就这等水平,赏他一个榜眼已是看了老秦的面子,大大抬举了。

但是反过来说,如果秦熺的策论写得好,他就一定能当状元吗?也未必。可以这样说,秦熺的策论很狗屁却仍然能够名列第二,这是因为秦桧的面子;秦熺的策论写得再出彩也不能荣膺第一,这也是因为秦桧的面子。秦桧的地位太显赫了,出于政治上的深谋远虑,官家对他不能不有所戒备。一般人可能不知道,在宋金和议的背后,还有几条不便公开的密约,其中就包括"不得辄更易大臣"的条款。[15]这就是说,秦桧是终身宰相,而且是有条约作保证的,这就有问题了。宋太祖开国以后,一直把裁抑相权作为王朝的长治久安之策,宰相见皇帝时从坐着改为站着的规矩,就是从那时候开始的。宰相站起来了,相权却俯伏在地上,这就是赵家先人的心机所在。现在让秦桧独相专权,无疑是对基本国策的睽违。但为了对金和议的大局,官家也只能隐忍,就像隐忍危机四伏的婚姻,那几乎是一场华丽的冒险。当然,官家的隐忍也是有底线的,那就是不能让秦桧的终身宰相日后演变成秦家的世袭宰相。终身宰相,又是独相,如果再加上世袭宰相,不战而屈人之兵啊!到那时,姓赵的恐怕只能跟着打酱油了。因此,不管秦熺的策论写得如何,官家都不会给他加上一道状元的光环。也因此,十二年后,当秦桧的孙子秦埙参加殿试,并且在初选名单中名列第一时,又被官家义无反顾地否决了。官家把他从第一降到第三,换上去的状元叫张孝祥,他是南宋有名的词人,而且还称得上是一位爱国词人。他那首澎湃着爱国激情的《六州歌头》想必不少人都读过。但在殿试的策论中,他也不得不用有如丝绸般柔滑细腻的颂词来取悦秦桧。科举的指挥棒如何软化了一代士人的脊梁,于斯可见。

※ 羊肉套餐与泡饭

四月上旬举行传胪大典,这是当年在东京的规矩。前些年兵荒马乱,殿试和传胪都有点忙里偷闲的意思，原有的规矩也就不成规矩了。现在时局清静了，正所谓百废待举，官家要堂而皇之地把东京的那一套谱儿摆起来。因此，从今年开始，传胪大典"始依在京旧制"。[16]

今年的传胪大典定于四月初七。

这一天是新科进士的盛大节日，也是临安市民的盛大节日。中国人是很喜欢看热闹的，所谓看热闹，说穿了就是看别人的好看。"好看"到极致的情节，一个是死囚杀头，一个是状元及第，人生的大情节无过于此，别人所能看到的热闹也无过于此：前者给人以刺激，后者给人以艳羡。十年窗下无人问，一举成名天下知，金榜题名是所有文人心中的梦想，于是，传胪以及其后的种种展示仪式就集中体现了朝廷与民间对这种梦想的共同营建。对于及第者而言，这无疑是一次脱胎换骨，富贵荣华将如搔首弄姿的娼女一般招之即来，而平民的艳羡也使得这种梦想有了生根开花的土壤。因此，那盛况虽不能说倾城倾国，但是用万众瞩目来形容一点也不过分。朝廷也乐于纵容这种来自民间的艳羡，他们正好利用这种艳羡来向民间调情，因为这意味着任何人只要努力，都是可以进入上流社会的，也就是说，社会阶层并没有固化。社会阶层的固化绝对不是一种盛世气象，甚至可以说是一件很可怕的事，如果人的命运只取决于出身的那个门第，如果掌握高端资源的都是"官×代"和"富×代"，如果世界上所有的交易只在权势和金钱之间进行，而把知识、才能和劳动排除在外，那么底层民众还有什么希望？长此以往，那个被称为"老百姓"的沉默的大多数渐至绝望，他们致富无路，仕进无门，连怨愤也无处发泄，那就只能造反了。你看看"穷凶极恶"这个成语，一个"穷"字后面紧跟的是些什么词？为政者不可不警惕啊！

传胪大典由官家亲自主持。传胪就是宣布名次，"胪"也是传的意思，但特指地位高的人传话给地位低的人。宣布名次时，由礼官唱名，每唱一名，殿门内的侍卫重复一次，转传到殿外。殿外的侍卫再一个接一个高声传呼，直至殿下。在这里，传胪的仪式化并不是因为距离遥远，而是为了显示皇帝的权威和神圣感。为了体现足够的权威和神圣感，设置尽可能多的层次是必要的，层次越多，越能显示出位尊威重。那些侍卫们都是经过严格挑选的，不仅要身材魁梧，五官端正，而且要有一副好嗓门，口齿清楚。二百五十四名考生，在侍卫拿腔作调的呼喊中被逐一点名，对于他们来说，这肯定是一生中最重要的一次点名,而且每个人都盼望着自己的名字出现得越早越好,就像红灯区橱窗里的卖笑女郎,盼望着嫖客喊出自己的号码那样。前三名——状元、榜眼、探花——在听到宣呼后要应名而出。但由于过分紧张,抑或是由于巨大的幸福感引发的瞬间失聪,有些人在听到自己的名字后往往不敢答应,要礼官把他们从队伍里拽出来。他们出列后,经叩问三代籍贯及年龄,然后请入专门的状元侍班处,换上绿襕袍、黄衬衫和白玉笏板。这一身行头,是他们身份转换的灿烂符号。有时候,官家心血来潮,还会临时给予破格赏赐。就在最近的一次殿试中,福州人陈修进士及第,传胪唱名时,官家见他老态龙钟,问他多少岁,陈修回答七十三。问他几个儿子,回答说因为潜心苦读,尚未婚娶。官家嗟叹不已,马上下诏,把一个三十岁的宫女施氏嫁给他,并恩赐了丰厚的嫁妆。当时有人开玩笑说:"新人若问郎年几,五十年前二十三。"[17]这样的故事虽然滑稽,但对于当事人来说,却无疑标志着人生中的一次华丽转身。

  名次宣读完毕,时间也不早了,白日煌煌,饥肠辘辘,那么就吃顿便饭吧。这顿饭因为是官家买单,所以称之为"赐"。"赐"的标准是不同的,前三名为"酒食五盏",大体上也就是四菜一汤的套餐。其余的人一律泡饭一碗。[18]吃饭之前,前三名要各进谢恩诗一首。这不难,因为是惯例,腹稿早就打好了。不光是这三个人,所有的考生其实都打好了谢恩诗的腹稿,有的人甚至可以说蓄谋已久。在多少个寒窗苦读的深夜,在无数次关于金榜题名的憧憬中,他们或许早就把那几句诗酝酿得烂熟了,就像在一场死缠滥打的苦恋中想象着洞房花烛的每个细节一样,那是对自己的激励和补偿,屡试不爽的。俗话说,各人头上一方天,谁能说得定哪块云头上有雨呢?谁又不希望自己的诗到时候能派上用场呢?但除去前三名,其余那二百五十一首谢恩诗只能胎死腹中了——不管是才华横溢还是拼凑打油。那么就吃泡饭吧,这天的泡饭中照例有羊肉的,羊肉多金贵啊!由于南方地区养羊少,大一点的羊一只需得十五贯以上,相当于十石米的价钱,[19]寻常百姓很少有这等口福。官家从北方来,也喜欢吃羊肉,御膳房里用的羊,都是阉过的公羊和三四岁的母羊,这两种羊膻味小,嫩老适度,有一点膘分但又不腻,肉也不柴。后来官家听说羊这么贵,也不让御膳房每天杀羊了。新科进士们吃着羊肉套餐和泡饭,一个个吃得汤水淋漓,满面潮红,"苏文熟,吃羊肉。"这一天终于应验了。

接下来才是真正属于临安市民的节日,因为在这之前,所有的表演都是在宫里进行的,市民们无缘观瞻。宫里的仪式结束后,新科进士们要到期集所去,开始下一阶段的系列庆祝活动。期集所在礼部贡院前,因此,人们老早就聚集在从东华门到贡院的沿途,期待着一睹风采。他们想象着宫里传胪的盛况,一边发布着各种或平淡或危言耸听的八卦新闻,而新科状元无疑是他们口中使用频率最高的流行语词,该语词等同于时代精英、励志楷模,等同于升值空间无限的潜力股,等同于人见人爱花见花开。这中间,绝大多数的人都是与其没有任何利益关系的看客,或者说,叫做"凑热闹的大多数"。他们和所谓的"沉默的大多数"其实是同一类人,平时,他们在卑微而平庸的人生中沉默,时间长了,难免有舒展的欲望,向往着一场热闹。但热闹毕竟是人家的热闹,人家金榜题名、状元及第与你有什么关系呢?即使是人家当了皇上,或者江山易帜、改朝换代,利益所及也只是少数人,你只能在大街上咨头哈脑地凑热闹。[20]

当然,事实上的利益关系人也有,归纳一下,大致有下面几拨。首先是新科进士的亲朋故旧,或者是平日使唤的仆隶之类,他们期盼着一荣俱荣、鸡犬升天,因此格外地跃跃欲试,有如一场婚礼中性急的伴郎和伴娘,其实只是想早点拿到属于自己的那份谢仪。还有一拨就是那些相士算卦之流,他们人数不多,煽动和蛊惑能力却不可小视。殿试之前,考生们大多要找这些人看看前程的,也都得到了几句说了等于没说放之四海而皆准的卦词。等会儿新科状元一亮相,他们就会在人群中欢呼鼓噪,炫耀自己慧眼识人、早就认准了状元的归属,其先见之明,几乎百步穿杨,相当的牛逼。这种表演其实只是为自己广告而已,如同痴人说梦,谁也不可能去求证真伪。与他们同类的还有酒楼的老板和青楼的小姐,他们没有相士们那样张狂,但今天也都莅临现场,期待着从新科进士中找到几张前些日子在他们那边消费过的面孔,好再续前缘或讨要红包。那些当然都是后话,暂且不提。还有一类人来自行都的豪门贵邸,利用这机会来挑选乘龙快婿。但严格地说,他们只能算是潜在的利益关系人,因为所谓姻缘总是可遇而不可求的,能不能心想事成还两说。但他们的排场倒是最大的,一家家都在视野最开阔的地段搭好了彩棚,连同宾客早早地坐在里面品茶喝酒,顺便看街上的风景,也被风景里的人当作风景看。彩棚里当然少不了有些女眷。一般来说,丈人选婿,更多地着眼于仕途经济之类,那种华丽像政治家的空话,与"体贴"无关的。丈母娘则会从更细腻的女性角度去打量和体味,这种打量和体味,才能见出人性深处幽微隐曲的诉求,因而感情也更为真挚。吴语中有一句形容女婿上门后丈母娘表现的俗话,是这样说的:"女婿到了场上,老逼甩到梁上。"虽然文辞不雅,但那种喜勃勃的欢欣鼓舞的情状,跃然也!这里说的大致只是小户人家,但就人的感情而言,贵族之家也是差不多的。当然,今天还只是相女婿,还没到"甩到梁上"的时候,彩棚里的贵妇们且做出几分矜持,稍安勿躁。

就像一台大戏,观众早就爆满,闹场的锣鼓和龙套也已做足了铺垫,接下来轮到主角出场了。

新科进士们翠华摇摇地过来了,宫中专门负责奔走送信的"快行"一溜小跑走在最前面,手里举着用黄纸书写的诏书。后面是几十面——或许有百十面——"黄幡杂遝"的仪仗,而且每面旗幡上都写着一句诗,那当然都是些花团锦簇励志煽情的好句子。再后面才是由状元打头的新科进士,前三名皆着锦袍、骑骏马、执丝鞭。马是皇家天驷监的御马,配着珠光宝气的鞍辔络头,脖子上的银铃儿叮当作响。这种尤物虽然不能上战场,却很会在红地毯或迎宾道上顾盼自雄。骑士们手中的丝鞭其实只是一种道具,因为御马都极有教养,真正是不用扬鞭自奋蹄的。丝鞭上垂挂着长长的大红流苏,有一种很强的装饰感。唐人说进士及第后"春风得意马蹄疾",那只是一种心理感受,此刻他们不可能放马疾驰,因为这是一场仪式,你这三匹马跑起来了,那些打着旗幡的仪仗队咋办?后面的几百号步行的二甲三甲进士们咋办?还有那前呼后拥的随从们咋办?他们只能缓缰而行,缓缰而行才能我型我秀,显示出隆重的仪式感。但同样是翠华摇摇,这和皇家的车驾出行又是完全不同的。皇家的车驾出行是一派隆重的肃穆,如同一场豪华的出殡仪式。而今天这场面却是一派隆重的热闹。新科进士们的身份有点类似今天的明星,对明星,人们有追捧的自由,就像参加别人的婚礼时可以乱说乱动一样。想想当今的超男超女们走进粉丝群的场面吧,闹哄哄、嘻喇喇,争先恐后,大呼小叫。八百多年前的追星族也是不甘平庸的,新科进士们来了,哇噻!他给人们带来了一场倾情参与的狂欢,行都的市民在追捧明星,也在追逐自己心中那份缥缈的人生梦想。

在四月初七的狂欢中,新科进士们总是很得体地收敛着内心喷薄的幸福感,表现出一种只属于仪式的矜持。他们很谦恭地把狂欢的主角让给了临安市民,自己则在众目睽睽之下偷着乐。但这种谦让就像放高利贷一样，是要变本加利地索还的。于是，在以后的几天里，主角回归是顺理成章的事，他们开始放浪形骸了。

"洞房花烛夜，金榜题名时。久旱逢甘雨，他乡遇故知。"这向来被认为是人生的四大乐事，这中间，"金榜题名"无疑含金量最高，它几乎是以一当百所向披靡的。你想想，都金榜题名了，还怕没有洞房可入或没有朋友来找你吗？不要太多喔！他们的放浪虽然有些迫不及待，但形式却未免单一，除去吃，中国人似乎很难找出更好的庆祝方式，就连寒暄也绕不开一句"吃了没有？"那么就吃吧，新科进士们集体会餐（称之为"闻喜宴"），吃一顿；相互之间叙同年、同乡，吃一顿；启动出版登科录，吃一顿；在职的京官和自己原籍的进士联络感情，吃一顿；还有那些蛆虫似的市侩怀着投资心理的巴结取悦，也是吃一顿。吃吃吃，吃它个花天酒地昏天黑地。当然也不光是吃，一边还有妓乐伺候，那些红袖起初是添香，到后来就添乱了——酒都喝到那种程度了，还能不乱性吗？这些书生啊，平日里温文尔雅，现在一个个都百无禁忌，原形毕露。这几天，临安所有的声音和色彩都是属于他们的。

但也难免有人要出一点洋相的。有一则几年后的笑话，在这里说说无妨。一位新科进士到青楼去寻快活，这家伙是个少白头，风流过后付不出钱，只好把帽子上标志登第的簪花连同自己的名笺留下，让小姐第二天到太学去拿钱。结果小姐弄错了，找到临安府学去了。正巧临安府学有一个同名同姓的老头，小姐却认定是他，理由是"昨晚灯光暗，没看出这么多的皱纹"。这就是所谓"白发宫花认情郎"的笑话。还有，临安酒楼的规矩，客人一入座，店家就红头花色地把菜摆上了。但那菜是做样品的，称之为"看菜"，让你照着样子点。点过了，店家把"看菜"撤回去，再换新鲜的上。[21]新科进士中有小户人家出来的，没见过什么世面，不懂得"看菜"的规矩，加之穷惯了，吃相难看，坐下来，抓起筷子就大快朵颐。这就丢架子了，让人家看穿底牌了。但看穿底牌也不要紧，英雄不问出身，宋代不是个门阀社会，白衣卿相遍布朝廊，太祖皇帝不也出身寒微吗？不光出身寒微，小时候还是个游手好闲的无赖。民间传说，他曾用恶作剧捉弄一个相面先生，夜里在那人的摊位前拉了一泡屎，第二天一早，自己躲在旁边想看笑话。不料相面先生看到那摊污物后纳头便拜，说皇上驾到，小民有失迎候，死罪死罪！这是什么意思？原来普通人拉的屎，形制是圆条状的，而那泡屎是方条状的。在相书上，所谓"独子方肛"都是只有真龙天子才有的异秉。"独子"就是只有一只睾丸，"方肛"就不说了，腌臜。赵匡胤听了这话，知道了自己肩负的历史使命，从此改邪归正，投身行伍，一根军棍打出了宋室天下。人啊，三十年河东三十年河西，只要你发达了，谁还会追究你屁股上的那块胎记呢？

绍兴十二年的四月无疑是行都的收获季节，新科进士们收获了人生中一次决定性的成功，行都的各行各业也跟着生意红火、大发利市。又要说到那吹箫卖糖的了，"千门走马快开榜，广市吹箫尚卖饧。"其实进士及第和他们有什么关系呢？在诗人笔下，那是为了渲染这个季节特有的风情，不仅有声有色，而且有一种甚嚣尘上的人气。这个当时世界上最繁华的都市红尘滚滚，暖风荡漾，市声喧阗，活色生香。

在临安以外广袤的乡村里，四月的江南即将进入名副其实的收获季节。小满早就过去了，"小满不满，芒种开镰。"燥松松的西南风吹起来了，布谷鸟的叫声由远而近，满田满垄的麦子一天一个成色，那是一派烂漫的金黄。在这壮阔的底色上，间或会有一小块嫩绿，像是画家不经意间留下的一块色斑，那是秧池。秧池不是秧田或稻田，它的使命是培育用于移栽的秧苗，只有移栽了秧苗的水田，才能称为秧田或稻田。因此，在有的地方，秧池又称为秧母。请仔细体味这个"母"字，这中间有孕育、哺育和繁衍的意思，不光形象，也不光蕴含着朴素的亲情，还有一种对子宫、乳房和温暖怀抱的原始崇拜。不远处的小河边有一座车篷，很沧桑的样子，一头牛——黄牛或者水牛——正吱吱嘎嘎地拉着水车，节奏不紧不慢，仿佛延续了好多个世纪。那是夏忙的序曲。秧池水满，白鹭乱飞，农夫的脚步变得匆忙了，那些隐藏在斗笠下的神情也舒展开来，不管收成如何，收获总是快乐的，因为春荒总算熬过去了，更何况紧接着收获的就是播种，那是新一轮希望的开始。

而在离临安更为遥远的福建长乐，也就是新科状元陈诚之的家乡，官府正在筹备一场隆重的劝农仪式。因为根据风俗，一个地方如果出了状元，秋天必然歉收，所以要请状元夫人登城撒谷，祈祷丰收。[22]"听说劝农冠盖出，倾城又看状元妻。"这其实是地方政府把传统的祈神劝农和为新科状元接风的仪式结合在一起。老公中了状元，妻子也跟着风光，这是应该的。每一个成功的男人背后都有一个伟大的女人，伟大不伟大且不去说她，但地方的父母官想和新科状元套套近乎，这倒是实实在在的。

注释：

[1] 庄绰《鸡肋编》。
[2] 《夷坚支乙》卷四《优伶箴戏》。
[3] 《续资治通鉴长编》卷七八大中祥符五年八月甲子。
[4] 《杨龟山先生集》卷一三《语录》，《三朝名臣言行录》卷一一《丞相范忠宣公》。
[5] 《剑南诗稿》卷一五《灯笼》："我年十六游名场，灵芝借榻栖僧廊。"
[6] 《宋史》卷二九《高宗纪六》。
[7][8][11][12][13][14] 《建炎以来系年要录》卷一四五绍兴十二年四月庚午。
[9] 《建炎以来系年要录》卷一五三绍兴十五年三月戊辰。
[10] 《建炎以来系年要求》卷一四五绍兴十二年四月庚午，《宋史》卷四七三《秦桧传》，《密斋笔记》卷三。
[15] 朱熹《朱子全书》之《张浚行状》下，罗大经《鹤林玉露》卷五甲编《格天阁》，叶绍翁《四朝闻见录》乙集《吴云壑》。
[16] 《建炎以来系年要求》卷一四五绍兴十二年四月辛未。
[17] 潘永《宋稗类钞》。
[18] 《武林旧事》卷二《唱名》。
[19] 参见王仲犖《金泥玉屑丛考》卷九、卷十四。
[20] 咨头哈脑：苏北方言，硬凑上去的意思。
[21] 《武林旧事》卷六《酒楼》。
[22] 崔应榴《摊饭续谈》。

公元一一四二年·农历壬戌年

五月

南宋绍兴十二年

※ 和尚尼姑那些事儿

中国的史书向来崇尚雅正，涉笔所及，无非军国大事、礼仪盛典、帝王巡幸、官场沉浮，堂皇得有如空话连篇的贺辞，没有一丝烟火气的。但在李心传的《建炎以来系年要录》中，绍兴十二年的五月却弥漫着一股铜臭味，这个月的好多事情都是与钱有关的——花钱、筹钱、捐钱、挣钱。而该月的头三天发生的三件事，竟全都绕不开那句不大好听的俗语：棺材里伸手——死要钱。

先说初三的这件事。

金熙宗完颜亶生日，朝廷要派人去送礼。"人情急似债，顶着锅盖卖。"今年是宋金和议签署后的第一年，这个头一定要开好，人情也不能轻。这次准备的礼品有："金茶器千两，银酒器万两，锦绮千匹。"[1]别看这份礼单写起来轻飘飘的，其实分量很重，按照当时金、银和绢的比价换算下来，大致相当于每年对金岁贡的十分之一。完颜亶的生日是七月初七，但使者带着礼品颠颠簸簸地北上，在路上要走两个月，所以现在就得启程。宋王朝作为大金国的臣子，逢年过节都要给人家送礼的，但大礼一年只有两次，一次是过年，一次是金主生日。人家草原民族性格粗豪，只讲实惠，不喜欢繁文缛节那一套，前些时带信来说，生日礼品就不要专程送了，到过年的时候一并打包进呈，省得你们屁颠屁颠地跑来跑去。当初你们对辽国是这样处理的，现在我们也认可原先的潜规则，简约而不简单，大家都省心。但官家是个礼数很周全的人，坚持每节必送。他觉得既然签了和约，双方就是亲戚了，亲戚之间还是要多走动的好，关系是走出来的，那怎么叫"走关系"呢？礼多人不怪嘛。

这个"礼多人不怪"倒是实情，官家怕的就是人家一个"怪"字，特别是现在这个时候。根据宋金和议，金国将送回他的生母韦太后、还有徽宗等三人的梓宫。早在一个月前，官家已发表信安郡王孟忠厚为迎护梓宫礼仪使，参知政事王次翁为奉迎两宫礼仪使，这两拨人马已经北上。而太后那边也开始从原先的囚禁地五国城向上京会宁府出发。这时候自己一定要特别的低调,特别地装孙子,特别的诚惶诚恐,让人家即使想从鸡蛋里面挑骨头骨头里面挑鸡蛋也无从下手,不至于再生出波折来。

太后回銮是大事,大到足以掩盖一切的耻辱和阴谋,让宋金和议有了一条可以向国人交代的堂皇理由;也大到足以张扬自己的人君之德,成为以孝治天下的一面旗帜。当然,官家也不全是矫情作秀,毕竟母子至亲,骨肉之情。这么多年来,太后在北方遭受的苦难和凌辱,官家一直不敢多想,而今在她的风烛之年得以回归,做儿子的当然要曲尽孝道,加倍补偿,即使举天下而奉一人也不为过,让她慢慢走出那场噩梦的阴影,在锦衣玉食中颐养天年。早在绍兴九年,他就下诏建造慈宁殿,作为太后回銮后的颐养之所。现在看来,由于规划的原因,那殿子还是小了点,装修的档次也不够。眼下离太后回銮还有三个多月,抓紧这三个多月的时间,踵事增华还来得及。

五月十四日,官家下诏增筑慈宁殿。[2] 皇室的工程,照理要户部拿钱的,但他却"特旨"让礼部给度牒支付。

这个度牒究竟是什么玩意,为什么能当钱用呢?

有一句俗语,叫"和尚打伞——无发(法)无天",那意思当然相当的牛逼。它使用的是一种谐音代换的修辞手法,其原意并不是说和尚打了伞就可以胡作非为。但如果说果真有一把伞可以为和尚护身,这把伞就是——度牒。

关于度牒,《水浒传》中有多处涉及,虽是轻描淡写,却很有意味。第一回写"洪太尉误走妖魔",龙虎山真人起初不肯打开伏魔殿的大铁锁,洪太尉大怒,扬言要"把你都追了度牒,刺配远恶州军受苦"。这狠话一放,龙虎山真人马上服软,只得乖乖照办。于是一百零八个妖魔呼啸而出,引出了后面风风火火的大情节。再看第四十五回,风流和尚裴如海与杨雄的老婆潘巧云勾搭成奸,想找个人在他们快活时望风报晓,便想到了寺里的胡头陀。裴如海许给胡头陀的好处是,"我早晚出些钱,贴买道度牒,剃你为僧。"胡头陀就心甘情愿地下水了,并为此丢了性命。还有一处大家就更熟悉了,鲁提辖打死了镇关西,为了逃避官府的追究,赵员外给他买了一张空头度牒,送他到五台山文殊院出家了事。这几处情节说明:一、度牒大致就是官府发给出家人的身份证,这玩意相当重要,沙门中人,没有得到的(如胡头陀)梦寐以求,已经得到的(如龙虎山真人)唯恐失去。二、度牒附带着种种特权,例如像鲁智深那样犯了事的可以逍遥法外。此外还可以免除租税徭役。三、度牒是可以花钱买的。

对于朝廷来说,这第三条尤为重要。

度牒可以花钱买,向谁买呢?当然是官府。但官府不过是经销商,大老板是朝廷,因此在很多时候,度牒便成了国家财政的重要来源,就像自来水龙头一样,只要一打开,真金白银就哗啦啦地流出来了。这钱来得容易啊!不是唾手可得,而是袖手可得——根本用不着往手心里吐唾沫磨拳擦掌作英雄状的。有钱才是硬道理,只是放开了和尚尼姑那点事儿,国库就像烧开了的粥锅似的潜起来了,真好!

通过卖度牒来敛财,这样的主意最初是一个叫杨国忠的人想出来的。没错,这个杨国忠就是唐玄宗的大舅子,提起他,人们就会想起那场让唐王朝黄钟毁弃的安史之乱。也没错,卖度牒的主意就是安史之乱时想出来的。天宝十四年(755年)安禄山在范阳起兵,唐王朝丰腴的腹部成了血腥厮杀的战场。由于军费急剧膨胀,朝廷财政吃紧,入不敷出,作为宰相的杨国忠"乃使御史崔众于河东纳钱度僧尼道士,旬日间得钱百万"。[3]这叫穷出来的主意急出来的屁,但从"旬日间得钱百万"来看,效果却是立竿见影的。虽然那点钱并没有能像壮阳药一样让唐王朝雄起,不久,叛军便以破竹之势直下长安,杨国忠本人也在那个离长安不远叫马嵬驿的地方,被喧哗与骚动的士兵所杀,但他发明的度牒经济却从此进入了中国的财政史,成为一道诡异的风景。

杨国忠死了,接下来轮到后人坐享这专利的成果了。至唐肃宗李亨在灵武称帝,任用郭子仪为兵马大元帅,军事上虽有所振作,但由于"军兴用度不足",只能又"权卖官爵及度僧尼"来解决军费问题。当时的度牒居然上涨至每份百缗之多,禅宗六祖慧能的弟子神会也在北方公开度僧,为唐肃宗募集"香水钱"充任军饷。我起初弄不清这个"香水钱"是什么意思,出家人为什么要以这种带着暧昧的闺房气息的名义向朝廷献媚,后来才知道"香水"源于佛教中环绕于须弥山四周的"香水海",带有超度的意思,与闺房无关。但宗教和皇权的相互借重却是不争的事实,神会后来在宗教界的地位迅速上升,与这笔"香水钱"不无关系。所谓"沙门不敬王者"只是一种姿态而已,就像某些文人的假清高一样。战乱结束后,国家财政开始走上正轨,度牒经济才逐渐淡出朝廷的预算。但由于藩镇割据,中央政府始终病恹恹的,一旦囊中羞涩,度牒买卖又死灰复燃。就像一个徘徊于生计与操守两端的女人一样，在生计窘迫时，卖身为娼是一种无奈；等到日子勉强过得下去了，便脱身从良；但手头一缺钱，又只好去重操旧业。到最后人也老了，钱也没挣下几个，更糟糕的是还弄了一身脏病——随着买卖度牒渐成风气，宗教的规矩也坏了，原先僧尼剃度受戒，是要经过考试的，合格者方能发给度牒。因此，度牒既是出家人的身份证明，又是他们的学历文凭。但后来只要花钱就可以买到，考试便形同虚设，甚至干脆连虚设也不用了。出家人亦鱼龙混杂，佛门清静之地难免藏污纳垢。什么东西一旦和金钱结缘，像青菜萝卜一样可以自由买卖，它的神圣性就会贬值，不管是官衔、荣誉、文凭还是女人，概莫能外。所以最有价值的东西往往冠之以"非卖品"。不信你试试，再好的字眼，前面加一个"卖"——例如卖身、卖友、卖国——立马面目可憎，令人唾弃，甚至连"好"也不能幸免：卖好，意思也变得不好了。

　　从王朝的气象上说，宋代不及唐代那样恢弘阔大，但经济文化的繁荣却也花枝招展。以前人们只说盛唐，其实唐的繁荣在宫廷，宋的繁荣在市井。因此，宋代社会财富的丰饶是登峰造极的。但由于冗官、高薪、皇室的挥霍以及花钱买太平的苟且外交，中央财政一直不很宽裕。宋太祖当年又留下遗嘱，不得给百姓加税。不加税很好，不仅英明，而且伟大，试问能做到这一点的统治者历史上有几个？实在想不出。但不加税，朝廷的开支从哪里来呢？鸡儿不尿尿，各有各的出处，卖度牒就是一条出处。

　　宋代的商品经济空前活跃，在那些交易背后，不光有铜钱、铁钱、交子和会子，[4]我们常常还会看到度牒的身影。那些用高档的五色金花绫纸制作的宗教证件，可以作为商品交换的资本，也可以用于赈灾、奖掖和军费，还可以直接作为货币来流通。熙宁新法时，为了推行"青苗法"，陕西转运司奏请朝廷用度牒作为本钱，得到王安石的赏识，并向全国推广。苏东坡在杭州当太守，为了疏浚西湖，就向朝廷申请了一百道度牒，把西湖修出了"眉目"。后人走在风光旖旎的苏堤上，大抵不会想到那一百道度牒。但在那个时候，一百道度牒是可以卖一万多贯钱，买五千多石米，换十万个工的。到了徽宗年间，皇帝好大喜功，又天性是个玩家，宫里的娱乐片玩腻了，又要玩战争大片，自说自话地就对西夏用兵，所谓"崇宁开边"，仅四个月就发卖度牒二万六千多道。到了后来，发卖度牒的年收入竟超过六百万贯，几乎与全国一年的盐税相当。《水浒传》中的鲁智深买"五花度牒"大致就在这段时间。而类似的情节也在十字坡上演。母夜叉孙二娘在十字坡开黑店，放翻了一个过路的头陀，"把来做了几日馒头馅。"留下了他的度牒，却舍不得丢弃，大概是想找机会卖一笔钱的。武松血溅鸳鸯楼后路过这里，这本保存了几年的度牒正好派上了用场，被武松作了护身符，风风火火闹九州去了。

这应该是宣和年间的事，距离北宋王朝垮台已经不远了。

北宋王朝说垮台就垮台了，谁也不会说那是卖度牒的结果。因此，建炎南渡以后，又变本加厉地卖，不卖没钱用呀。那时候的中央财政不光是捉襟见肘，即使不"捉襟"也能看到胳膊肘儿——本来就穷得缕缕挂挂的，还用得着拉衣襟吗？有时候，官家赏赐大臣，竟然连一匹完整的马也拿不出来，只得折算成钱，赏赐"半匹"。这倒也罢了，半匹就半匹，反正又不是把一匹马活活锯开，先折算成钱，记在账上再说。有一个州拿不出钱发放宗室的补贴，向朝廷叫苦。朝廷当然也拿不出钱，只好让他卖二百五十道度牒。二百五十道度牒卖了六万二千四百贯钱，平均每道二百五十贯，价钱还不错。但这些还只是毛毛雨，最大的开支是军费，一打仗，战场上的输赢不好说，但花起钱来却是所向披靡势如破竹的。有宋一代的基本国策是重文轻武，太平日子，文臣的待遇远高于武将；但战事一起，倒过来了。南宋初年，正一品宰相的俸禄每月三百贯，从二品的节度使却有四百贯。这个四百贯还是小头，另外的公用钱——也就是公款消费——更是惊人，每月三千贯至一万贯。还有一条，文官的俸禄要拖欠，只支付三分之一到三分之二，"唯统兵官依旧全支。"在这种情况下，零打碎敲地卖度牒已经无法应付了。建炎三年（1129）春天，小朝廷一歇脚杭州，即宣布原先所拨赐的度牒一概停止，全部用来发卖换钱。当时的官价是每道一百二十贯。到了绍兴初年，官价涨到二百贯。为了确保军用，后来又不得不实行配卖政策，也就是层层摊派配额，强行推销。当时发卖度牒的年收入竟维持在六百万贯上下。从表面上看，这个数字和徽宗年间大体相当，但徽宗那时候全国岁入达一亿贯，而绍兴初年岁入不满一千万贯。不满一千万的财政收入中，就有六百万贯发卖度牒的收入，这样的比例不知是难以置信还是难能可贵，反正都是一个"难"。当然最"难"的还是老百姓，所以史称"均买度牒，劝谕官告，下户贫民，俱已困乏"。其实又何止"下户贫民"？整个国家的财政体系都难以为继了。

我在前面打过一个比方，靠发卖度牒解决财政问题，就有如女人之卖身。那些女人，看上去琴棋书画样样精绝，娇媚嗔笑风情万种，但落到实处，那种赤裸裸的物欲就藏在一笼红绡帐内。打着神圣而堂皇的宗教旗号圈钱，一时似乎财源滚滚，相当受用。但现实很丰满，理想却很骨感，其后果则不堪设想。显而易见的是，每卖出一道度牒，国家就少了一份税源。度牒的泛滥造成了税源的大面积流散。因此，就国家财政而言，这是真正的割肉补疮，或者叫"收之东隅，失之桑榆"，虽可救急于一时，却遗患于长远。而且，大批的青壮年进入寺庙道观，也意味着劳动力和兵源的丧失。不耕之夫，摩肩接踵；役外之民，络绎不绝。长此以往，国家的生产和作战能力将无可奈何地沦于疲软，一旦有事，真应了那句俗语：武大郎捉奸——有心无力。而一些奸恶不逞之徒遁迹沙门，亦增加了社会的不安定因素。一个贫血、缺钙，再加上肾亏的国家，就如同人家刀俎下的一块软腹部，那样的后果，想起来就让人不寒而栗。可见卖弄和尚尼姑那点事儿，绝不是盛世气象。

这些道理，稍有理智的人都应该懂的，更遑论以天下为己任的帝王了。但如果所有不能干的事都不干，词典里也就不会有"冒天下之大不韪"之类的成语，历史的进程也就因为缺少戏剧性而太无聊了。官家是个心理承受能力很强的人，自登基以后，财政问题一直压得他喘不过气来，他经常面对着官员们修辞夸饰的奏报束手无策。而最真切的感受则来自身边的一些小情节，他曾亲耳听到宫中的下人说及杭州城里吃人肉的惨剧，那些关于人肉的分类名称让他毛骨悚然：瘦的叫"烧把火"，女子叫"下羹羊"，孩童叫"和骨烂"。民间贫瘠如此，作为人主，即使有山珍海味也是吃不香的。因此，这些年来，官家的私生活一直很清淡，饮食亦不甚讲究，但求家常。这绝不是一种低调的奢华，而是实实在在的节俭。每次吃饭，他都要准备一双公筷，先用公筷把要吃的菜撸到自己碗里，为的是吃剩的菜可以赏给下人吃，不使浪费，又不致让下人吃自己的残羹冷炙。川陕地区生产上好的绸缎，吴玠每年都有进贡。但官家自己一匹也舍不得用，都让那一拨又一拨的议和"祈请使"送给金人了，如此多少可以减轻一点财政的负担。这些年发卖度牒的弊病，他都看在眼里。但战争时期，万方多难，要说卖身为娼，也是被逼无奈。现在，宋金和议尘埃落定，国家终于走出了战时经济体制，就如一个满身脏病精疲力尽的老妓，迫不及待地要跳出火坑，脱身从良了，停止发卖度牒随即被提上了议事日程。前不久，临安府要修观音殿，按照惯例，费用应由朝廷发给度牒来解决，但官家没有同意，而是拨付了五千缗钱。为此，官家还有一段上谕：

> 朕观人主欲消除释老二教，或毁其像，或废其徒，皆不适中，往往而炽。今不放度牒，可以渐消而吾道胜矣。[5]

这里说的似乎是一个宗教政策的问题，也就是要限制佛教和道教的泛滥，勿枉勿纵，唯求"适中"。明明是为了钱，却拿宗教政策说事。就像是一个穷汉吃不起肉，却说是为了健身防止高血脂一样，这有点打肿脸充胖子的味道。但官家借此释放了调整国家财政政策的信号，这是毋庸置疑的。

但既然要脱身从良，既然要调整财政政策，既然连修观音殿都不给度牒，为什么几天以后，为太后增筑慈宁殿却可以"特旨"发放呢？这中间可能有两层原因，一层是，以发卖度牒的形式为母亲修建宫殿，其中蕴含了一种虔诚的宗教意味，隐约寄托着希冀神灵保佑母亲安享天年的心愿。另一层是，增筑慈宁殿的费用不是一个小数字，决非观音殿那样区区几千缗所能打发的，用发卖度牒来解决，毕竟用不着动用国家的真金白银。在官家的心目中，与作为"过去佛"的观音相比，作为"现在佛"的母后当然更加重要，这种人子之情也是可以理解的。

但"特旨"毕竟只能偶尔为之，事实上，就此以后，直到绍兴三十一年金海陵王完颜亮南侵，大批量发卖度牒的现象基本停止。

这一停就是整整二十年。

那么，不卖度牒，朝廷的"钱途"何在？

※ 偏安的 "钱途"

五月的江南正值梅雨季节。

在一个农耕社会里，物候是人们生活中最重要的参照系，好多浪漫而富于诗意的名称亦由此而来，或者说，它们是互相印证联袂演绎的。例如清明前后的雨水叫"桃花水"。有一种恰好在麦收时节迁徙路过的鸟叫"麦黄鸟"，在我的家乡一带则称之为"麦枯草枯"，那是模仿其叫声。而梅雨之得名，原因也正如有人写过的一句很著名的诗——"梅子黄时雨。"

梅雨是消消停停不紧不慢的，落在农家的茅屋上悄无声息，也悄无声息地把场头上的农具洗得很干净。阳光像华清池里出浴的杨贵妃一样娇柔无力。不管下雨还是放晴，空气总是潮湿而凝滞。乡村里弥漫着麦草霉烂的气味。老树的根部和墙脚的麻石上长满了苔藓。晾衣服的女人抹去长竹竿上的黑斑，叹了口气：怪不得叫"霉"雨呢，没一处不上霉的。

地里的杂草欢快地疯长，这是它们最好的季节，无论温度还是湿度都恰到好处。这时候农人也没工夫来收拾它们。"田家少闲月，五月人倍忙。"这里说的是唐代的关中一带，但宋代的江南更甚，因为到了南宋的绍兴初年，以稻麦连作为主的复种制度已在江南地区普遍推广。收获和播种都集中在这个雨季里，农家的忙碌可以想见。中国被称为万年稻作之国，20 世纪 90 年代中美合作在江西省万年县吊桶环遗址的发掘表明，约在一万年前，当地人已经从采集野生稻米转向种植。江南湿润多雨，水稻历来是农作物中的大宗，对于解决民众的日用口粮和军需供应（秋苗上供、私籴、马料等），可谓举足轻重，故时人称之为"国之重宝"。[6]也同样因为水多地湿，麦子在南方产量不高，种植多是随意点缀，即使种了，有时也仅是作为稻作的绿肥，并不在于收获。任何耕作制度的变革都是一个渐进的过程，都是在不动声色中悄悄完成的，但其中的历史必然性却无法拒绝。宋朝定鼎以后，由于人口急剧增长和耕地相对不足，增加复种指数成为一项具有革命性的举措,而稻麦连作作为一种成熟的耕作制度,其确立和继往开来,关键时期即在南宋。当时,与稻麦连作制并存于江南各地的,还有水稻与油菜、蚕豆等夏熟作物,二麦与豆类、杂粮等秋熟作物搭配组合的复种方式。在梳理这些史料时,我有幸看到一长串当时各类作物的品种称谓,那些名字不仅体现了农民的朴素俚俗,也不乏艺术家的浪漫。例如有一种早熟的籼稻,谓之"随犁归"——刚刚耕作完毕,收获就随之到来了——何其形象!还有一种高产的粳稻,谓之"富不觉"——不知不觉中就让你富起来了——何其生动!还有什么"金钗稻"、"贵妃糯"、"九里香"、"羊脂玉",又何其典雅通脱!难怪史书中也不得不赞道:"土人通艺焉。"[7]其中的有些名称,在我20世纪六七十年代回乡务农时仍一直在沿用,那种耳熟能详的亲切感几乎在瞬间稀释了八百多年的历史烟云。例如大麦中的"六棱",小麦中的"佛手"、"和尚",水稻中的"矮脚黄"、"紫梗"、"芒糯"、"香糯",豆类中的"牛踏扁"(蚕豆)、"红小豆",这些产生于唐宋,散见于各类方志和文人诗词,又被大才子解缙辑入《永乐大典》的名字啊,也许它们的习性和产量早已改变,只有形态——例如禾秆的高矮、穗头的棱数、有芒或无芒,等等——仍旧一以贯之,但八百多年前江南地区农业生产的发达程度可以想见。在这个收种交集的五月里,时断时续的黄梅雨伴随着乡村各个场景里忙碌的身影,就像一曲紧拉慢唱的戏文,一直延续到小暑前后。梅雨虽则缠绵,但就像恋爱的男女一样,缘分一尽,说散就散。梅雨一停,天空豁然开朗,暑热就降临了。但农人是不怕热的,因为地里所有的庄稼都不怕热——只要不是干热。民间向有"一米度三关"或一粒稻七担水的说法,说的都是种稻的辛苦和稻米的宝贵。新麦入仓,黄秧落地,农家的忙碌才只是开了个头哩。

南风吹送着水田里腐殖质温热的气息,那气息让劳作中的农人心旷神怡。行都的君臣是闻不到那气息的,但他们可以享受温热的南风。"南风之时兮,可以阜吾民之财兮。"这是国家财政的根基所在,他们当然更有理由心旷神怡。宋王朝原本就算不上幅员辽阔,把北宋与汉唐的版图放在一起比较,有点像是一块发酵的面饼蒸熟前后的模样,而北宋自然就是那块生面坨了。但就是这块生面坨子,南渡以后又差不多丢失了五分之二。再加上战乱频仍,赋税大减也是势在必然。北宋中期国家财政曾达到一亿五千万贯,南宋初年不及其十分之一。好在富庶的江南还在,而且大体上没有受到多大的破坏。"苏湖熟，天下足。"这是可以有恃无恐的。这样到了绍兴十二年，国家财政已恢复到二千多万的水平。客观地说，到了宋代，江南的农业经济已基本达到了极致，农夫们无以复加的精耕细作，不仅使土地上的产出几乎无以复加——南宋的粮食亩产为米六七石，这即使在现在也不是一个可以轻视的数字——商品农业亦相当活跃。在宋代的官私文献中，我们常常会看到以下这些名称："菜园户"、"乡村酒户"、"机户"、"绫户"、"花户"、"蟹户"、"药户"、"香户"、"漆户"、"糖霜户"、"水碾户"、"磨户"、"熔户"等等。这些名称在宋代以前的史料中寥若晨星，他们大量出现于宋代，说明农村专业户已成为当时一股重要的经济力量，也标志着农村的产业结构发生了跨越式升级。而这些专业户提供的专卖税，甚至超过了历来被视为国家财政支柱的农业税。到了 20 世纪 80 年代，我们整个国家都曾为这些名称的出现而欢欣喜舞，这些与"改革""创新"之类的颂词联系在一起的史诗般的名称，这些让各级新闻媒体趋之若鹜也在各级表彰会上大吹大擂的名称，这些富得流油红得发紫倾城倾国所向披靡的名称，其实早在八百多年前就出现在那些芒鞋竹笠抑或青衣小帽的乡民中间，中国的历史仿佛凝固了数百年，这让我们先前的那份欢欣之情和自豪感顷刻间荡然无存。

人们一般认为，绍兴和议以后，南宋给金国五十万两匹的岁贡不仅在政治上蒙受耻辱，也让自己的经济雪上加霜，不堪重负。这其实是一个似是而非的伪命题。一个很简单的事实是，岁贡的这笔钱只占南宋财政收入的百分之二左右，说是雪上加霜也未尝不可，若说不堪重负就过分了。而且就是这一点点霜，过去之后就是满天阳光，连原先的积雪也足已融化了。这中间有一个问题人们都不愿论及，担心说多了会沾上"投降有理"的腥味，那就是和议实际上让宋王朝从战时经济的困境中解脱出来，进入了和平发展的新时期。发展才是硬道理，这个道理不光是现代人懂，至少历史上那个一直名声不大好的宋高宗也是懂的。而发展的前提首先是和平。战争不行。战争是一只胃口超强而又饥肠辘辘的巨兽，不仅吞噬生命和财富，而且吞噬一切文明的成果，那叫玉石皆焚，又叫生灵涂炭，反正都是玩完。在当时的情况下，即使是一场中等规模的战争，所耗费的军费也动辄数千万，这还不包括战争造成的对生产力的破坏。与之相比，区区五十万的岁贡几乎可以忽略不计。上文说到北宋王朝的岁入曾高达一亿五千万贯，这样的经济奇迹出现在开国六十年以后，更确切地说是在和辽国签订"丧权辱国"的澶渊之盟之后的第十七年。这个一亿五千万贯是一个什么概念呢？我们不妨做一个比较，在此之前，唐王朝在其鼎盛时期的岁入也不过三千四百万贯。唐王朝素称强盛，疆域和资源也要比北宋超出一大截，但其财政尚不及北宋的四分之一，这个比例也许有好多人不相信，但我确实没有弄错。再以历年的平均数比较，唐朝为一千五百万贯，北宋为六千万贯，大体上也是这个比例。澶渊之盟是战争与和平的分界线，也是北宋经济奋进的起跑线，其代价是宋朝每年给辽国岁币三十万两匹。这个条约是不是丧权辱国我们暂且不要忙着下结论，但北宋以每年三十万的代价，却换取了此后一百二十年的和平。在这一百二十年中，他们按部就班地上演了"庆历新政"、"熙宁新法"、"元丰改制"等一系列改革大剧。那是中国历史上一段值得怀想的年代，虽说不上强盛，却相当富足。当官的拿着高薪，他们对诗词的兴趣超过了贪污。文人受到前所未有的推崇。老百姓也能吃饱肚子。一亿人民悠闲自在地走在小康大道上。这个小康用不着什么人来测评和打分，只要张择端的那支画笔就可以了，他用纯粹的水墨工笔画出了那个时代繁复亮丽的华彩。如果说唐王朝的繁华是一阕宫廷气派的《霓裳羽衣舞》，那么宋王朝的繁华则是一幅市井风情的《清明上河图》，尽管这幅画有无数赝品，但那只是一个艺术价值问题，于宋代的繁华丝毫无损。

现在应该说到本月十三日发生的一桩小事了。这一天，朝廷任命一个叫沈该的官员知盱眙军。这里的"军"不是部队，而是一种行政区划，与县同级。盱眙在宋金边境线上，沈该被委以封疆之任不是为了打仗，而是"措置榷场之法"。[8]榷场就是交易市场，但这个"榷"又有税的意思，因此，在沈该制定的一整套交易规则和管理条例中，最重要的当然是这一条："每交易千钱各收五厘息钱入官。"[9]对于南宋来说，一纸宋金和约，几乎所有的条款都是刻骨铭心的屈辱，只有这一条算得上是平等的——双方在边境线上开通榷场。盱眙榷场之后，南宋方面又有光州、枣阳、安丰军、花靥镇等诸处榷场陆续开通；金人也由东向西开设了泗州、寿州、颍州、蔡州等十处交易口岸，外加一个山东密州的海上贸易窗口。不打仗了，大家来做生意，这就叫化干戈为玉帛。既繁荣了经济，双方的政府又可以从中收取不菲的交易费。很好！

但是这中间有一个问题，由于双方在人口、资源、生活方式和经济发展水平上的差距，这种"很好"其实是不对等的。贸易战争的规则也和战场上一样：弱肉强食。

南宋方面基本上是一边倒的贸易出超，理所当然地处于食物链的高端。我们且来看看双方在榷场上的交易物资，南宋向金购买的是皮货、人参、珍珠等物，这些都属于可有可无的奢侈品。而金国向南宋购买的则以茶叶为大宗。游牧民族多肉食，喝茶有助于消化脂肪和补充维生素，如果没有茶叶，那些强悍的女真骑手就会因高血脂之类的富贵病而爬不上马背。因此，茶叶有如盐米，是不可或缺的生活必需品，每年通过榷场——还有走私——流入金国的南茶至少上千万斤，金额在六百万贯以上。[10]也就是说，金国把从南宋得到的岁贡全部用于购买茶叶还远远不够，因而必须以现银支付贸易入超。本来轻如鸿毛的茶叶，却几乎成了南宋对金贸易中的一种战略物资，就如同金国把马匹作为对南宋贸易中的战略物资一样。但同样是战略物资，两国却各有手段，金国严禁对南宋出口马匹，用以制约对方军队的战斗力；而南宋则鼓励对金国出口茶叶，用以掏空对方国库的银两。到了后来，金国实在吃不消了，不得不严厉限制茶叶输入。不输入茶叶，那就只好不吃茶了，金廷为此专门下达了禁令——禁止七品以下人员喝茶。这样一来，连"饭后茶余"这个词也成了一小撮贵族才能享受的奢侈。中国历代的政令中有禁酒的、禁烟的、禁毒的，甚至还有禁肉的——那大抵是与皇帝姓氏的谐音或所属的生肖有关——但禁茶令仅此一次。都说在战场上金国常常打得南宋一点脾气也没有，可是在贸易战争中，金国也有左支右绌、无从招架的时候。这无疑是一条很让南人扬眉吐气的史料，录以备忘可也。

北方的榷场开始热闹的时候，东南沿海的外贸其实早就风生水起了。这个王朝是面向东南的，他们已不愿回望自己背后的衣胞之地和祖宗陵寝了，这不仅因为那里有着屈辱而不堪回首的过去，也不仅因为他们是一路从北方逃过来的，在每个生死攸关的危难时刻，东南总是他们的生机所在；更重要的是，这些年来，南方浩瀚而丰饶的海洋为他们提供了滋养生息的滚滚财源。到了南宋时期，中国的经济格局出现了从传统的"头枕三河（河内、河东、河南）面向草原"向"头枕东南面向海洋"的转变，这种转变既是时势使然，也为发展海外贸易提供了强大的内趋力。而航海罗盘和水密舱恰逢其时的发明，则为大规模的远洋航行提供了保障。我们还记得，建炎三年金兵南下时，官家曾亡命海上达五个月之久。为什么金兵总是追不上南宋君臣的几艘海船，只能望洋兴叹呢？就因为这边的海船上使用了罗盘。几项关键技术的突破，从此开辟了一个崭新的海洋时代。长风破浪会有时，直挂云帆济沧海。以泉州、明州、广州等沿海港口为依托，南宋的商船在北至高丽日本，南达南洋诸岛，西到波斯湾以至地中海的广阔洋面上纵横捭阖，那种风樯万里的壮观不仅给12世纪寂寞的海洋带来了几分生气，也在世界航海史上留下了一抹亮色。这条后来被称为"海上丝绸之路"或"陶瓷之路"的航道，让东西方文明伴随着巨大的商业利益开始了温婉惊艳的对接。

海外贸易的丰厚利润让富商大贾们趋之若鹜，中小商人和做着发财梦的无业游民也纷纷以投资入股的方式参与其中。尽管当时的市舶法严格禁止政府官员染指海外贸易，但权贵们觊觎的目光总要越过禁令的高墙，由心动变为行动。我们熟悉的那个打仗不行、敛财有方的张大帅张俊就是此中高手。他曾一甩五十万贯本金，命一老兵海外经商。第二年老兵回来交差，获利几近十倍。泉州是当时最重要的外贸港口，也是当时皇家宗室最重要的聚居地，并设有南外宗正司。南外宗正司之所以选中泉州，就因为维护宗室开支的经费有相当大的一部分要由地方支付，泉州倚仗对舶来商品的"抽解"，[11]财政上足以承担。在整个南宋时期，宗室强买海舟或强行入股，是朝廷纪检部门经常遇到的难题。在一个专制社会里，权力意志对民间商业的凌轹，从来就不是什么新鲜事。

南风大渐，紫气东来，随着海外贸易的繁荣，各外贸港口亦形成了规模可观的蕃货市场，以及蕃商聚居的"蕃坊"。泉州、广州的蕃坊位于城南，临安的蕃坊则位于城东。朝廷还专门制定了《蕃商犯罪罚决》条律，例如蕃商犯法处以杖罪的，宋朝的惯例是打屁股，对他们是按海外国家的规矩打脊背。就在这种打屁股与打脊背的甄别中，商船进港出港，巨大的白帆排空而来又接天而去，那景观成就了宋词中的一阕《望海潮》。而朝廷则从中获取了源源不断的财政收入——这是一笔无需横征暴敛的财源，轻松得有如探囊取物。

一个长治久安的王朝，其盛世的出现大致都在第三代第四代领导手里，这几代领导一般都比较谨慎务实。在历代帝王中，官家比较欣赏汉文帝，对雄才大略的汉武帝倒不以为然。汉文帝说起来是刘邦的儿子，但中间隔了惠帝和吕后两朝，实际上是第四代领导。这个人很不简单，他垂衣而治。为什么垂下衣裳安坐着就能天下大治呢？就因为他"取诸乾坤"，用现在的话说，就是尊重客观规律，不乱折腾。汉代经过文景之治,国库里的铜钱堆积如山,连串钱的绳子都朽烂了。北宋的经济起飞在真宗和仁宗年间,也是第三代第四代,距离开国差不多半个世纪前后。由于朝廷实行"通商惠工"政策,商业与商人阶层迅速崛起。商业经济的大规模介入,不仅使经济走向多元,也使政治权力开始分化,官僚政治的傲慢开始受到冲击。以下的这则小故事很有意味,文人官僚石曼卿酒量很大,有一次对朋友秘演发牢骚,说自己俸禄清薄,不能尽兴痛饮。秘演就让一个姓牛的商人在繁台寺安排酒席。石曼卿喝得很痛快,酒毕,兴犹未了,又在寺壁上题词:"石延年曼卿同空门诗友老演登此。"不料那个姓牛的商人竟提出也要在下面挂个名,石曼卿想了一会,只得加上"牛某捧砚"。[12]

这样的小故事很有象征意义,官僚为了向商人蹭酒喝可以不惜低眉,而商人弄了个"牛某捧砚"人格上虽矮了半截,但毕竟堂而皇之地把名字挂上去了。在士大夫们倨傲的目光下,商人开始发出了自己的声音。

这还是北宋仁宗年间的事,那时候的商人就已经有了几分底气。南宋的商品经济更是气象万千,这些在《武林旧事》和《梦粱录》中有很多记载,而在社会生活中,商人阶层恐怕已不仅仅是个"捧砚"的角色了。

※ 献礼

对于官家来说,钱的问题还真不是问题。

就说太后回銮这件事,当然用度浩繁,但进项也不少,四面八方的献助,如天花乱坠,简直让官家应接不暇。拍马屁的诀窍,一个是要看得准,一个是要赶得早,这两点有幸都被江南东路转运使王晚包揽了。早在四月十八日,他就第一个站出来,"以本司银钱十万缗两以助奉迎两宫之费。"[13]这里顺便交代一下,不是奉迎韦太后吗?怎么变成了"两宫"呢?原来这次一起南归的还有一个郑太后,只不过不是人,而是棺材——她五年前就死在金国了,但名义上还是要说奉迎"两宫"。王晚是秦桧的大舅子,自会得风气之先;江南东路转运司又不差钱,拿公家的钱来博取皇上的欢心和个人的荣华富贵，比把钱直接放进自己的口袋还要合算，这种世界上最保险的投资，何乐而不为呢？官家当然很高兴，但还是说了一通冠冕堂皇的话，要求下面献助的钱须在正常的赋税之内，不得另外取之于民、增加群众负担，"庶几副朕爱民之意。"[14]这就有点自欺欺人了，转运司的钱是从哪里来的，不取之于民，难道他王某人还会掏自己的腰包不成？但不管怎么说，此门一开，"自是四方皆献助矣。"[15]各级州府自然都要有所表示，而出手又大都在三五万之间，因为谁也不敢抢了王唤的风头。这就是说，即使是拍马屁，也还有个资格问题，王唤献了十万，你钱再多也只能矮他一头，等而下之。

半个月以后，朝廷发表了一批升迁的官员，其中有一个叫陈桷的人，原先是池州知州，这次"特迁一官"。[16]在中央文件中，其他被提拔的官员都没有说明理由，只有在陈桷的名下多了一段奖谕，略云："时四方皆以奉迎东朝之故有所献……池最小郡，而桷能体国，故迁之。"[17]东朝即东宫，亦指太后，汉代太后居长乐宫，在未央宫东，故有此称。陈桷到底献了多少钱，文件中没有说，但肯定是癞蛤蟆垫床脚——硬撑，和池州的经济实力严重不相称。这又一次雄辩地证明，用老百姓的血汗钱来谋取官员个人的前程，不仅放之四海而皆准，而且怎样做也不为过分。那么官家此举，是不是要把献助之风更加广泛深入地刮向基层呢？不好说。但其客观效果应该不用怀疑。

这样到了五月二十五日，各方面的献助已大体见底，可以告一段落了。官家在临朝时轻描淡写地作了个小结，叫户部把各地献助的钱放在一起，作奉迎之资，专款专用。如有结余，"则留以备他日缓急。"[18]最后，他当然还忘不了自我表白一番：

盖朕念斯民，常以横敛为戒也。[19]

念兹在兹者，小民百姓也，真是皇恩浩荡啊！

这期间还有一桩大事，五月二十一日是官家的生日——天申节。古时候没有国庆节，因为朕即国家，帝王的生日就相当于国庆节，每年的这一天都要大庆的，廷臣和地方官还要具表称贺并备办礼品。过生日送礼，这是人之常情。但人与人不同，给皇室送礼不叫送，叫献，这是恭敬庄严的意思，也是无代价无保留心甘情愿的意思，"献礼"这个词大概就是这样来的。每当献礼，便成了臣下竞相表演博取欢心的绝好机会，一时悠悠万事，唯此为大；衮衮诸公，各显创意，献礼成了一场用华丽的颂词和别出心裁的礼品精心包装的盛大马屁。

但颂词尽管华丽，都有固定的格式；礼品尽管别出心裁，都少不了一样东西：如意。这个如意原本是挠痒痒的工具，其原始形制和质地都很朴素。后来借助贵族和皇室的奢华，渐渐演变成了一种徒有其形、没有多大实用价值的案头清供。《晋书》中说东晋大将军王敦喜欢"咏魏武帝乐府歌，以如意打唾壶为节"。这种事情虽然很搞笑，但至少说明那时候的贵族是很喜欢把玩如意的，至于为什么要用它去敲击不大干净的痰盂，那就说不清了。如意的名字好，给皇帝进献如意庆贺生日，几乎成了定制。是啊，世界上还有什么比如意更"如意"的呢？直到现在，人们在过年过节互致贺词时，只一句"万事如意"，就什么都有了。

这一年的天申节有点低调，甚至有点冷清。四月下旬，金国通报了皇后邢氏的死讯。邢氏是官家在康邸时的元配，靖康之难后被掳北去。官家即位后，遥册为皇后。这个徒有其名的皇后在金人的洗衣院里苦熬了十二个年头，绍兴九年死于五国城。但金人也懒得通报一声——当时在他们奴役下的赵宋皇室成员有三千多人，隔三差五地死几个算不上什么事。但现在两国签了和约，金国突然想起来死鬼当中有一个是皇后，该向人家打个招呼。这个招呼一打，官家的天申节就不能大庆了。人虽然三年前就死了，但南宋方面只能"以闻哀日为大忌"，像模像样地举办丧仪。官家是个很重感情的人——至少他要表现得是这样的，现在皇后的丧仪刚刚过去，再接着举办自己的生日庆典显然是不合适的。他诏令下面的献礼活动一概减免。但随后又有内侍放出风来，说进奉如意不在减免之列。大概正因为有了皇后上仙这样的不如意之事，才需要下面进奉如意来冲解不祥吧。

那么就进奉如意吧。

如果有人认为这下官员们可以省心一点，那肯定错了。往年献礼，虽说都要别出心裁，但地方官员贡呈的礼品还是以本地的名优土特产为主，中央大员们则无非古玩字画，这些都是手到擒来的，并不太难。现在大家都进如意，要标新立异反倒不容易了。就那么个勾尾曲柄、头作灵芝或云叶状的小玩意，你还能变出什么花样来吗？那么所谓的出彩就只能在质地上做文章了。如意的材质可以是木头、竹片，或陶瓷兽骨，也可以是金银、玉石，或象牙犀角。这就是说，可以很寻常，也可以很华贵。甚至还可以镶嵌珍珠宝石，总之不管你有多少钱都可以往上面装，就看你的着意了。有一段时间，从融和坊到市南坊一带的古玩铺子冠盖云集，以至只能把打烊时间大幅度地推迟，平日里少有问津的如意成了最抢手的热门货。而且买主们走的都是高端路线，越是贵重的越是受到追捧。古董商们一个个比过年还要开心，整日里送往迎来，笑逐颜开。不用说，他们也是如意的一群。

此时是五月下旬，时近夏至。在这个季节，乡村里的农夫们正在收获麦子、油菜和蚕茧，而刚刚跨进三十六岁的官家则在宫中收获了一堆珠光宝气的如意。这就正如一句俗话所说的：萝卜青菜，各有所爱。

注释：

〔1〕 《建炎以来系年要录》卷一四五绍兴十二年五月乙未。

〔2〕〔5〕 《建炎以来系年要录》卷一四五绍兴十二年五月丙午。

〔3〕 《旧唐书》卷四八《食货志》上。

〔4〕 交子，北宋时期发行的铁钱本位制的纸币。会子，南宋时期发行的铜钱本位制的纸币。交子和会子是世界上最早的纸币。

〔6〕 《调燮类编》卷三《粒食》。

〔7〕 《赤城志》卷三六《土产·谷》

〔8〕〔9〕 《建炎以来系年要录》卷一四五绍兴十二年五月乙巳。

〔10〕 方健《南宋农业史》，人民出版社2010年1月版638页。

〔11〕 抽解：征税。

〔12〕 据《湘山野录》。

〔13〕〔14〕〔15〕 《建炎以来系年要录》卷一四五绍兴十二年四月辛巳。

〔16〕〔17〕 《建炎以来系年要录》卷一四五绍兴十二年五月甲午。

〔18〕〔19〕 《建炎以来系年要录》卷一四五绍兴十二年五月丁巳。

公元一一四二年·农历壬戌年

六月

南宋 绍兴十二年

※ 上一道水煮牛肉

这是一年中最热的季节，临安周遭多山，暑热又更甚于邻近地区。刚刚过了小暑，街巷里就有了卖冰的叫声，负责供应茶茗汤果的翰林司也开始在宫内分发冰块解暑，那都是腊月里采自西湖、藏在地窖里的。阳光和雨水的殷勤让这个季节的鲜花大都出落得雍容富丽，例如菡萏、朱槿、闍婆、红樵、郁金香等，但花市中倒是以那种花形小得不能再小的茉莉最为走俏。那是一种精致而不张扬的美丽，价钱却忒贵，女人挑一簇戴在发髻上，每簇七枝，"所值数十卷，不过供一晌之娱耳。"[1]小户人家大概是舍不得买的。奉化的项里杨梅入宫了，官家喜欢用糖或盐渍来宴酒。诗人李白诗云："玉盘杨梅为君设，吴盐如花皎白雪。"说的就是盐水渍杨梅。项里据说是项羽的故乡，但一般的说法项羽是下相（宿迁）人，这里大概是祖籍吧。再过些时候，则有金家晚梅及产自临安本地烟霞岭一带的金婆杨梅，口味都不逊于项里梅。西湖里的游船多起来了，那中间最招徕人的是一种"小脚船"。"小脚"并不是船的形状，而是船上有小脚妓女。谚语中向来有"杭州脚"的说法，宋室南渡，士大夫云集临安，先前只属于上流社会女性的缠足已渐成时尚，而妓女向来又总是得风气之先而引领时尚的一群。这些年来，有希望成为时尚的还有男人手中的那把折扇，那种竹骨纸面、原先来自日本的小玩意眼下还只在皇室和贵族中流行，因其能放能聚，又叫做"聚扇"、"撒扇"或"聚骨扇"。官家的几把折扇上都让宫廷画师画上了金碧山水，取"万里江山归一握"的意思，确实是很有几分磅礴气概的。

六月初六是显应观庙会，也是行都市民们外出烧香和游乐的一个由头。农耕社会的庙会多在春季和秋后，这是为了避开农忙，而且那期间的气候也宜于出游。那么显应观的庙会为什么要选在这个暑热天呢？很简单，因为这一天是崔府君的生日，而这个崔府君又于当今皇上有救驾之功。崔府君者，唐代乐平人也，此人曾在磁州当过县令，据说为老百姓做过不少好事，其中也包括"审虎"、"斩蛟"一类神神鬼鬼的事，死后被封为"磁州都土地"———尊小得不能再小的土地神。但这尊土地神到了北宋靖康年间撞了大运，当时东京危急，康王赵构奉旨去金营求和。但赵构无意使命，出城后并不去金营，只远远地在相州、磁州和大名一带兜圈子。东京陷落后，他乘机在外面当了皇帝。但他这个皇帝只是吃屎碰个豆瓣而已，法理基础是不牢固的。为了增加自己执政的合法性，他杜撰了一则在磁州崔府君庙中得神马救引的神话，也就是《说岳全传》第二十二回中所说的"夹江泥马渡康王"。如果说谎言重复一百遍就会成为真理，那么在掌握了话语权的权势者那里大概只需十遍，而在一言九鼎的独裁者那里只需一遍。这本来是赵构为了显示"君权神授"而自说自话编造的，但既然有了这样的神话，一尊小小的土地神也就理所当然地身价飙升，飞黄腾达，顿成"圣之时者"矣。官家到临安后，即抓住这一题材大做文章，下诏在阊门外聚景园前建造"显应观"，并敕封崔府君为"护国显应兴圣普祐真君"，令御前画师创作壁画，自己又亲笔题写殿匾，"且揭以御名，昭其敬也。"[2]谁曾见过御书的匾额落上自己名字的？皇帝的名字金贵啊，他那个"构"字是只有在给自己的祖宗或主子——大金国皇帝陛下——上表时才会用的，现在落在显应观的匾额上，可见对崔府君的尊崇。不仅如此，每逢六月初六这一天，官家还要派天使到显应观去降香设醮。官家这一带头，臣僚贵戚自然不敢怠慢，小民百姓亦踊跃趋奉。显应观一时人流如潮，香火接天，把行都的暑热又烘托了几分。当然，烧香之后便是避暑游乐，尤以登船泛舟为盛。对于官僚和富商们来说，"小脚船"无疑会成为他们的首选，那些刚刚在神灵面前虔诚拈香的手，此刻并不惮于抚摸那有如丝绸般滑腻的女人肌肤的。

编造神话是为了骗人，对神的奉承归根结底亦是为了对人的笼络和控制。这几天，就有一个重量级的人物来到了临安，为了对他的笼络与控制，官家很费了一番心思。

外地的封疆大吏在临安一般都有自己的私房，也可以说是行馆，他们晋京述职时就住在自己的行馆里。也有些多年任职边远、在临安没有房子的，晋京时则由尚书省安排在都亭驿下榻。都亭驿在东华门附近，住在那里进宫很方便。这座春天刚落成的国宾馆各方面的条件都很上档次，为了迎合大金国的使臣，菜肴亦是北方口味。在没有外宾时，他们也对外营业，因此临安的本帮菜也拿得出手。近日有一位川陕方面的大员要晋京陛见，这位大员看来很受朝廷器重，官家对接待工作竟然表现了前所未有

绍兴十二年·六月

的热情,他特地关照菜谱中要有水煮牛肉,而且一定要用川盐调味。

水煮牛肉和川盐都源于自贡,当然是先有川盐后有水煮牛肉,其演进过程相当于一则卸磨杀驴的寓言。盐卤在很深的地下岩层里,那种牛拉的提卤机械我们在初中历史课本上都曾见过,插图来自宋应星的《天工开物》。这是一种劳动强度极大的苦役,一头壮牛服役一年半左右就要被淘汰。那些被榨干了精力的役牛别无用场,只能剥皮吃肉。抠门的盐业老板常用淘汰的役牛给盐工抵付工资,盐工们于是就地取盐,加辣子、花椒,在开水中烫牛肉片,这就是最初的水煮牛肉。大约到了北宋的中后期,自贡已是著名的井盐产地,而随着盐工迁徙,这种烹调简易而又鲜活滑嫩、麻辣爽爽的水煮牛肉就在川地流传开来,渐至雅俗共赏,既是平民的佳馔,也上得了达官贵人的盛宴。就单个菜肴而言,我不知道还有什么菜像水煮牛肉这样历史悠久而又守身如玉,它顽强地坚守着自己的原生态而不为时尚所动,在从北宋至今的将近一千年里,它一直是川菜中的招牌菜,其烹调技法和原料却没有任何变化:牛肉片加辣子面加花椒。当然,你千万不要忽略了川盐,缺了川盐——不是盐,而是川盐——再鲜嫩的牛肉,再纯正的花椒和辣子也是枉然。因为有了川盐,别的作料的味道才能调得出来。如果拿人来比方,那么其他的材料都是骨肉皮囊,只有那一小撮采自岩层深处的井盐是魂魄一样的东西,最不可缺却的。如果拿中药来比方,那么川盐就是其中的药引子,少了它,一剂药整个地就平庸了——至少患者的感觉是这样的。当然也不光是水煮牛肉,所有的川菜都离不开川盐。

官家真是细心,连川盐这样的细节都想到了。但他这一细心,下面的人就苦了。临安吃的都是海盐,这是不用说的,在临安东北不远的钱塘湾边有一处以"海盐"命名的地方,就是因为晒盐而来的。现在立马造桥的要拿出川盐来,谈何容易?但君命难违,"没有"不是理由,你就是上天入地也要找出一个"有"来。负责接待的官员先是到临安的各家酒楼寻访,当然是没有。后来听说井盐也是可以入药的,又找到御街上的惠民药局,还是没有——他们用的是岩盐,从背阴的石壁上刷下来的。万般无奈之下,他们只得去走宫里的门路,因为川陕方面每年都要向朝廷进贡土仪的,那中间说不定就有川盐。如果一个人要考验自己的耐心和智慧或者自尊心能够承受多大的蹂躏,那么你就去求宫里的内侍办事,那是些连放屁都阴阳怪气不爽快的人,也是些本身官阶不高，却可以对官阶高得多的大臣颐指气使的人。只需吹灰之力的小事，在他们嘴里也比排山倒海还要难，目的当然是为了索取好处。即使是透露一点宫闱秘事，也要被他们视为一笔价格不菲的人情。最后，都亭驿的官员通过层层托清，找到了大内总管张去为，从张去为那里，他们不仅知道了后宫的库房里有四川历年进贡的井盐，而且居然拿到了几块用锦匣包装以蜀绢衬底的盐巴。至于这中间的花费，那就不去算了，但有一点是可以肯定的，那几块盐巴的价格要远比色泽差不多的银子贵得多。贵就贵吧，这时候要的就是一个"有"，为了这个"有"，内侍们的"见钱眼开"也许并不那么令人讨厌。

如愿以偿地拿到井盐的同时，他们还顺便知道了那位让官家如此器重的川陕大员的身份，原来此人是：

镇西军节度使、侍卫亲军步军都虞候、秦凤路经略使、知秦州、兼行营右护军都统制、同节制陕西诸路军马——吴璘。

称呼太长，我们就按通行的称呼：蜀帅。

蜀帅是四川陕西方面的最高军政长官。这个吴璘之所以备受官家器重，首先因为他姓吴。在从绍兴元年到此后的开禧二年的将近八十年中，吴氏家族有三代人四任蜀帅，而南宋川陕方面的命脉也理所当然地系于吴氏一门。这期间中央政权朝云暮雨，历经了高孝光宁四朝。以一门子弟在同一个地方世袭封疆，且又是边陲重地，且历时如此之长，在以猜忌武人为性格基因的宋王朝三百余年的历史上，绝无仅有。

在南宋的版图上，川陕居临安上游，其势如高屋建瓴，战略地位十分重要。历史上的西晋就是先取四川，然后沿长江一举而下，灭孙吴而终成一统的。"王濬楼船下益州，金陵王气黯然收。千寻铁锁沉江底，一片降幡出石头。"刘禹锡虽不是军事家，但他的《西塞山怀古》却很有几分军事眼光。以南宋而言，若金兵由陕入川，则东南终将不保。南宋初年，金兵在东线的战事一直很顺手，而川陕战局则胶着难下。川陕不失，吴玠吴璘兄弟居功至伟，如果不是他们在西线的奋力死战，东线的韩世忠和岳飞后来能否有机会打那几个胜仗还不好说，官家现在能否坐在临安的金銮殿里关照上一道水煮牛肉恐怕也很成问题。

吴氏家族的第一任蜀帅并非吴璘，而是他的哥哥吴玠。绍兴元年，吴玠在和尚原之战中一战成名。和尚原是由川陕入汉中的门户，上年，经略川陕的张浚——不是那个带兵的张俊，而是"水张"——沿用宋襄公的蠢猪战术，在富平会战中一败涂地。吴玠料定金兵必犯和尚原，及早盘马弯弓，积粟备战。金兵进攻时，宋军则列栅死守，以强弓劲弩挫其锋芒；一面伺机派出奇兵，切断敌军的粮道。最后设伏大败金兵，斩获以万计，金军统帅完颜兀术也身中两箭，为了逃跑连自己的胡子都割去了。这是金人南侵以来的第一次大兵团溃败。吴玠的沉鸷勇略，让金人为之侧目。

和尚原之战后，又相继发生了饶风关之战和仙人关之战。吴玠在饶风关与金兵鏖战六昼夜，给敌予重大杀伤后失守。但金兵由饶风关进据汉中后，由于孤军深入，补给困难，更兼瘟疫流行，日子很不好过。而退守仙人关的吴玠则与另一路收复金州的宋军互为犄角，形成关门打狗之势，迫使金人只得黯然退走，放弃关中。饶风关之战，金军的胜利在战役层面，而宋军却赢得了战略上的主动。金军虽胜而不胜，宋军虽败而不败。如果说在饶风关吴玠和金兵算是打了个平手，那么第二年初的仙人关之战则是一场完胜。吴玠以一万人马狙击十万金兵，双方激战三日，恰吴璘率援军赶到，宋军随即反攻，以破竹之势直下二百余里。史称此战之后，金人从此"乃不敢窥蜀"。

由和尚原、饶风关、仙人关构成的西线三大战役，显示了吴玠卓越的军事才能。在南宋初年的宋金战场上，以军功论，吴玠是可以和韩世忠、岳飞相比肩的。可是在临安人传颂的"中兴四将"中，竟然没有吴玠的名字，上位的反倒是刘光世和张俊那样的庸懦贪佞之徒。川陕离行都太远了，再大的战事传到那里也只是毛毛雨，不用太上心的；何况打的又是胜仗，那就更不用上心了。

在三大战役中，吴玠克敌制胜靠的是两把刀子，一把是战术创新，一把是三军用命。以步兵对付金人的骑兵集群，吴玠创造了被后世奉为经典的"三叠阵"。骑兵的优势在于正面突破的冲击力和迂回敌方侧翼及身后的机动性，"三叠阵"则以拦马栅和绊马索为阻碍，延缓骑兵的冲锋速度；以长枪结阵抵御骑兵的正面突击；以劲弩给予骑兵大量杀伤；又以河流、山地或己方骑兵保护步兵的侧翼和身后。但阵法和战术是要以士兵的战斗素养作为保证的，因为战争毕竟不是沙盘上没有血温的推演，而是生命与生命的搏击。试想一下，铁甲骑兵在离你百米左右的距离呈几公里的正面宽度发起集团冲锋，杀声震天，箭矢如雨，飞扬的尘土遮天蔽日，要在这种情况下有条不紊地从神臂弓——劲弩——强弓依次向冲锋的骑兵发射,三通箭矢下来,骑兵往往已经冲到了阵前。这时候,长枪兵必须死死顶住,无论如何阵形都不能被冲散,用死缠滥打迟滞骑兵的冲锋速度,然后配合弓箭兵和弩兵给予骑兵重大杀伤。否则一旦阵形被骑兵突破,就是一场砍瓜切菜的大屠杀。这样的决战绝对需要由严格训练形成的纪律素养和战术素养,需要士兵的意志力和决死精神。吴玠以战术创新和三军用命诠释了自己的治军有方,《宋史·吴玠传》赞扬他"御下严而有恩,虚心询受,虽身为大将,卒伍至下者得以情达,故士乐为之死"。一支不怕死的军队,无论是以步克骑还是以少胜多都不能算是奇迹。

有这样一支军队屏卫川陕,官家应该是可以放心的了。

其实不然。

这些年来,官家遥望川陕的目光虽然时有惊喜,但更多的却是忧虑。忧虑什么呢?首先是怕打败仗。在金人面前,他是个天生的悲观主义者,将士们打了胜仗,他总觉得胜之侥幸、不足为恃。绍兴十年夏天,刘锜取得了顺昌大捷,这是宋军第一次在平原地区击败金人的骑兵军团。金人自己也承认,与宋军交战十五年来,先前败于吴玠,是失了地利;而这次败于刘锜,才真正是"以战而败"。但官家不这样看,他认为:"顺昌之胜,所谓置之死地而后生,未必善战也。"也就是说,不是你刘锜会打仗,而是你置身死地,只能拼命,这种胜仗让人后怕,没有普遍意义。于是,他要刘锜见好就收,"择利班师。"[3]吴玠这些年是打了不少胜仗,但那是得之地利。再说金人就那么好欺负吗?对他们来说,胜败只是胜败;而对我们来说,胜败却关乎存亡。如果说怕打败仗还不无道理,那么他所忧虑的另一点恰恰又是怕打胜仗。打了胜仗,武将难免跋扈,所谓功高震主就是这个意思。何况将在外,君命有所不受,长此以往,势必坐大,成为唐之藩镇那样的军事集团,麻烦就大了。四川孤悬边隅,地险而民富,连李白那样的书呆子也知道在《蜀道难》中发出警告:"所守或匪亲,化为狼与豺。"但谁能保证他们对朝廷"亲"或"匪亲"呢?吴氏家族长期经营四川,"家军"体系盘根错节,若有异心,朝廷鞭长莫及,拿他一点办法也没有。

败亦忧,胜亦忧,然则何时而乐耶!

但忧虑尽管忧虑,官家还要一再给吴玠加官晋级,以示恩宠。按惯例,在外带兵的大将每年都要赴行在奏事,吴玠却从未到临安觐见过。公开的理由是边关战守事大,三军不可一日无帅,加之路途遥远,非旬日可达。实际上彼此都有顾忌。官家担心一旦下诏让吴玠来朝,会遭致过度阐绎,产生疑惧心理,甚至酿成变故。而吴玠也担心一旦离开了自己的根据地,如虎落平阳,朝廷会乘机削去他的兵权。就这样,双方只能年复一年地用诏书和奏报表达着嘉许和忠诚,维持着表面上的一团和气,那些以夸饰的文辞包装的君臣相契在漫长的驿道上往返传递,有如一场旧式婚姻中的媒妁之言,双方所有的沟通都来自那些不负责任的如簧巧舌,虽然通问和礼物熙来攘往地很热闹,但婚姻的当事人却始终处于猜测揣摩之中,没有一点真切感。

到了绍兴九年,情况突然发生了变化:吴玠死了。

这个吴玠,堪称智勇兼备的帅才,仗既打得好,治理地方亦卓然有成,就是有一样缺点——好色。南宋初年的几员大将,有的贪财,有的好色,有的既贪财又好色。唯岳飞洁身自好。也正因为他太干净了,加重了官家对他的猜忌,最后导致杀身之祸。那么官家是不是因为吴玠的个人品质不那么太干净,才对他稍微放心一点的呢?不好说,因为吴玠没有等到宋王朝第二次释兵权的时候。绍兴九年,吴玠才四十七岁,正所谓春秋鼎盛,却突然死了——死于壮阳的丹石。一个在战场上叱咤风云的伟丈夫,最后倒在几粒不大光彩的小药丸上面,可惜了。

吴玠死了,给了官家一个肢解吴家军的契机。

官家当然不会放过这样的机会,他把吴家军一分为三,分别由吴璘、杨政和郭浩统领。三人平起平坐,军衔都是承宣使,部队体制亦改成和下游一样的屯驻大军。吴璘部为兴州大军,杨政部为兴元府大军,郭浩部为金州大军,其中以吴璘的兴州大军实力最强。杨政本来是吴玠手下的将领,现在虽然独立门户,职位与吴璘等筹,但仍然对吴璘执门下礼。郭浩虽不是吴玠旧部,但他不久去世,接替他的姚仲也出自吴家军。因此,川陕的三支大军都由吴玠系统的将领所统帅,吴门的"家军"体系形散而神不散,仍然唯吴璘马首是瞻,这些都是吴玠留下的无形资产。一个人当权时门庭若市并不稀奇,但当他下台甚至死去后,人们仍然活在他的恩威之下,那就很不容易了,其中恐怕不光是一个为人处世的技巧问题,而是要有铭心刻骨的情谊在起作用的。这样到了绍兴十一年春夏之际,朝廷解除诸大将兵权时,张俊、韩世忠、岳飞俱入彀中,各自所谓的"家军"皆一朝易帜，官家却始终不敢向"吴家军"下手。投鼠忌器啊，四川太远了，万一发生不测，大局就不可收拾了。蜀道之难，难于上青天；蜀事之难亦如是也。

但是只不过大半年以后，官家就觉得有了几分底气，应该有所动作了。因为这时候宋金和议已经正式签署，朝廷外无战事，内修政刑少了许多顾忌，可以放手整肃了。年底又以极端手段解决了岳飞问题，进一步强化了中央集权。这当口诏吴璘来朝，可谓恰逢其时。朝见虽然只是一种形式，但其"形"其"式"必不可少。形式之下，可以向彼等伸张朝廷的皇皇威权，又用加官晋爵施以羁縻，虽然不收他的兵权，但也应该让他"懔懔知畏"的。

吴璘应诏来朝，一行人由陆路经兴元府到鄂州，然后乘船沿长江顺流而下，至镇江后再转棹江南运河。到达临安时，差不多用了两个月。一路上每至重要驿站，必要具文向官家报告行程，表达早瞻天颜的期盼。官家亦时有谕旨，无非天气炎热，舟车劳顿，宜且从容歇泊，无须兼程急进云云，有时还要御赐解暑的丹药。这些慰勉之语和丹药都是用五百里快马送达的，不曾稍有贻误。

临安的繁华是不用说的，柳永的一首《望海潮》早已极尽铺陈。而在吴璘看来，都亭驿的菜肴也同样当得起"繁华"二字，那种水陆杂陈的丰赡华美让他眼界大开。其中居然有一道水煮牛肉，而且味道还挺地道。陪同的官员特地说明，按照官家的旨意，调味用的是川盐。这本来只是一句恭维话，意在奉承蜀帅"圣眷正隆"。但一生经历过多少大场面的蜀帅却隐隐感到了一丝寒意：官家的心机太细密了！

六月初四日，官家在复古殿召见吴璘。复古殿是他读书和练字的地方，在他赐给臣子的手本中常有"复古殿书"字样。因这里临近后苑的小西湖，是禁中避暑的所在。按理说，召见大臣应该在前朝的办公区，而复古殿是后殿，也就是皇家的生活区，在这里召见大臣，本身就有一种家人般的亲近意味。官家问吴璘，你打了那么多胜仗，有什么秘诀？先给你戴一顶高帽子，体现出对你的器重，你即使不受宠若惊也会感到融融的温情。吴璘怎么回答呢？他说："先令弱者出战，强者继之。"[4]这样的回答不能说好，也不能说不好，打仗本来就是双方斗智斗勇，不可能有一成不变的战略战术。如果像吴璘说的那样简单，那他这个大帅也太不值钱了。但官家却大为赞赏，并乘机卖弄了一下自己的渊博：

此所谓孙膑三驷之说，一败而二胜者也。[5]

很好，现在说到马的话题上来了。官家对马是很有研究的，当年在康邸时，曾苦练骑射，并向下人学过相马。他曾自负地说自己只要听到马蹄声，即使隔着墙壁也能分辨出马的优劣。因此这些年在和武将们交谈时，他也很善于把马作为话题，并找到共同语言。

当然，吴璘这次来朝，也给官家进贡了几匹上好的河曲马。河曲马是以产地而言，如果按等级说，上等马分两种，最好的称为"出格堪好马"，次一等的称为"堪披带马"。所谓"披带"者，大概是负重的意思。进贡给官家的应该是"出格堪好马"之中特别"出格"者，这是不用说的。这里的"出格"不仅包括阔壮、齿嫩、速度快、耐力好，而且包括形象要素符合《相马经》中高贵品种的特征，甚至还要包括——性情温顺。

一个善于识马且爱马成癖的官家和一个身经百战的大将在一起谈论马，相信气氛会很融洽，也会有相当的技术含量。更何况，吴璘来自朝廷军马的主要供应地，因此，他们探讨的话题理所当然地会从马的个体优劣进入一个更高的层次，那就是长期以来一直作为宋王朝重要军政制度的——马政。

※ 驿道上的马政

"天用莫如龙，地用莫如马。"[6]司马迁的文笔有如刀锋一般锐利明快。在冷兵器时代，马几乎是最重要的战略资源，所谓"金戈铁马"向来就是军队的代名词，这中间，"铁马"与手执"金戈"的士兵平起平坐，老实不客气地占了一半的分量。但一种宿命般的尴尬始终追随着中原王朝的前世今生，那就是马匹的匮乏。由于地理及气候原因，优质马匹多出自西北蕃部，因此，作为偏安江南的王朝，集马匹的采购、转输和管理于一体的马政，就成为南宋的一项不可须臾懈怠的国家工程。

在张择端的《清明上河图》中，我们看到东京的大车都是用水牛骈拉的，这样的细节只是画家笔下的随意写实，却显现了繁华背后的无力和悲哀。南渡以后，官家别无选择地继承了这种无力和悲哀。由于陕西和陇右大部分地区的沦陷，西北边马的供应受到很大限制，骑兵一直是南宋军事体系的短板，也一直是官家挥之不去的心事。心事萦怀，有如梦魇一般，以至手下的大将有几次向他拍马屁都遭到了冷遇。绍兴元年秋天，大将刘光世以枯秸生穗为祥瑞上奏朝廷，被讥讽一顿，其中官家随口说出来的不乏牢骚之意的一番话，很能反映他对骑兵不足的忧虑：

> 帝曰：岁丰人不乏食，朝得贤辅佐，军有十万铁骑，乃可为瑞，此外不足信。[7]

这话说得不错，老百姓有饭吃，朝中有贤能的大臣辅佐，军队有十万精锐的骑兵，这才是真正的祥瑞，那个什么"枯秸生穗"算个什么鸟？建设一支精锐的骑兵，这些年一直让官家耿耿于怀啊！到了绍兴九年，韩世忠又来拍马屁，这次是名副其实的拍"马"，他知道官家喜欢马，就投其所好，千挑万拣选了一匹好马进献，却遭到了拒绝，理由是好马要留在军中效力。官家还借题发挥，向大臣们宣讲了一番自己的抱负：

> 上曰：不然。虏虽讲和，战守之备何可少弛。朕方复置茶马司，若更得西马数万匹，分拨诸军，乘此间暇，广备武以戒不虞，和议岂足深恃乎？[8]

这是第一次绍兴和议之后，官家也知道和议是靠不住的，他念兹在兹的还是马，而且是优质的西北良马。南宋早期大规模的川秦市马，大致就是从那时候开始的。

马政其实是一个很古老的话题，如同青铜和铁器，如同战争与和平。但历史上一些强盛的王朝由于疆域辽阔，西北蕃部尽在版图，马匹的供给应不成问题。汉武帝几次大规模征伐匈奴，征用马匹总数超过百万；唐贞观年间，仅陇右官牧马场就有军马七十万匹。在这些数字的背后,是一个血气方刚的王朝盛世。宋王朝虽也号称大一统,但疆域实在算不上很大。当时陇右被吐蕃占领,秦州已成边郡,加之西夏的崛起及向河西的扩张,西北市马的空间亦日渐逼仄。大致来说,北宋初期的马政以国营的监牧官养为主,也就是建设大规模的国字号马场。但国营企业的弊病是腐败和效率低下,这几乎是一条颠扑不破的真理。在监牧官养最盛的真宗时期,一匹国有马的成本高达五百贯,而西北边贸中,一匹马的价钱才二十五贯。这种严重违反市场规律的垄断专营给国家财政的压力很大。这样到了神宗支持王安石变法时,在名目繁多的新法中,特地颁布了一条"保马法",推行官马民养,把养马的任务强行摊派到民户,养得好的给补贴,养得不好的要处罚。这办法究竟灵与不灵,后来成了历史上的一个谜,因为熙宁新法就像夏日的雷阵雨,来得快去得也快,"保马法"还没来得及验证就收场了。既然国营的监牧行不通,"包养到户"又草草收场,剩下的只有边境市马了。市马还不用拿钱,只要用茶叶,这就是所谓的茶马互市。茶马互市起初倒还顺畅,至元丰四年(1081)以后,市马岁额已达到二万匹以上,大体上可以满足军用。但大凡国家专营的勾当——无论是养马还是买马——都很难绕开腐败的沼泽,到了徽宗大观年间,随着朝政的急剧腐败,马政也开始散发出尸臭,"川茶不以博马,惟市珠宝,故马政废缺。"[9]不买战马买珠玉,这样的思路不知是崇尚实惠还是崇尚奢华,但那么多的珠宝堆在皇宫里有什么用呢?反倒招惹得嫔妃们像乌眼鸡似的争风吃醋。那么就等着金人来作为战利品处理吧。及至到了靖康之难时,你看人家那运送战利品的队伍何等华彩,一路珠光宝气啊!

作为北方的游牧民族,金国自然不缺少马匹,但人家马匹越多反倒越是看重,就像皇帝的女人虽然多,还是看不得别人的老婆漂亮一样,这是一种源自权力顶峰的占有欲。金人是真正把马匹视为战略资源的,认为马匹的数量代表了国力和战斗力。两国交兵,对战略资源的争夺也是战争的一部分,那种占有欲也就不仅贪婪,而且血腥、残酷,必要置对方于死地而后快。靖康年间,金兵逼近东京,首先占领了城外"豆刍山积"的宋马监所在地。[10]可怜北宋前些年用采买珠宝的零头购进的那些作为门面的马匹,全部为金人所得。东京外城陷落后,金人除了无休止地向宋廷索要财富和女人,还索要良马一万匹,这也是为了从根本上摧毁宋朝的战争能力。宋廷搜刮了城内所有的马匹，勉强凑成七千之数交与金人，"自是士大夫跨驴乘轿，有徒步者，而都城之马遂空矣。"[11]一座士大夫们骑着毛驴或徒步行走的都城，还谈得上什么尊严和体统？只能是一盘散沙了。同样，一座连一匹马都没有的都城，还谈得上什么抵抗？只能任人宰割了。至此，北宋王朝的棺木已经被钉上了最后一颗钉子，三个月后，那七千匹马又驮着宋宫内的金银财富和图书文籍，向着金人的老家踉跄进发，北去的马蹄声杂乱而哀怨，那是北宋王朝一百六十余年马政最后的挽歌。

金人向北，官家向南，宋王朝跑到南方来了。虽然他们中的很多人都是骑着马跑过来的，但无论对于马的群体还是个体来说，这都是一种生命的逆向苦旅。马性利高寒，而江南地卑暑湿，夏季尤其炎热，不利于马的繁育和生长。所以北方的少数民族用兵多在秋天，一来秋高马肥，二来可以避开南方的炎热。马的这种习性也决定了南宋马政的主体不可能是监牧官养，只能是边境市马，"凡战马悉仰川、秦、广三边。"[12]川即四川诸路，秦即陕西秦凤路，广即广南西路。自富平之败后，陕西及陇右部分地区陷落，但南宋控制下的四川西北及甘南地区依然与西北蕃部接壤。另外，广西横山寨马市亦是马匹的另一个来源。这中间，秦马质量最好，川马次之，广马又次之。岷州的宕昌寨是西北蕃马最重要的收市地。这个岷州始建于西魏大统年间，至两宋之际已有六百多年的历史。一个有着六百多年历史的老名字，到了绍兴和议后突然犯忌了，因为"岷"与金太祖完颜旻的"旻"谐音，照规矩要避讳，于是改名为西和州。有意思的是，当年西魏的拓跋氏在这里建州是为了"大统"，而赵宋的官家改名恰恰是为了偏安。"西和"的愿望当然很好，但光是一厢情愿也不行。因此，朝廷还得在这里采购战马强撑危局，以维持自己有限的体面。南宋优质战马的三分之一以上，川秦边马的一半以上来自这里的宕昌寨马场。小小的宕昌寨亦因此声名鹊起，频繁出现在封疆大吏的奏报和官家的谕旨中。马政，把一个边陲小镇定格在行都君臣的牵挂中，而连接它们的则是漫长驿道上跋山涉水的马铃声。

当然也不光是岷州的宕昌寨，还有阶州的峰贴峡，还有川西南"黎州诸蛮"聚居的小凉山，以及广西的横山寨。仅看这些名字，就大体可以揣测都是与蕃部交界的极边之地，且山高水险。每年初春时节，数以万计的马匹就开始从西北和岭南向临安进发，这是当时动物迁徙中的壮举，但这种迁徙不是动物的本能，也不是由于商业利益的驱动，而是臣服于一种标榜着国家利益的强权，其最直接的原因是战争。在人类历史上，没有什么比战争具有更强大的动员力，现在我们看到的很多伟大的历史工程，很多都是战争的遗存，例如栈道，例如长城，而大运河最先的构思也是从战争开始的。

现在我们不妨跟踪一支马队，随纲转运，实地体验一遭那传奇般的万里行旅。

譬如说，这支马队就来自宕昌寨。

说"万里行旅"是夸张了，确切的距离是自宕昌寨马场至兴元府一千二百里，从兴元府团纲发运到临安四千八百八十九里，总共六千零八十九里。这是秦马一路。从成都府发运的川马，同样经兴元府沿汉江谷地东行，路程亦大体相当，为六千一百一十九里。而从静江府发运的广马，因质量较差，无须送达临安，都是直接发往长江沿线的驻屯大军，因此行程各有不同，但大致都在三千至四千里之间，如果再加上从收市的横山寨至静江府的路程，当在五千里左右。

山区的春天来得迟，二月初，宕昌寨淡妆素面，冰河未开，草木也不见一丝绿意。阳光懒懒的，人和牲口呼出的热气转瞬间就化成了一团白雾。这些牲口几乎都是马，而且都是品格不错的吐蕃马：阔壮且高大，有着母羊式的脖颈和高高的鼻梁，英武迷人。一年一度的茶马互市给这座边境小镇带来了久违的骚动，吐蕃马的马蹄声轻快而从容，一队队来了又一队队去了，那种淡定显见得是见过大世面的。来的时候骑着人，去的时候驮着茶。在有关马的交易中，买卖双方常常不动声色，但榷场的表情却是相当夸张的，摊贩的吆喝声炫示着功利色彩，当然那中间也有助兴的意思。空气中弥漫着马粪和茶叶的气息，那气息有如旗帜一般随风飘扬，直到榷场收市，直到一场春雨。在这个季节，人们谈论得最多的也是马。在中国的象形文字中，"马"的特征是它聪明的大眼睛和风中飞扬的鬃毛，这体现的不是实用而是审美。可是在这里就不同了，这里最重要的标准只有两项：身高和口齿。这两项决定了一匹马的品格和等级，以及最终通过换取茶叶所体现的价值。当然这匹马还必须是未经阉割的，战马无需阉割，以保持那种在战场上向死而生的血性。只有拉车或驮载货物的马才需要阉割，让它变得温顺且心无旁骛，这样的马，即使体格健壮也不会有好价钱。

虽说是互市，却不是自由市场，因为马是战略物资，至少在南宋方面是不许民间交易的。同样，用于换取马匹的茶叶也是国家专营，境外蕃民只能与这边的官府（茶马司）做生意。由于茶叶是蕃民的生活必需品，宋代实行"以茶治边"，严禁商贩运茶到沿边地区交易，甚至不准将茶籽、茶苗带到边境，凡贩私茶则予以处死，或充军三千里以外。茶马司官员失察也要治罪。立法如此严酷，目的在于通过内地的茶叶来控制边区少数民族。但蕃民也不是任你拿捏的软柿子，他们的反制手段是抬高马价。北宋熙宁年间，一驮茶可以换一匹上等好马。一驮茶叶一百斤，价值大约三十多贯。到了南宋初年，"宕昌寨四尺下驷一匹，用十驮茶。若其上驷，则非银绢不可得。"[13]这时候，十驮茶大约价值二百贯，也就是说，茶价下来了，马价上去了。当然，这中间有牙侩与茶马司官员之间的互相勾结和徇私舞弊。"假如良马一驷，直一百五十余千，则必中卖二百以上。"[14]价值一百五十贯的马，却要财政支出二百贯，其中的五十贯就落入了牙侩及相关官员的腰包，占交易总额的四分之一，这如何得了！为了在宕昌寨买马，朝廷每年要拿出二万驮茶叶，但仍然不够，还要"以银绢绸及纸币附益之"。[15]为此，朝廷只得叫四川每年拿出"易马䌷绢"十万匹。宕昌寨每年市马在三千匹左右，中央和地方财政要为此支付钱物六十多万贯。如果按照上述那个四分之一的贪腐比例测算一下，其中流入私囊的钱物当是一个相当惊人的数字。一个茶马司的胥吏才几品，也就是个科员股长吧？但其灰色收入却超过了朝廷一品大员的俸禄，真是人不可"帽"相啊——"帽"者，乌纱也，级别也。说到最后还是那个老问题，国家专营的勾当必然导致腐败。那些官商勾结上下其手的"手"啊，哪怕是经手一只虱子，也要毫不犹豫地掰下一条腿来的，何况马乎？

　　茶叶和马匹的双向流动简单而快捷，波澜不惊。蕃民得到了茶叶，但他们无法得到茶籽，因此明年他们还得牵着马再来。同样，南宋方面也无法大规模地繁育出优良的吐蕃马，这是地理和气候使然。从这个意义上说，双方的交易是平等的，也都互相留了后手，是细水长流的意思。宕昌寨背阴山坡上的残雪悄悄地融化了，三千匹边马如期收市，那有如旗帜一般飘扬的马粪和茶叶的气息渐渐散去，融入春雨，渗入尘埃，等待着来年再度萌发。在此之前，先期成交的马匹已陆续发往兴元府。从现在开始，这些血统高贵的吐蕃马将用他们轻捷的四蹄，从西北到东南一程一程地丈量南宋王朝的疆土。不过现在还不能算是纲运，纲运的起点是兴元府，从宕昌寨到兴元府二十程，这二十程只能算是纲运的预演和热身。等到最后一批马匹到达兴元府，大体上已是三月中旬了。在这里，来自宕昌寨和峰贴峡的马匹集中在一起，混合编纲，然后启程向临安进发，这时候就可以称之为纲运或马纲了。

"纲"的出现大致是在唐代以后，大量货物分批起运，每批编立字号，分为若干组，一组为一纲，这种成批编组发运的方式，称之为纲运，这是历史学家的说法。作为一个对历史缺少研究的普通读者，我对"纲"的最初印象却定格在北宋末年，那是因为《水浒》中有一回叫"智取生辰纲"，说晁盖、吴用等人在黄泥岗用蒙汗药麻翻了杨志一行，取了大名府梁中书送给蔡京的生日礼物，当时觉得这个"纲"大抵是与马屁有关的。再后来，又知道有一个臭名昭著的花石纲，甚至北宋王朝的垮台它也脱不了干系，于是又有了劳民伤财的印象。其余纲运既不一定是马屁也不一定臭名昭著，但劳民伤财是肯定的。它只是专制体制下大规模调运物资的一种方式，其特点是严密的组织体系。即以从兴元府发运的一支马纲而言，其组织体系大致如下：

> 每马一纲五十匹，系合用牵马官兵二十五人，每人牵马二匹，纲官一员，小管押一名，医兽一名，军典一名，火头二人，先牌一名，通计三十二人，前去兴元府茶马司取押。[16]

这中间，牵马官兵和兽医就不用介绍了，都是直接为马服务的。另外的那些角色，纲官是总头目，小管押是副手，军典负责财会文书方面的事务，先牌专司与沿途驿站及官府的勾通联络，火头是烧饭的。三十二条汉子，一个萝卜一个坑，各司其职，巨细靡遗。我想，那时候一个县衙的官员加勤杂人员也不会比这更多吧。

以上是人员编制，在这里，各式人等虽也尊卑有序，但其标志只有职务，并无年龄肤色身高之类。但马就不同了，马的身份档案要比人完备得多。档案上的那些内容，有的体现于鬃毛下或两胯之间的"火印"，那是马的等级标志，是普通马还是阔壮马，是堪披带马还是出格堪好马。有的雕刻在一块黑漆小木牌上，再把木牌封系在马脖子下面，记载着马的编号、性别、毛色、齿岁、尺寸，等等。另有一份"纲解状"——也就是纲马档案——由纲官随身携带，所记除上述内容外，每匹马还必须剪下鬃毛，用蜡封固在册，以便到了终点考核时验明正身。如果途中有马匹死亡，还须将死马的皮、鬃封好，以备核对。

一切编排完毕，已是三月下旬，风吹在脸上已经软和些了。那么就上路吧。

从兴元府向东就进入了汉江谷地，一路经金州、江陵至鄂州，这中间共有四十一驿，两驿间距多为一日程，有的为二日程。兴元府原名汉中，这个名字会让人想到《三国演义》中的许多重大战事，以及战场之外谋士们的折冲樽俎。绍兴三年正月的饶风关之战也发生在兴元府至金州一线。汉中者，形胜之地也，"前控六路之师，后据两蜀之粟，左通荆襄之财，右出秦陇之马。"[17]这是当年张浚宣抚川陕向官家陛辞时，形容汉中地位的一段话。他是文官封疆，自然说得头头是道很精彩的。现在，"秦陇之马"就行进在荆襄之路上，也行进在这块折戟沉沙的古战场上。这一路多丘陵山地，尤其是秦巴山区的行程，"皆崎险山谷，路皆曲折，值潢潦雨雪必须人马失所"。[18]若遇上两驿间为二日程的，须得在途中露宿，那景况则备加恓惶。即使到了驿站，补给也往往不如人意。马驿属地方州县管理，按规定不仅要提供马纲的食宿，还要负责补充马纲第二天行程中的钱米和草料。但写在纸上的规定是要靠驿丞的脸色来解释的，驿丞小吏也，但在中国这块土地上，只要是个官，手里掌握了一点资源，在以权谋私这一点上，他们不仅有一分热发一分光，而且还能把芝麻绿豆大的权力玩得花枝招展快意恩仇，让权力寻租的那点剩余价值汤汤水水的点滴不漏。因此，所谓打点或串通作弊就成为一种明火执仗的潜规则。最常见的是克扣马料折钱私分。这中间朝廷制定的规矩本身也有漏洞，秦陇之地水草丰美，那里出产的马向来只吃草、不喂料，所以才长得好筋骨。现在一下子贵族化了，吃上了高蛋白的大麦黑豆，它反而不适应，容易感染"蹄注之疾"。这一点制定规矩的人不懂，但驿丞和押纲的官兵心知肚明，这就为他们串通作弊、将马料和平演变为囊中私利提供了空间。除去克扣马料，押纲官兵另外还有不少生财之道，他们在马纲中夹带商货禁物，并附私马随行，甚至偷换上等马私获渔利。一支小小的马纲，负载着王朝肌体上的种种沉疴和溃疡——还有那里面蠕动的蛆虫——在古老的驿道上亦步亦趋，且停且走⋯⋯

一路沿着汉江走，越往东南，渐至山温水软，天地间有了几分清朗之气。待汉水汇入了长江，鄂州到了。

对于长途跋涉中的马纲来说，鄂州是一个重要的节点。如果以宕昌寨为起点，至临安总共八十五驿，到鄂州为五十六驿，三分路程已去其二。如果以兴元府为起点，至临安总共七十驿，到鄂州为四十一驿，也已完成大半。而且到了鄂州，时令已是初夏，沿途草木葱茏，马匹可以"放青"，这就减轻了马纲携带草料的负担。马吃上了青绿饲料，膘分和精气神也上来了。都说马无夜草不肥，其实夜草不如青草，为什么秋高马肥？无他，就因为吃了一夏天的青草。加之这期间日长夜短，气候宜人，先前那一段带着风沙味儿的穷山恶水已成过去，马纲就要转入长江南岸东行了。江南好啊，满眼绿树繁花，生机勃勃，何况眼下还没到那个让人浑身不舒服的梅雨季节。

到了鄂州，按理说还该有另外的一层希望所在。从鄂州开始，南宋的五路驻屯大军就在江南一字排开，分别是鄂州、江州、池州、建康、镇江。纲马是供应军队的，迟早要分发给各路驻屯大军，如果朝廷先期把配额通报马纲，马匹就近交付相关驻军，不就省去了到临安的周转吗？这样的路线图看起来很顺，但朝廷偏偏不肯这样安排。不这样安排不是因为他们脑残，而在于赵宋王朝根深蒂固的遗传基因——对外地统兵大将的猜忌。南宋的军队分野战军和御林军两个系统，野战军即江上诸军，这是打仗的部队，和金人开战，这五路大军首当其冲。御林军即所谓的三衙军司——殿前司、马军司和步军司。这部分军队驻扎在行都周围，由官家最宠信的大将杨沂中统领，装备也最为精良。其实他们根本用不着打仗，一旦有事，自有江上诸军在前线卖命。若战事真的到了行都周围，也差不多要亡国了，他们只有扈从皇上逃命的份儿。在南宋每年一万一千余匹的纲马中，来自宕昌寨和峰贴峡的西马大约有五千匹，这质量最好的五千匹马，送到临安后，要先让三衙的军队像皇家挑驸马似的挑一遍，这一挑就挑去了三千五百匹，剩下的才轮到前线的野战军。一千五百匹马，五路驻屯大军，杨柳水大家洒洒，只能意思意思了。当然，这部分马匹还得从临安回头发给江上诸军。如果要发到鄂州的话，那么从宕昌寨到临安再返回鄂州，总行程当在八千里左右，其中大约有四千里是不折不扣的冤枉路。

从鄂州到临安共二十九驿，途经江州、池州、太平州、建康、镇江、湖州、秀水，这些地名多是带水的，有水的风景自然赏心悦目，路却不一定好走。江南土地金贵，道路虽不甚崎岖，却很狭窄。水乡桥多，木桥多苗条清秀，有如少女的腰肢；石桥则陡阶高拱，有如老人的驼背，这种只适合骑着毛驴看唱本的路桥条件，让那些惯于在西北荒原上驰骋的骏马情何以堪？那就耐着性子慢慢走吧，好在离临安越来越近了，关于路程的减法也越来越简单了。随纲官兵们也开始很切实地盘算自己的转资、磨勘之类的前程。押运纲马虽然辛苦，却是升迁的捷径。押纲官都是八九品的低级武官，牵马兵卒则是无品的军校。每押一次纲，如一路顺利，倒毙的马匹没有超过规定的比例，只大半年时间，官转一级，兵升一资。这样的提升速度在承平年代是很难想象的。所以"押马乃武臣、军校速化之途，而副尉累以赏转至正使者，不可胜数。"[19]副尉是无品的高级军士（相当于现代的中士、上士），由副尉提升到最低级的正使（即正七品的武翼大夫），按正常的速度四五年转一资，需数十年，而现在只要押送几次马纲就可以了。相比之下，战功也好，劳绩也好，又何羡之有？我们不妨来算笔账，朝廷每年需要转运的纲马为一万多匹，参与纲运的官兵六七千人，仅此一项，将产生多少冗官，开销多少俸禄！一万多匹马浩浩荡荡，从边疆到临安再到军中，各个环节上的花费有如流水一般。而战事一起，千骑万乘，无异云烟；浩荡貔貅，也只是一堆肉而已。官家对这些利害都是洞若观火的，所以他才认定了仗是打不起的，此所谓战之难，和为贵也。

一个始终缺乏阳刚之气的王朝，其马政亦如负重独行的老妇，有着别样的困顿和悲情。

南宋末年，蒙元南侵，宕昌寨一带的优质马源成为双方争夺的对象。端平二年（1236），蒙军从秦、巩入侵四川，次年十月攻占利州、成都府，南宋川陕马源从此断绝，川陕市马亦宣告终结。

宝祐元年（1253），元军分三路进攻云南，其意图除了战略上的迂回外，切断南宋的广马供应亦是一大考虑。元军次年灭大理国，三年灭安南。广南市马也从此中止，宋王朝的马政寿终正寝。

一个没有马匹来源的王朝此后又和拥有世界上最强大的骑兵、号称"上帝之鞭"的元军苦苦周旋了二十多年，在最后的那些日子里，南宋君臣只能龟缩在几艘海舟里一路南逃，直到至元十六年（1279）二月覆灭于厓山附近的大海中。

现在是绍兴十二年六月，蜀帅吴璘月初抵行都陛见，至七月二十日左右才踏上归途。这期间，官家多次召见，慰勉有加，且相与商讨川陕事宜。临行前又给他加了一顶少师的头衔，这也是吴玠生前的最高荣誉。他在回程的路上大抵是不会遇上马纲的，因为从临安到鄂州一程，他走的是水路，马纲走的是旱路。回程的路线和来的时候一样，运河、长江、汉江谷地，到兴元府时，已是秋天了。

吴璘帅蜀近三十年，乾道三年（1167）去世，享年六十五岁，由其子吴挺继任蜀帅。吴氏一门保蜀有功，由于四川地域的相对封闭性，再加上他们统帅川军近八十年，根深蒂固，朝廷始终没敢削他们的兵权。这样到了吴璘的第三代就有了坐大之势，终于发生了吴曦之变。但反叛仅四十一天即被诛杀，吴氏家族在川陕的统治尘埃落定。

那已是宁宗开禧三年（1207）的事了。

注释:

〔1〕 《武林旧事》卷三《都人避暑》。
〔2〕 《梦粱录》卷八《显应观》。
〔3〕 《宋史·高宗本纪》(六),《三朝北盟会编》卷二〇一,《建炎以来系年要录》卷一三六绍兴十年六月乙卯。
〔4〕〔5〕 《建炎以来系年要录》卷一四五绍兴十二年六月乙丑。
〔6〕 《史记》卷三十《平准书》。
〔7〕 《宋史》卷三六九《刘光世传》,《建炎以来系年纪要》卷四六绍兴元年七月乙未。
〔8〕 《宋会要辑稿》兵二四之三六,《建炎以来系年要录》卷一二七绍兴九年四月戊辰。
〔9〕 《文献通考》卷六二。
〔10〕 《三朝北盟会编》卷六三,靖康中帙三八,靖康元年十一月十五日。
〔11〕 《三朝北盟会编》卷七二,靖康中帙四七,靖康元年十二月五日。
〔12〕 《文献通考》卷一六〇。
〔13〕〔15〕 《宋史全文》卷二六上。
〔14〕 《九华集》卷七《议国马疏》。
〔16〕 《宋会要辑稿》兵二五。
〔17〕 《中兴小记》(上)卷七。
〔18〕 《宋会要辑稿》兵二五。
〔19〕 《岭外代答校注》卷五《马纲》。

公元一一四二年·农历壬戌年

七月

南宋绍兴十二年

※ 官奴

一个人，进士出身，机敏练达，文章也写得不错，在官场上蹭蹬了将近三十年一直沉沦下僚，临近退休时却突然飞黄腾达，只用了三年时间就跻身六部首揆。这中间当然是有窍门的，但说白了其实也就四个字：卖身投靠。如果一定要凑成八字方针，那就再加上四个字：助纣为虐。

这个人叫罗汝楫。

罗汝楫，徽州歙县人。歙县是砚墨之乡，南唐时推崇李廷珪墨、澄心堂纸、诸葛氏笔和龙尾歙砚为文房四宝，其中的墨和砚均出自歙县。绍兴八年，官家还特地从歙县请来墨工戴彦衡为他制造御墨。[1]那些用糯米、珍珠和香料制成的极品御墨存放在复古殿里，直到南宋末年谢太后写完了降表还不曾用光。砚墨之乡，读书人也多。徽宗政和二年（1112），罗汝楫进士及第，当时他三十五岁，这个年纪进入仕途不能算早，但也不算晚。进士的起步官阶一般为从八品的文林郎，到绍兴十年时，他的职务是刑部员外郎，混了差不多三十年，"郎"还是"郎"，只不过由从八品爬到了从六品，升了四级。刑部员外郎是刑部下面的一个副司长，协助刑部郎中（司长）处理司务。当年诗人杜甫曾作过工部员外郎，品级可能还要低些，因为他前面有"检校"二字，也就是代理的意思。其实他一天也没有代理，只是一个名分，故世称杜工部。一个从六品的副司长如果外放当一个县太爷或州府的通判，那还有点意思，好歹说话算数，放屁有声，出门也前呼后拥，有衙役扛着回避的虎头牌鸣锣开道，回到家里说不定还有人等着送礼孝敬。但在中央机关，就基本上是个跑腿了。冠盖满京华，那里当官的太多了，"司长满街走，处长不如狗，"谁还买你一个副司长的账？外面既不风光，家里的日子也过得清汤寡水的。

他已经六十三岁了，再提不上去，等着他的只有退休。一般人到了这时候也许就认命了，吃咸点，看淡点，准备告老还乡。但罗汝楫不认。他觉得自己这辈子的问题是遇人不淑，而这个"淑"又是朝三暮四、捉摸不定的，就像按下葫芦浮起瓢，总是和自己过不去。刚进入仕途时，书生意气、家国情怀，有如屈平老杜，以天下为己任，碰壁自是难免。等到磨去了棱角，懂得了世故逢迎这一套，可顶头上司偏又不喜欢这一套，当然也就没有他的好果子吃。官场真是一本永远读不完的教科书，既可治大国，又能烹小鲜，但归根结底只有一句话：往上爬。在那里，人性浑浊不堪的底色裸露无遗，你爬不上去，就只能像狗一样地侍候别人。那种冷眼、鄙夷和看人下菜碟的炎凉世态，那种赢者通吃、官大一级压死人的游戏规则，那种在食物链低端仰承鼻息的窒息感和耻辱感，几乎在一夜之间就能改变一个人的价值取向，遑论几十年的熏陶和历练？

到了绍兴十年春天，一直有如弃妇一般抱怨遇人不淑的罗汝楫突然时来运转，遇上了"淑人"。

秦桧独相的局面是从绍兴八年十月开始的，但他是从金国回来的人，根底不清，根基也不深，只是因为附和官家苟且求和的阴私和两面三刀的小伎俩，才得到了赏识。他知道自己树敌甚多，要维护自己独相专权的局面，除去揣摩好官家的心思而外，当务之急是要广招羽翼。这样罗汝楫的机会就来了。以前那些执宰级的高官，他要么踮起脚尖也够不上，要么够上了人家不赏识他。现在这个相爷，不仅位高权重，而且好巴结，一蹭就上。秦桧的门槛并不高，他只需要你的忠诚和无耻。于是落花有意，流水多情，双方一拍即合，犹如潘金莲碰上了西门庆。绍兴十年二月，罗汝楫升迁监察御史，从"郎"变成了"狼"——因为御史的任务就是咬人，可以捕风捉影地咬，无限上纲地咬，肆无忌惮明目张胆地咬，这就是所谓"风闻言事"的特权。凡弹劾某个大臣，他们都大模大样地将奏疏的副本递送此人，[2]而不是偷偷摸摸地打小报告。"台谏者，天子之耳目之臣。"[3]宋代的台谏制度本来是皇权抑制相权的重要手段，但到了秦桧那里，却成了打击异己的工具。他看中的那些人，必须集走狗的恭顺与恶狗的疯狂，摇尾巴策略与啃骨头精神于一身，不仅主子指向哪里他们就咬向哪里，还要具备超常的嗅觉，哪怕主子随意从牙缝里剔出来一丝菜屑，他也能辨出荤素淡咸来，因此，即使主子没有指向哪里，他们也知道咬向哪里。罗汝楫已在官场中厮混了将近三十年，耳濡目染，熟能生巧，这些应该都不难做到。

咬人是必须的。但第一口咬谁，怎样才能一咬惊人，让朝野震慑天下耸动，也让自己一出场就能博个满堂彩，罗汝楫在窥测方向。

绍兴十一年秋天，宋金和议已见眉目，三大将被削去兵权，调到枢密院担任虚职，官家又密谋对岳飞下手。八月，罗汝楫与御史中丞何铸交章弹劾岳飞，拉开了这一千古奇冤的序幕。所谓"交章"云云就是同时上书揭发岳飞的问题。从这个"交章"来看，应该是秦桧统一策划的，不然不会这么巧。岳飞忠勇清正，根本没有什么把柄可抓。但是这不要紧，罗织这个词是古已有之的，何况上书者本身就姓"罗"呢？那么就罗织吧。罗织的三条罪状中，有两条是颠倒黑白，还有一条是"情绪罪"，说岳飞"自登枢管，郁郁不乐，日谋引去，以就安闲"。姑且不说这本来就是无中生有；即便有，这算什么罪呢？用现在的话说，大概算是革命意志衰退吧。但官家既然已经铁了心要把岳飞送上断头台，这种弹劾就只是一个形式而已。岳飞当即被罢官，而紧随其后的便是"莫须有"的谋反大案，直至年底一代忠良冤死大理寺狱。这起中国政治史上的惊天大案，最终成就了岳飞的千古英名，也把赵构、秦桧等一应丑类永远钉在历史的耻辱柱上。而罗汝楫因其最先咬出的那一口，亦"与有荣焉"。

岳飞被害后，罗汝楫越发踌躇满志。绍兴十二年正月，他又接连咬出两口，这次咬的是曾作过岳飞幕僚的朱芾和李若虚，还有参与审理岳案的专案组成员何彦和李若朴。再接着，他又弹劾曾与他"交章"揭发岳飞问题的何铸。这个何铸原先也是秦桧的心腹，但后来他发觉秦桧要置岳飞于死地，一种被称为良知的声音唤醒了他。在秦桧面前，他力辩岳飞无辜，以至成了罗汝楫撕咬的对象。一个人作恶，一旦越过了底线就一发不可收，而且还会上瘾入迷，把作恶或犯贱视为一种乐趣甚至荣耀，就像粪坑里的那些蛆虫一样，津津有味地在一汪腐臭中拥抱自己的成就感。罗汝楫虽然年过六旬，但咬嚼肌依然强健，牙齿也相当锋利。他几乎所向披靡，一咬一个准，如同关云长温酒斩华雄一般轻松惬意，不费吹灰之力。例如他弹劾何铸，一开始就从家庭出身开刀，说人家"胥吏之子，素无闻望"。措词相当刻薄。何铸之后，紧接又有赵鼎、王庶、曾开、刘子羽、李弥逊、孙行俭等接连被咬。这个阵容相当豪华，其中赵鼎和王庶都曾担任过执政级的高官。但一经纠弹，则有官者罢官，已罢官者远徙，甚至连死去的人也不肯放过。丧心病狂，一至于此。

罗汝楫的表现理所当然地得到了秦桧的赏识，他的仕途也由此变得丰饶而灿烂，到绍兴十三年时，他已升任吏部尚书，正三品。由从八品到从六品，他用了将近三十年；由从六品到正三品，他只用了三年时间。一个进士出身的文人官僚，恰恰用自己的所作所为粉碎了温柔敦厚的书生幻觉，证明了一条与学而优则仕完全相反的官场定律：百"文"不如一"贱"。

在上述一长串遭到罗汝楫弹劾的官员中，还遗漏了一个胡铨。这个人官不大，影响却不小，几年前他那封抨击和议的奏章及"手抄本事件"所引起的反响，用挥手起风雷来形容也不为过分，让官家和秦桧恨得咬牙切齿。这样的狂悖之徒，罗汝楫岂能放过？

当然不会。

※ 盛典前的清场

绍兴十二年七月初二，罗汝楫的奏章上来了，略云：

> 左奉议郎、签书威武军节度判官厅公事胡铨，文过饰非，益唱狂妄之说，横议纷纷，流布遐迩，若不惩艾，殆有甚焉者矣。伏望陛下重行窜逐，以伸邦宪。[4]

胡铨的那些头衔我们且不去理他，宋代的官制很复杂，头衔中有的是薪级，有的是差遣，有的是职称，有的是荣誉，其实他就是福州威武军判官厅的一个小办事员。这样的奏章你说他一剑封喉也好，说他狗屁胡话也好，反正通篇都是劈头盖脑的谩骂和满天飞舞的棍子与帽子，就如同八百多年后泛滥在这块土地上的大字报一样。所谓的"文过饰非"，究竟"过"在哪里、"非"在何方？而"狂妄之说"又都"说"了哪些内容？你可以摆事实讲道理嘛，没有。此等谩骂还不如贾府里的焦大，焦大至少还是骂得有根有据的："爬灰的爬灰，偷小叔子的偷小叔子。"——皆有所指。其实，奏章中真正的关键词是"益唱"，这个"益"是越发、更加的意思。既然是越发和更加，那就存在着一个参照系——原先的某桩事和某种程度。很显然，这是要新账老账一起算了。

那就先说说原先的旧账。

宋史上的胡铨（字邦衡）是一个金刚怒目、以决死姿态争取表达自由的壮士。他的上疏发生在绍兴八年十一月，也就是第一次绍兴和议期间。在此之前，朝廷上下反对和议的奏章也有不少，但立论多以"金人多诈，和不可信"为基础。也就是说，他们都是以一种屏息而仰视的姿态向官家进言，选择了一种比较温和而保险的切入角度和语调。胡铨的上疏之所以石破天惊、成为一次重大的政治事件，除去他主张斩秦桧等人以谢天下而外，其批判的锋芒还直逼官家本人，语调亦咄咄逼人，毫不忸怩。且看：

夫天下者，祖宗之天下也；陛下之位，祖宗之位也。奈何以祖宗之天下，为犬戎之天下；以祖宗之位，为犬戎藩臣之位。[5]

天下是祖宗打下来的，皇位是祖宗传给你的，你想卖，也没有资格。这话说得够厉害的了，但更厉害的还在后面：

夫三尺童子，至无知也，指仇敌而使之拜，则怫然怒。今堂堂大朝，相率而拜仇敌，曾无童稚之羞，而陛下忍为之耶。[6]

如果你一定要屈膝投降，那就连三尺童子也不如了。"不知羞耻"是什么意思？你自己想想吧。

更有甚者，奏章中还用"臣妾"、"刘豫"、"小朝廷"等侮辱性的词句来比附官家和南宋政府，这就不仅是厉害，而且刻薄了。

这个胡铨不要命了。

如果官家是一个有足够气度的大有为之君，他应该感受到在厉害和刻薄背后的那种粗暴的关切。他当然不是。

胡铨也知道官家没有那样的气度，他也确实是准备不要命了。奏章中言辞激烈，甚至刻薄，倒还罢了。官家可以把奏章留中不发，你说得再难听也没人知道，更不会造成什么影响。但紧接着又发生了倾城喧哗的"手抄本事件"。自汉唐以后，臣子上疏有很多规矩。首先是除宰执、从官之外，若不是言官，不能直接给皇帝上奏章。而且朝臣言事，尤其是批评朝政的得失，绝对不允许私自外泄，这是一条政治纪律。如果皇帝不批发，言事者自己外泄，就是"怨谤朝廷"、"指斥乘舆"。朝廷和皇帝岂能容忍你"怨谤"和"指斥"？那当然是重罪了。所以，杜甫有"避人焚谏草"的说法。谏章的草稿为什么要"焚"，而且还要"避人"，皆因怕外泄也。到了宋代，这一条纪律更加严格。王庶、韩世忠及诸多重臣反对和议，屡上奏章，也屡为官家排斥、压制。但在朝野都没有引起太大的反响，就是这个原因——那些奏章都被官家留中不发，如同泥牛入海，无声无息。可以肯定，当时知道这些奏章的人远远没有现在知道的人多，因为现在我们手头有一本《历代名臣奏议》。胡铨的身份是枢密院编修，这样一个无足轻重的八品小官是没有资格上奏章的。如果对朝廷有建议，必须通过所在官司的长官转达，而最后必然转到秦桧控制的中书省，可以想见，他那样的奏章秦桧大概不会送上去的。奏章不会给你往上送，处罚却会应声而落。与其不明不白地受到处罚，还不如豁出性命搏一把，借重强大的社会舆论，或许对国家有所裨益。于是，他一面将奏章上奏朝廷，一面又广发副本，以期引起社会的广泛支持。吴兴进士吴师古激于义愤，还将奏章刊刻出来。宋代的出版环境比后来的那些王朝要好一些，大体上还是自由的，似乎也没有什么书报检查制度。但吴师古印刷的是严禁扩散的敏感材料，这问题就大了。一时间，临安及邻近的州郡洛阳纸贵，群情汹汹，喧哗与骚动遍及朝野，从朝廷大员到贩夫走卒皆卷入其中，好几天安定不了。奏章揭露了隐藏在那些堂皇理由背后的自私与怯懦，它激起的是整个民族的羞耻心。真相点燃了激情与愤怒，而激情与愤怒汇集在一起，互相感染又互相激荡，势必酿成可怕的群体事件。这是继靖康初年陈东率太学生在宣武门伏阙上书以后的又一次政治风波。官家和秦桧也慌了手脚，这不是用民意来劫持朝廷吗？但专制者是从来不会向民意低头的，你要他低头，他就先杀了你的头。官家在盛怒之下，一度"欲正典刑"，准备将胡铨处死。但有的臣僚以建炎初年诛杀陈东的教训进谏，官家才有所踌躇。[7]那么就贬窜吧，贬窜得越远越好，让他老死蛮荒，永无出头之日。

处分一个八品小官也就是手起刀落的事儿，但其中的一点小情节却颇有意味。

对胡铨的处分很快就下来了：一、追夺一切已获得的荣誉；二、开除出公务员队伍并永不叙用；三、送昭州编管。编管就是编入流放地的户籍，由地方管严加看管。昭州属广南西路，为蛮荒瘴疠之地，流放到那里的人大多有去无回。这是除杀头、坐牢之外，对官员最重的处分。当时胡铨的小妾临近产期，寓居于西湖边的一所僧舍里，打算稍迟一点启程。但临安府得旨后，不敢怠慢，马上派解差械送胡铨上路。

这时候，有一个叫范同的人解救了胡铨。范同是秦桧的党羽，他之解救胡铨是因为不想成就胡铨。这是什么意思呢？且听他对秦桧是怎么说的："只莫采，半年便冷了。若重行遣，适成孺子之名。"[8]胡铨本是无名之辈，他冒死进谏，反对和议，已经闹得沸沸扬扬。你如果不理他，捂起来，半年时间也就冷了，且又显出了你的大度。太祖皇帝有规矩，不追究上书言事的官员。你如果判他的重罪，反倒成全了他的大红大紫。这种人连死都不怕，还怕流放吗？他要的是名。你这么一搞，让他名扬天下，甚至流芳千古，不是帮他的忙吗？

秦桧听了，先是一惊，随即便醒悟了。他当然不想让胡铨流芳千古，如果那样，他就要遗臭万年。于是，他又上章请求从宽处理胡铨，且示意台谏勾龙如渊等人共同解救，先改送昭州编管为监昭州盐仓，保留了公务员的身份。不久，又改为签书威武军判官公事，由昭州调到了福州，条件有所改善。

这个范同实在太厉害了，他不仅吃透了胡铨这类知识分子的秉性：不怕死，不要官，只重名节；而且掌握了把轰轰烈烈消弥于无形的诀窍：且捂着，冷处理，慢慢遗忘。但一个人太聪明了未必就是好事。范同后来因为向秦桧献计，解除岳飞等三大将兵权而官至参知政事，不到半年即被罢免，其城府太深亦是原因之一。秦桧觉得此人心机过于阴狠，且深不可测，反倒要处处防着他，这就不好了。一个人的城府深得让别人感觉出来了，这个人的朋友大致不会很多；若是让他的顶头上司也有所顾忌，那就离倒霉不远了。

胡邦衡贬窜福州府,吴师古流放袁水滨。[9]一场震惊朝野的政治事件渐至偃息,有如歌女朱唇间的一阕词牌:定风波。在以后的几年里,和议顺利签署,举国奉旨噤声,秦桧亦越发如鱼得水。但到了绍兴十二年七月,罗汝楫为什么又要把过去的旧账翻出来,和那些"过去"硬是过不去呢?

我们先来看看这期间都发生了哪些事。

七月初五日,升迁驸马都尉高世荣为常德军承宣使。我们还记得,高世荣就是那个不知哪辈子烧了狗屎香,娶了从金国逃回来的柔福帝姬做老婆的永州防御使。事实证明,攀龙附凤是这个世界上最合算也最有成就感的勾当,一旦爬上了长公主的床,挤进了皇亲国戚那个圈子,处处都会站得更高,尿得更远。

七月初六日,因吴才人进封为贵妃,加封了吴氏娘家的一批亲戚,其中包括贵妃的两个兄弟和两个妹婿,也就是官家的舅子和连襟。再加上枝枝蔓蔓的,总共二十一人。这不由得让人想到一则不那么正经的灯谜,谜面是:老婆、舅子、小姨子——打一名胜风景。猜不出来吧?那我告诉你,谜底是:泰山日出。泰山者,老丈人也。吴氏一门,凡"泰山日出"者,皆有封荫。只可惜泰山已死,要不然当不失侯爵之赏。

七月十八日,命工部和内侍省制造官家乘坐的玉辂和皇家仪仗。仪仗队由二千二百六十人组成,比之于当初东京的五千余人,这个规模要小得多。但重要的是,现在开始造了。这个造是再造,因为原先有过,后来没了。再造就是中兴的意思,官家很享受这个词。

抓紧"填房"进封贵妃,给皇家的各路亲戚加官晋级,制造豪华专车玉辂及一应仪仗,从这些信息中,人们不难推测,那位千呼万唤的"老娘"要隆重登场了。

没错,所有的这些皇恩浩荡和华彩纷呈都源于急脚递从北方送来的一则快报:

甲午,皇太后回銮自东平登舟,由清河至楚州境上。[10]

从东平到楚州这一段走的是古泗水。"汴水流,泗水流,流到瓜洲古渡头。"其实汴水和泗水都是淮河的支流,并不直接流入长江。自隋唐以后,泗水又称清河。太后既已从东平登舟,整个归程便已完成了三分之二。而一旦过了淮河,就进入了南宋境内，经扬楚运河转槕江南运河，沿途军州自会倾力奉迎，一切就顺风顺水了。这样算下来，太后将在八月中下旬到达临安，自宋室南渡以来最值得张扬的一场盛大的回銮庆典也即将拉开帷幕。

那么就张扬吧，只有心理虚弱的人才需要张扬。庆典的排场越大，越说明操持者底气不足，需要借助某种仪式来壮胆。你割让了那么多的国土，奉献了那么多金帛，承受了那么多屈辱，贬斥了那么多大臣，甚至不惜杀害了那么优秀的旷世名将，不惜把那个"渊圣皇帝"也丢在北方不理不顾，不就是为了换回一位老太太吗——当然还有其他人的几口棺材，不过那只能算是一场交易的搭头——现在老太太回来了，怎能不大事张扬普天同庆呢？

也不知是从什么时候形成的规矩，一场官方的庆典之前，必须先行清场，当然最重要的还是对那些历次被处分过的人加重行遣。那些人当初被批判、罢官、编管、流放，必然心怀不满，尽管他们没有来上诉闹事，但毕竟是不安定因素。庆典在即，先要把他们赶得远远的，以免破坏了行都的欢乐祥和。

正是在这样的背景下，罗汝楫弹劾胡铨的奏章上来了。

在官家和秦桧等人的眼里，胡铨这厮实在可恶至极，当初就应该施以重典，只是因为不想成全了他，使竖子成名，才选择了冷处理。但冷处理不是不处理，只是没到适当的时候。现在，那场风波已过去三年多了，胡铨奏章中那些蛊惑人心的口号已逐渐风化，人们都在遗忘中关注自己眼皮底下的小日子：官位、俸禄，以至引车卖浆的寻常生计。但大人物是不会遗忘的，当别人遗忘时，他们要出手了。

于是将胡铨除名勒停，发配新州（广东新兴）编管。[11]还是开除出公务员队伍，还是流放到南方的边远地区，也还是交地方政府监督改造，一切都打回到三年半之前。只是把昭州改成了新州——因为新州的纬度更南。

但事情还没有完，因为还没有回到三年前的那个原始起点，原始起点是"欲正典刑"——要他的命。过了一段时间，秦桧的表兄弟王鈇接任广东经略使，一次无意中问新州守臣张棣：某某人、某某人都远谪海南岛，胡铨为什么还不过海？张棣知道这是上头的意旨，不敢怠慢，便千方百计搜集胡铨的罪证，然后奏称胡铨"鼓唱前说，犹要惑众"。"前说"是什么内容？不说，因为那中间都是些敏感词，但只要点到了这两个字就够了。于是有旨：胡铨送海南编管。这个姓张的守臣其实应该改姓"伥"，因为他乐于为虎作伥。他知道上边不是要把胡铨送往海南，而是要他死，就特地选派一个叫游崇的使臣押解胡铨。游崇是个恶吏，歹毒而且阴险，由他来押解，胡铨必死无疑。好在雷州守臣王趯施以援手，王趯这个人不仅有正义感，而且出手很巧妙，甚至有点冷幽默的味道，当胡铨一行途经雷州时，他抓住游崇一路顺带贩卖私茶的把柄，公事公办地将其逮捕下狱，让这场几乎是事先张扬的谋杀案胎死腹中[12]。王趯又厚赠胡铨，用于盘资和一路的打点。这有如彩虹挂天般的正义情怀把胡铨一直护送到海南崖州——那个当今叫做三亚、让中外游客趋之若鹜的地方，当时却一点也不好玩。胡铨到了海南不久，那个把有限的智慧投入到无限的为虎作伥中去的张隶就升迁了，荣任荆湖北路常平茶盐公事。由贫困地区调到鱼米之乡，茶盐公事又是肥得流油的差遣，等于从糠箩跳进了米箩，相当不错。

在专制社会里，一个人政治上出了问题，就有如染上了瘟疫一般，人人避之唯恐不及。绍兴十二年七月，胡铨发解新州时，寓居福州的诗人张元干挺身而出，写了一首词为之送行。写一首送行的词都要用"挺身而出"来形容，太夸张了吧？一点也不夸张。且看岳飞的孙子岳珂笔下所记的那种世态人情："胡忠简铨既以乞斩秦桧，掇新州之乡，直声振天壤。一时士大夫畏罪箝舌，莫敢与立谈。"[13]一方面是"直声振天壤"，一方面却是"莫敢与立谈"，这就是高压政治下的畸形世相。这阕以"梦绕神州路"起首的《贺新郎》沉郁悲慨，相信只要是对宋词有些了解的人都耳熟能详。张元干只作过几任小官，长期赋闲，一生写的诗词应当不少，但正是这阕《贺新郎》成了他扛鼎揭旗的代表性作品，也为他带来了巨大的声誉。十多年后，有一个叫杨冠卿的词人路过吴江垂虹桥，"旁有溪童，具能歌张仲宗'目尽青天'等句，音韵流畅，听之慨然。"[14]张仲宗即张元干，而"目尽青天"正是那首《贺新郎》中的句子，可见其流传之广。国家不幸诗家幸，这大概算是一个例证。

随同胡铨一同去海南的，还有一个叫黎倩的女子。黎倩美貌且贤惠，是胡铨在新州时相识并相恋的。在此后二十多年的贬谪生涯中，黎倩一直与他相濡以沫。流放中的凄苦艰辛难以尽言，好多人都死于贬所，但胡铨活了下来，这除去因为他的名声而获得正义之士的关照外，我们不应忘记这位红颜知己的爱情抚慰。隆兴元年（1162）

孝宗即位，新皇帝召他回京。胡铨携黎倩北归，途中在株洲被胡氏宗亲接待，饮于湘潭胡氏园。当时胡铨已经六十岁了，二十多年的贬谪生涯有如梦魇一般，一声长啸换来了几番生死，如今终于挺着脊梁回来了。酒微醺，心潮起，感叹于自己的飘零身世及身边这个女人的一往情深，遂题诗壁上：

君恩许归此一醉，旁有梨颊生微涡。

诗不算很好，却有一点旖旎的色彩，这色彩竟在文学史上洇润开来。从此，女人脸上的酒涡即有了"梨涡"的别称，"梨涡浅笑"亦成为一个温软的文学名词。

"梨涡浅笑"——写在纸上很养眼，念起来满口余香，端的绝妙好辞！

※ 这个女人不寻常

船队在古泗水上逦迤而行，虽没有翠华摇摇的威仪，但这时候金人对韦太后客气多了，而且还有南宋方面派来负责奉迎的王次翁一行在周围伺候，一切都很周到。七月的鲁西原野苍莽宁静，正是秋老虎肆虐的季节，河面上暑气蒸腾，橹桨的节奏沉闷而单调，浪拍船舷，喋喋有声，一切如在梦中。下人不时向太后报告行程，太后是信佛的，每天都捏着佛珠计算归期。在每天的计算中，楚州越来越近了。

现在人们都称她太后了，但在几个月之前，她只是韦氏。而在更远的四十多年前，她则是一个只有脸蛋和性器官的侍婢。

苏颂是北宋的大官僚，哲宗年间曾官至宰相。他同时又是一个有相当成就的科学家，曾发明过水运仪象台之类的天文仪器。他的侍婢中有一个来自江南会稽的女孩子。宋代的婢通称女使，这个"使"是使用的意思，主人是可以随便和她上床的。但这个女孩子却不大好"使"，第一次"携登颂榻，通夕遗溺不已"。[15]这种情况现在很容易理解，女孩子太小，没有性经验，初夜时难免恐惧加紧张，就尿床了。但身为大科学家的苏颂却不懂，认为这是一种异禀，主大贵，就不再打她的主意。该女后来由一个叫李从约的小武官——记住这个名字，后来他会得到一份不菲的报答——荐入皇室。宋哲宗亲政后，挑选了二十名处女分赐诸王，女孩子被送进了端王府——这个端王，就是后来的宋徽宗赵佶。

现在我们应该知道了，这个女孩子就是韦氏。进一步推测，这个韦氏大抵相貌平平，要不然，哲宗是舍不得把她赐给别人的。

在充满情色的后宫里，一个相貌平平的宫女很难有出头之日。在以后的那些年里，端王赵佶当了皇上，韦氏被派到郑贵妃身边当侍女。郑贵妃那时候圣眷正隆，侍候皇上和贵妃上床是韦氏经常性的职责。对于一个生理上正在走向成熟的女性来说，这是一种耳濡目染的性启蒙。后宫基本上是一个人肉市场，女人的价值是要通过和皇上睡觉来体现的，因此，对于一个连做梦也在想着出人头地的宫女来说，这更是一种诱惑和煎熬。龙床上在肆无忌惮地颠鸾倒凤，翻云覆雨，她只能在"帘儿底下，听人笑语"，那是什么滋味呢？韦氏已不再是当初那个在苏颂床上吓得屁滚尿流的嫩雏儿了，对皇上的临幸，她充满了渴望。

同为郑贵妃侍女的，还有一个姓乔的女孩子，两人"结为姊妹，约先贵者毋相忘"。乔氏比韦氏小六岁，大概也长得漂亮些，自然就先被皇上"幸"过了，而且接连生了几个儿子，身份也自然水涨船高，进入了贵妃的序列。她倒是很讲姐儿们义气的，就极力为韦氏拉皮条。徽宗的后宫里有数以万计的宫女，大多数人一辈子也上不了皇帝的床，何况韦氏长得又不出彩，还比皇上大两岁。但既然有人推荐，皇上也不妨做个顺水人情，那么就辛苦一下吧。这是崇宁五年八月的事，当时韦氏已经二十七岁了，在佳丽如云的后宫，到了这个年纪就算是老女人了。

皇室妃嫔的等级很复杂，既有等，也有阶，光是贵妃以下就有二十五个阶。这么多人，这么多等级，这么繁复的性活动，如何考勤考绩升迁激励呢？皇上干脆明码标价："得御一次，即畀位号；续幸一次，进一阶。"[16]这样一来就简单了，一个女人的等级或位号，很大程度上是由她与皇上睡觉的次数来决定的。崇宁五年八月，韦氏终于上了徽宗的床。有了这么多年在帘子外面的见习，她不会恐惧或者紧张了，而是如鱼得水，表现相当不错。新承恩泽，春风一度，即封平昌郡王。这个"平昌郡王"听起来似乎很堂皇，其实只是"界号"而已，即由宫女升为小老婆，进入编制。第二年二月又"进才人"。但这次晋升与睡觉没有关系，而是因为她怀孕了。二十七八岁的女人生理上已极致成熟，韦氏用她成熟到极致的身体，成就了皇上一剑封喉的床上功夫，初次得御，就稳稳地坐胎了。大观元年五月二十一日，她为徽宗生下了第九子赵构，由是进婕妤。之所以一下子由才人升为婕妤，也仍然与睡觉没有关系，而是因为生了皇子。也就是说，崇宁五年八月上了一次床，除去让她进入编制，还升了两级，实在是相当合算的。此后，她又从婕妤累迁婉容。但与义妹乔氏相比，尚差十一阶。由于容貌的限制，她显然并不受徽宗的宠爱。从婕妤到婉容之间有充媛、充容、充仪、修媛、修容、修仪、昭媛、昭容、昭仪等十个等级，按照皇上"续幸一次，进一阶"的升迁条例来推算，再加上造就赵构的那次初幸，她应该和皇上总共睡了十一次，这个数字不会有太大的出入。这种明码标价的做法实在高明，甚至可以说得上英明，后宫里的任何一个女人，从位号就大致可以知道她和皇上睡了多少次，那是写在脸上一目了然的，因而彼此之间的竞争都摆在明处，就看谁爬得上床，上的次数多。就像在一个腐败的官场，你一直升迁，就说明你上面有人，而且舍得出血。因此，上边有人且不惜血本，这不是什么耻辱，反倒是很光彩的事。当然到了第一等的皇后或贵妃那儿就另当别论了，例如乔氏比韦氏高十一阶，你不能说乔氏只比韦氏多睡了十一次，肯定不是。但在低级妃嫔中大致如此。

和皇上总共睡了十一次的韦氏后来也不指望刷新记录了，她已经生了一个儿子，这就够了。她以后的晋升不可能通过和皇帝上床来实现，而是要看儿子的造化。果然，靖康元年金兵围城，钦宗命赵构出城求和，作为奖励，进韦氏为贤妃。由普通的嫔升格为妃，一下子跨越了八个台阶，脱颖而出了。第二年，赵构在应天府（河南商丘）登基，韦氏又理所当然地成了太后。但此时的她已被金人俘虏北去，一顶"遥尊"的太后桂冠非但不能给她带来半点富贵尊荣，反而成为金人对"宫奴赵构"的泄愤对象，他们用对一个老人的肆意凌辱来报复她在南方称帝的儿子。男人之间的争斗，祸害最深的总是女人，这是古代政治的丑陋之处。

战争的目的是为了掠取，女人和财富、土地一样，是重要的战利品。金人北去时，俘虏的宋宫妻孥及宫女,再加上宗室、贵戚及教坊中的妇女,总共一万一千六百三十五人,这中间也包括赵构的生母韦氏,三个有位号的妻子——二十二岁的邢秉懿,十九岁的田春罗和十七岁的姜醉媚——以及五个女儿。这些人到了北方后,皆被送入洗衣院,成为金酋随意糟蹋和掠娶的性奴,这些千娇百媚的南国佳丽,好多人被摧残致死。韦氏当时已经四十八岁,差不多进入老年了,但仍然不能幸免,在洗衣院中受尽了折磨和羞辱。那是一段让中原女人不堪回首的受虐史,也是一段让中原男人颜面丢尽的耻辱史,其中的许多细节,虽然史书上也有披露,但笔者在八百多年后还是不忍重提。仅从这一点看,赵构这个人就很了不起,自己的母亲、妻子、女儿被别人恣意蹂躏,那些施暴者一边还在大呼小叫——他们竟然将这些情节"编造秽书",[17]广为散发——面对这样的刺激,即便是有血性的动物也会怒吼或报复的,更何况是人,而且还是男人呢?但作为儿子、丈夫和父亲的赵构却能置这般奇耻大辱于不顾,一门心思与施暴者议和且称臣,这需要一种怎样的心理承受能力!一个人无畏固然难能可贵,但无耻——且无耻到这般忍耻事仇的程度——确实也很不容易。

当来自中原的女人在屈辱和苦难中呻吟时,从中原跑到南方的男人却在忙着向对手暗送秋波,那一往情深的秋波整整送了十五年,终于成就了王朝外交史上一个空前绝后的"万一"——被俘北去的一万多名女人中,金人恩准放回韦氏一人。

韦氏是个很有心计的女人,她知道"万一"更多指的是一种意外变化。纸上的东西总是很脆弱的,签订协议的手同样也可以撕毁协议。迟则生变,夜长梦多,只有踏上了淮河南岸的那片疆土才算保险,因此要走得越早越好,越快越好。但与宋宫俘虏的诀别还是稍许迟滞了她的脚步,这也是人之常情。生离即是死别,从此天各一方,而境遇则不啻霄壤。对于韦氏来说,诀别是一种幸运,出离了这地狱般的苦难,走向花团锦簇的荣华富贵,连背影也是令人艳羡的。但对于那些人来说,诀别则是对他们命运的提醒和重申,触景生情,那种苦海无边的大绝望和大悲痛可以想见。与韦氏关系最亲密、曾相约"先贵者毋相忘"的乔贵妃,时年五十七岁。她当初引为骄傲的七个儿子,三个早先夭亡,一个在北国自戕,其余的三个居然在这里猪狗一般的生存中生儿育女,把自己终身为奴的命运又延续给下一代。尽管乔贵妃的晚景如此凄凉,她仍然将自己积攒的五十两黄金,送给金方护送韦氏南归的明威将军高居安,算是帮韦氏做了个人情。很显然，这是为了讨好韦氏。这五十两黄金大抵是她晚年生活的唯一依靠，但为了今后那一点微薄的希望之光，她倾囊而出了。韦氏一回去就是皇太后了，母仪天下，炙手可热，如果她念及姊妹情分，或许可以对官家施以影响，让朝廷帮助乔贵妃脱却苦海的。因此，临别之际，乔贵妃才说了那些可怜巴巴而又弦外有音的话。首先，她对高居安说："薄物不足为礼，愿好护送姐还江南。"这是当着韦氏的面说的，也是把这份人情做给韦氏看的。然后她举杯对韦氏说："姊姊此归，见儿郎，为皇太后矣，宜善自保重。妹妹永无还期，当死于此。"关心中蕴含着悲情，说自己"永无还期"其实是乞求韦氏拉她一把，让她有一天也能回去。最后，她又拉着韦氏的衣袂说："姊姊到快活处，莫忘了此中的不快活。"我原以为"快活"在宋代只是市井用语，因为在《水浒》中多出于李逵鲁智深一类粗人之口，不想乔贵妃也能说得出口。这个"快活"用得好啊，既含蓄又露骨，你的"快活"归根结底是从哪里来的？还不是当初我帮你牵线，才让你在"快活"中有了这个现在当皇帝的儿子吗？现在你"快活"了，也不要忘了我的"不快活"。这中间的意思，韦氏能听不出来吗？她只得说："不敢忘今日。"[18]

最痛苦也最尴尬的是宋钦宗赵桓。本来，宋金讲和，首要条件应该是让被俘的皇上回去。这是一个国家的体面和尊严，即使是"万一"的机会，这个"一"也应该是他。但同父异母的弟弟取代他当了皇上，却丢下他不管，单让自己的母亲回去享福。他知道，那个坐在龙廷上的弟弟其实是不希望他回去的，怕他这个法理上的正统回去复辟。现在，韦氏要回去了，他死死地抓住车轮，禁不住大放悲声：

第（只要）与吾南归，但得太乙宫主足矣，它无望于九哥也。[19]

这是他向远在南天的弟弟发出的绝望的呼号。在宋朝的官制中，"太乙宫主"属于祠禄官，多用于安置犯了错误的官员，不需要到职理事，只是给一份俸禄而已。南宋的大词人陆游和辛弃疾因鼓吹抗金被贬后，都曾担任过这类宫观虚衔。绍兴十一年八月，官家在刚刚削夺了几位统兵大将的兵权后不久，又利用台谏攻讦的机会，下诏罢岳飞枢密副使、充万寿观使之职。这是他们对岳飞下毒手之前的预备动作，是整个阴谋的一部分。不久，岳飞即被逮捕下狱。严格地说，"万寿观使"是岳飞被害前担任的最后一个职务。一位在抗金战场上叱咤风云的旷世将才，最后却连一个"万寿观使"的闲职也不让他当，一定要砍了他的头，官家为人之凉薄，于斯可见。钦宗提出"但得太乙宫主足矣"，实在已是可怜之至。他是在告诉赵构，我回去了，只要有一碗饭吃就心满意足了，用不着担心我抢你的皇位。他的这种表态应该是由衷的，毕竟他现在的处境不是当不当皇帝，而是能不能像人一样活下去。他这个人生性懦弱，对皇位也不是看得很重。当初金兵围城时众人要他当皇帝，他死也不当，竟有如良家女子被逼为娼一般，哭昏过去好几回，最后是在昏迷状态下被臣子强行披上黄袍扶上宝座的。现在，这个懦弱的倒霉鬼死死地抓住韦氏的车轮，让韦氏一时也无计可施，只得说："吾先归，苟不迎还，有瞽吾目。"[20]发了一个毒誓，钦宗的手才松开了。车声辚辚远去，五国城的这一幕生离死别却又各有怀抱的悲剧终于散场了。

四月初的北方只能算是早春，冬的凛冽尚未完全过去，冰雪初融，又让道路泥泞难行。护送韦氏的金人怨气很大，常常借故拖延行程。韦氏归心似箭亦忧心如焚，担心时间长了生出变故来，便向金使高居安借了三千两黄金，答应南归后加倍偿还。她用这三千两黄金犒赏众人，激励他们加速赶路。一行人从五国城出发，先到上京会宁府。金方又派盖天大王完颜赛果（宗贤）护送徽宗等三人的棺柩，与护送韦氏的高居安名义上是两拨使节，实则一路同行，"皇太后回銮"从这里才算是正式启程。第一程是从会宁府到燕京，这一段全是陆路，风尘垢面，间关万里，几乎穿越了整个春季，到燕京时已是夏天了。

燕京是金国的中都，金人署理南方事务的军政大员皆驻节于此。靖康之难后金人北去时，连艮岳的太湖石也要运走，这些石头后来运到燕京，点缀了历代的皇家园林（石头的寿命比帝王和王朝都要长得多，直到现在，我们在北海和颐和园等地还能看到这些美丽且无情的石头）。既然宋金已经通好，太后到了燕京后亦少不了一番外交上的应酬。这样盘桓了数日，韦氏又催促上路。从燕京往南至宋金边界的楚州，双方的驿使多走西路，即从卢沟河的浮桥过永定河，经涿州、安肃、保州、定州、真定府、沃州、邢州、磁州、相州、滑州至开封府，然后再乘船经汴水东行至楚州。但近年来由于汴河部分河段湮塞，从开封到楚州也只能走陆路。陆路坎坷颠沛，而且常常受制于天气，韦氏年纪大了，当然更愿意多走水路。况且经由开封的这段路亦是靖康之难后宋宫俘虏北上时走过的，每一程都有不堪回首的耻辱记忆。曾经是王朝都城的开封如今宫宇颓圮，铜驼荆棘，有的地方甚至已种上了庄稼，昔日的繁华早已湮没在荒烟蔓草之中，触景生情，能不生亡国之痛、黍离之悲？以韦氏的心意，自然是不想再走这条伤心之路的。恰好时值盛暑，金人也觉得乘船较驾车舒适，便决定改道东路，从燕京往东南，由陆路进入山东，到东平后乘船经古泗水南下。

行进在古泗水上的这一支船队，也行进在临安君臣望穿秋水的期盼之中。来自北方的快马每天都向官家报告太后的行程，按照规矩，各地的文书必须先送到中书（宰相府），再由中书根据轻重缓急上达天听。为了在第一时间掌握太后的最新消息，官家让快报直接送入宫中，不必经中书转呈。前些时，官家还亲率宗室诸王到太庙拜谒列祖列宗，祈求先人保佑太后一路平安，不要再生风波。因为太后已进入泗河水道，官家还特地让御膳房从菜谱中撤去鱼虾水族，以示敬畏。刚刚升为贵妃的吴氏素来乖巧，张口闭口都惦记着"大姐姐"。宋代的称谓不知怎么回事，钦宗称弟弟为"九哥"还勉强说得过去，但吴氏称婆母为"大姐姐"就有点乱了。这是在后宫，乱就让他乱吧。前朝则是一片阿谀奉承之声。每次朝会，皇太后回銮都是热点话题，即使是不相干的事，也都要拿皇太后回銮说事，这当然是为了讨官家的欢心。好事自然都是占了皇太后回銮的瑞气，平时不好办的事这时候提出来，也因为扯上了皇太后回銮而容易解决。此外，早先规划中的一应工程——装饰慈宁宫，制造玉辂及仪仗，甚至修补从行都到临平镇的官道——都在加快进行。行都的商会还在筹划盛大的民间文艺演出，准备到时候助兴。勾栏瓦舍里的歌伎也在抓紧创作新的曲目。连和尚尼姑都兴高采烈，期盼着香火繁盛的连带效应。所有与奉迎有关的工作既轰轰烈烈又扎扎实实，行都已进入了奉迎倒计时。

整个七月就在这种近乎热昏的乐观气氛中过去了。

到了八月初，情况突然有些不妙。

从北方边境送来的快报是：太后于八月初三已到了淮河北岸，而南宋方面的一应官员和太后的弟弟韦渊也在南岸迎候，但太后却没有按期渡淮。

是不是长途劳顿之后，太后凤体违和呢？那就再等一天吧。

但第二天还是没有动静。

第三天仍然没有。

消息传到临安，朝野一片惊惶。金人违约，不光意味着太后不能如期回归，更糟糕的是或许宣告战事再起。枢密使张俊奏请前线诸军进入战备状态。当时宰相秦桧正好请了病假，官家一时拿不定主意。偌大的朝堂上，君臣面面相觑，有如一出丧仪的前奏。

临安城里的这一幕闹剧，金人在淮河北岸肯定不会想到。对于他们来说，这只是私下里的一笔债务纠纷，即使是逼债，也只是行使一个债主的基本权利。事情的起因前面已经说过了，韦氏在启程时向金使借了三千两黄金，用于犒赏护送她的金方人员，答应南归后加倍偿还。到了淮河北岸后，金方提出要先支付借款和利息，然后放韦氏渡淮。韦氏便让前来迎接她的王次翁垫付这笔钱。身为南宋的参知政事，又是奉迎两宫礼仪使的王次翁虽然"所赍甚厚"，但就是不肯垫付。在一般人看来，太后已经发话了，你尽管照办就是了，皇家的库房里有的是钱，还在乎区区六千两金子吗？况且，你难为太后有什么好果子吃呢？但王次翁的想法与一般人不同，他认为自己头上的这顶乌纱帽是秦桧给的，人家既然能给你，也就随时可以拿回去，因此平时一举一动都要遵禀秦桧的旨意行事。他知道秦桧是个心胸极小的人，如果自己在没有禀告的情况下把这笔钱垫付了，秦桧会怀疑他脚踏两条船，私下里讨好太后，回去会摘了他的乌纱帽。也就是说，他宁可做得罪太后的事，也不能做得罪秦桧的事。或者更确切地说，他宁可做肯定要得罪太后的事，也不能做有可能得罪秦桧的事。一个当朝的副宰相，执政一级的高官，却不敢稍微越过宰相的视线拍一下太后的马屁，这究竟是王次翁过于小心，还是秦桧其人过于霸道呢？我们且不作推断。但有一点是可以肯定的，作出这样的抉择，王次翁肯定经过了一番极其痛苦的权衡，两害相较取其轻，他觉得还是得罪太后要"轻"一些。后来的事实证明，他这样的抉择还是有道理的，至少后果并不太坏。

这是一种貌似叛逆的奴颜婢膝。

事情僵持了三天，太后和金人都憋了一肚子气，最后出来打破僵局的是江东转运副使王晙，他眼下临时"为奉迎提举一行事务"。知道了事情的原委，王晙很痛快地拿出六千两黄金，连本带利替太后还清了债务。比之于王次翁，王晚具有先天的优势，因为他是秦桧的大舅子，也就没有王次翁那么多的顾虑。姑舅之间，秦桧不会对他猜忌，也不会拿他怎样。在这一点上，一个职位比他高一头的副宰相确实没有他硬气。

八月六日，韦氏顺利渡淮。现在，她踏上了南宋的国土，也成了这块土地上最有权势的女人。告别了十五年的屈辱和苦难，她终于可以自由地呼吸了。

船队进入了扬楚运河。时令正当白露，白露者，露凝而白也，天气渐渐凉爽了。这一段运河在北宋时期原是南方向东京输送物资的主要通道，包括东京唯一的那座山——艮岳——也是以花石纲的名义从这条河上运过去的。虽然经历了这些年的战乱，但通航条件仍然保持得不错。

秋色宜人，好风好水，到临安只有半个月的行程了。

注释:

[1] 《老学庵笔记》卷五。
[2] 《老学庵笔记》卷八。
[3] 《宋朝诸臣奏议》卷五一刘随《上仁宗论当今所切在于纳谏》。
[4] 《建炎以来系年要录》卷一四六绍兴十二年七月癸巳。
[5][6] 《挥麈后录》卷十,《三朝北盟会编》卷一八六,《建炎以来系年要录》卷一二三绍兴八年十一月丁未,《历代名臣奏议》卷三四八,《胡澹庵先生文集》卷七《戊午上高宗封事》。
[7] 《四朝闻见录》甲集《请斩秦桧》。
[8] 《朱子语类》卷一三一。
[9] 胡铨,字邦衡;吴师古因私刻胡铨奏章被流放袁水之滨的袁州。
[10] 《建炎以来系年要录》卷一四六绍兴十二年七月甲午。
[11] 《建炎以来系年要录》卷一四六绍兴十二年七月癸巳。
[12] 《建炎以来系年要录》卷一五八绍兴十八年十一月己亥。
[13] 岳珂《桯史》卷一二。
[14] 杨冠卿《客亭类稿》卷一四。
[15] 《周益国文忠公集·杂著述》卷十《思陵录》。
[16] 《靖康稗史笺证·青宫译语》。
[17] 《靖康稗史笺证·呻吟语》。
[18] 《三朝北盟会编》卷二一一,《宋史》卷二四三《乔贵妃传》。
[19][20] 《说郛》卷二九《朝野遗记》。

公元一一四二年·农历壬戌年

八月

南宋 绍兴十二年

绍兴十二年·八月

※ 宫议

从楚州到临安，这中间的信息传播大致有三天的时间差。也就是说，当八月初六韦氏已顺利渡淮时，临安这边才刚刚接到太后被羁留的坏消息。

八月初七的干支为丁卯，是八月的第一个丁日，称为秋丁，这一天是祭祀孔子的日子。往年的这个日子，官家或许要兴师动众地巡视学校，以示对教育的重视。他这一重视不打紧，学校那边在三天前就要搜检封门，并用几种不同的号牌限制出入。当然也不光是麻烦，学生们也会得到好处，巡视过后，"各有免解恩例。"[1]也就是给几个保送的名额，直接参加朝廷的礼部试。今年官家的心思牵挂着太后的归程，学校是不会去了。昨天又接到太后没有按期渡淮的坏消息，虽然具体情况不甚明了，但心中难免忐忑不安，早朝过后，就在宫中和秦桧交流读书心得。官家说，读书最重要的是适用，若是不适用，还不如愚人。愚人虽然不读书，但至少不会犯错误；读书而不适用，又自以为有了学问，危害更大。秦桧马上说，陛下真是太英明了，用这样的态度来处理问题，则"天下之事，无不灼见底蕴矣"。[2]这样的交流有什么意思呢？一个是自我吹嘘，一个是无耻吹捧，有如舞台上而非柴米油盐中的一对情人，看似夫唱妇随，恩恩爱爱，其实……都是"戏"。

但毕竟心不在焉，自我吹嘘与无耻吹捧之间，话题冷不丁就会切回来。官家问道，楚州那边有没有太后的消息？秦桧说，初三没有渡淮，照理说，初四不至于再爽约的。官家说，其实爽约对于金人有什么好处呢？他们把太后送回来，自己也就太平了。秦桧说，是这个理，和则双赢，大家都太平。

你听听这说的都是些什么屁话？期期艾艾，模棱两可，犹如痴人说梦，又仿佛跪着撒娇。明明很怕某个后果，却又不敢说破了，摆到桌面上来商讨对策，生怕说破了就真的来了。而且还要装出设身处地为对方考虑的样子，连措词也选择了较为温和的"爽约"，而不是背约或毁约。这也难怪，和议是他们俩串通作弊的一场赌博，一旦赌输了，那后果他们连想也不敢想。因此，他们有的只是含混与犹疑勾兑后的茫然，强忍无奈，故作淡定，王顾左右而言他，连豁出去说一句狠话的勇气也没有。

这样过了三天，突然好消息来了，太后终于渡淮，一场虚惊而已。

官家喜出望外了，似乎这是金人额外开恩。于是将万俟卨提拔为参知政事，充大金报谢使，即日启程北上向金主谢恩。在朝廷高官的编制中，本来只有一名副宰相（参知政事），就是那位兼任奉迎两宫礼仪使的王次翁。现在为了提高大金报谢使的规格，又破格提拔了一名。两名副宰相，一个正陪同太后和大金国的使臣行进在从北方归来的路上，一个又屁颠屁颠地向北方进发。舟车劳顿，人马倥偬，这是绍兴十二年八月的一幕景观。南宋王朝的对外礼仪总是这样周到熨帖，犹如顶级裁剪师量身定做的礼服，每一个细部都讲究得无可挑剔。

下面的臣子又一批接一批地上殿称贺，一时朝廊熙攘，人面春风，喜气盈于宫阙。但也有人因此而倒霉的，八月十二日，罗汝楫弹劾了一个叫江少齐的吏部员外郎，说"太后还阙有期，普天同庆，而少齐方悒然不乐"。[3]这又是一宗"情绪罪"，人家都高兴，你不高兴，可见心理阴暗。专制政治的罗网何等严密，连每个人的喜怒哀乐也无可逃遁。那么江少齐为什么不高兴呢？也有说法，"每谓金银价置增长，居民日以迁移。"原来是担忧民生问题。你一个小小的吏部员外郎，这时候还谈什么民生呢？现在朝廷眼里只有政治。太后回銮，这是最大的政治。在政治面前，民生永远只是小事，犹如夫权淫威下的小媳妇，上不得台盘的。于是江少齐罢斥，"以靖国论。"什么叫"以靖国论"？就是在这大喜大庆的日子里，不许有不同的声音——包括表情。

到了八月十四日，快马报告太后已经渡江，进入了江南运河。沿途军守奉迎踊跃，多有得瞻天慈喜极而泣者。太后心情大好，胃口也不错，在镇江时尤对长江鲥鱼赞赏有加，且忆及当初在东京时，宫中多以黄河鲤鱼为馔玉。黄河鲤鱼名气大啊，"岂其食鱼，必河之鲤。"这是《诗经·陈风》里的歌谣，说明早在几千年前，黄河鲤鱼就是上等美食了。殊不知长江鲥鱼肉质肥嫩如此，与之相比，黄河鲤鱼只能算是市井粗物了。可见江南风物殷轸，原非虚话。言下之意，他儿子把朝廷迁至南方，也是很不错的选择。

官家看了奏报,自然如坐春风,当日又在宫中和秦桧指点历代君王。心情好,说话的口气就大,有如登泰山而小天下,其骄矜自得之色,跃然也。

这一段对口相声很有意思。

首先,官家由太后回銮得出了"和议既定,内治可兴"的结论,[4]虽然起得平平,调子不是很高,但这个"内治可兴"却留下了一个很大的演绎空间。

秦桧马上顺竿子爬,说以陛下的圣德,达到汉文帝那样的盛世之治绝对没有问题。

官家半推半就,说我素来就有这样的志向,但实在不敢和前代的圣明之君相比。

秦桧说:陛下你也不要太谦虚,以前的那些圣明之君,数得上的也无非汉文帝和唐太宗,但汉文帝文不胜质,唐太宗质不胜文,陛下你可是兼而有之啊。

这里的"质"和"文",比《论语·雍也》中所说的风度举止有所延伸,大抵是指品德和才能。也就是说,汉文帝品德好,唐太宗能力强,官家则德能兼备,早就超过他们了。

官家这下子不客气了,照单全收。而且抓住秦桧吹捧自己的话题加以发挥。他说唐太宗这个人表面上似乎从善如流,但实际上有点矫情虚伪。在这一点上,他不如汉文帝。

秦桧又接着往下发挥:汉文帝能容忍申屠嘉,而唐太宗到后来其实是对魏徵怀恨在心的。由此就见出了两个人品德的高下。

申屠嘉和魏徵都是历史上有名的诤臣。申屠嘉当丞相时,敢于惩治文帝的宠臣邓通,文帝并不干预。这个邓通,就是《水浒》中王婆对西门庆所说的"潘驴邓小闲"中的"邓",是财富的代表——文帝把铸钱的肥差交给他,让他几乎富可敌国。

官家大言不惭:我这个人一向以至诚为上。唐太宗英明有余,但在至诚这一点上做得不好。

秦桧跟着附和:唐太宗喜欢用心计,不及汉文帝仁义。

官家底气足了,也不妨小示宽容,他说唐太宗治理国家还是有办法的,他即位没有几年,天下气象一新,兵力强盛而外国畏服,人才鼎盛而政事修举,这一点为汉文帝所不及。但人主的盛德就如同天地覆载，日月照临，这种不知不觉中的化育之功，在汉文帝身上也体现得几乎很完美了。

好了，就此打住吧，这种煞有介事一本正经的胡说八道，再往下说我都替他们脸红。把两个在历史上立为标杆的前代明君比来比去，又是文胜质，又是质胜文，又是这一点不及，又是那一点不如。看起来似乎很公允客观，但偏偏大前提绝对不公允也绝对不客观，即那两位前朝大佬都不如现在的官家。这种吹牛和拍马的无缝对接，捧哏和逗哏的珠联璧合，真是太富于娱乐精神了。

这一对君臣在宫中自娱自乐时，太后的船队大抵正行进在江南运河最为艰涩的一段航程上。从镇江往东南，经丹徒、丹阳、奔牛至常州，运河穿行在高岸陡立的黄土冈地区，丹阳附近为长江以南八百里运河线上的制高点，称为丹北分水岭。这一段运河相对海拔较高、落差大，虽有附近的练湖作为"水柜"，但水量仍然不足，航道亦浅窄难行。特别是在农忙季节和干旱年份，灌溉与航运的矛盾十分突出，以至争端不断，械斗或诉讼亦屡息屡起。每年初夏的水稻栽插季节，运河沿线都会出现数万水车车水灌田的壮观景象，往往使运河断流，影响航运。而保持运河畅通，不仅是为了便利商旅舟楫来往，更重要的是商税征收事关国家财政，与漕运同为国脉所系。为此，政府不得不动用军卒巡河，枯水时节禁止农民车水灌田。在中国各阶层的利益博弈中，最后被放到祭坛上作为牺牲的往往是农民。而巡河军卒则乘机徇私舞弊，把手中的那点权力玩得有滋有味。就在前不久，有一个贬居无锡名叫孙觌的官员写信给常州知府陈正同，在这封情文并茂的尺牍中，孙觌备述农忙时节运河通航与灌溉的争水矛盾以及沿河父老抗旱车水的艰辛，而其中所涉巡河军卒鱼肉乡民的情节，尤其令人愤慨。其略云："见濒河之民以钱、酒赂巡河吏卒，乞斗硕之水，夜半车声如雷，势不可禁；而不得钱者，毁车具，遭鞭挞，又可悯者。"[5]今年夏秋少雨，运河水量本来就不充沛。眼下的江南，又正值水稻灌浆季节，这时候灌不上水，农家称为"卡脖子旱"，是最要命的。就在这当口，偏偏又逢太后回銮。为了保证太后的船队通行，沿途州府早就下了文告，在銮驾通过前的三天之内，所有商船民船不得进入镇江至无锡段运河；十天之内，沿途的乡民不得车水灌田，以保持运河水位。

在这样的禁令之下，小民百姓只能向隅而泣；至于巡河吏卒，你现在就是贿赂他一斗金子，他也不敢徇私舞弊了。王法如天啊！

镇江古称润州，无锡古称金匮，地方好，名字也好，地如其名。从镇江到无锡，在运河沿线这片素称富庶的土地上，这些日子一片死寂，没有呼隆隆的车水声，也没有巡河军卒醉醺醺的呼斥，只有农夫伫立在田头的叹息。龟裂的水田有如祈望苍天的饥渴之口，烈日下的秧苗只能把叶片卷起来、卷起来，一任生命的绿色悄悄地褪失。农夫们当然不会知道那个要从运河上经过的女人姓韦，但他们知道"韦"了农时，这一季就没有指望了。对于庄稼人来说，这个"韦"字与灾难无异。

"韦"是"违"的古字，《说文》："韦，相背也。"

※ 回銮

陛下这个词本来是指宫殿的台阶下面，后来引申为对帝王的尊称，意思是臣下不敢和皇帝直接对话，要请台阶下面的侍卫传达。

如果把临安看作一座宫殿，临平就相当于"陛下"——这座临安东北郊的小镇是从运河水道进入行都的最后一座驿站，也是登堂入室朝见天子的第一道台阶。就如同宫阶下的那些侍卫同时也是仪仗一样，临平同时也被赋予了某种礼仪角色。一般来说，客人来了，主人下阶迎接；客人告辞，主人又送到阶下，这是人际交流中的礼节。国家之间也大致如此。每次金国有重要的使节前来，官家都要派官员到临平迎接。金使则在临平舍舟登岸，在宋方官员的陪同下骑马进入临安，下榻候潮门内的都亭驿（在都亭驿建成之前则是怀远驿）。金使离开时，亦由宋方官员从陆路送到临平，再登舟北去。这中间南宋方面虽然不无巴结的意味，但大体上还是可以视为一种平等基础上的尊重。当然也有不平等的情况，例如一百三十多年以后，元军进抵临安北郊的皋亭山，宋廷多次派大臣到临平乞和，姿态一再放低，从称侄、称臣到主动送上传国玉玺，甚至可怜巴巴地作秦廷之哭，但元军统帅部始终不同意保存赵宋国祚。文天祥第一次被元军所拘也是在临平。战场上打不过人家，礼节上再谦卑也没用。临平乞和不成，南宋就灭亡了，临平也从此丧失了作为一个王朝都城"陛下"的资格。

绍兴十二年八月二十一日，官家率文武百官到临平镇奉迎太后。

这一天的天气如何，史无记载。但从奉迎场面的盛大隆重以及所有角色的倾情投入来看，天气应该不错。这是南渡以来宋王朝外交上绝无仅有的一次大成功。太后回来了，和议有了理由，岁贡裂土有了理由，诛杀岳飞有了理由，这些年来所宣传的英明正确也都有了理由。这是一次煽情的绝佳时机：母子之情，君臣之情，家国之情，都是好东西啊，勾兑在一起，酸甜苦辣，荡气回肠。如此盛事，怎样张扬也不为过分。二千四百八十三人的仪仗队早就训练有素了，那些人都是从御前诸军中挑出来的，个头一水儿齐，全都仪表堂堂，英武起赳，往那儿一站就能长大宋朝的国威和军威。当年太祖皇帝为了强军，曾亲制木梃为募兵标准，凡身高超过木梃者为上等兵。这些年战事频仍，募兵时往往抓到篮子里就是菜，也就顾不上身高了。这次官家在挑选仪仗队时，又重捡太祖皇帝的木梃为身高标准，非上等兵不得入围，可见其对这支队伍的看重。平心而论，那些人尽管上了战场不行，但在操场上铺排这种花拳绣腿的仪式却一点也不怯阵，那场面，那队列，那一招一式，那如雷般的欢呼，都无愧于精锐之师。既然兴"师"那当然要动"众"，随同官家到临平来的，不仅有宰执大臣、六部首脑、三衙管军，还有宗室贵胄、皇亲国戚。官家的两名养子——普安郡王赵瑗和崇国公赵璩——还有他唯一在身边的亲妹妹柔福帝姬，也都出现在奉迎的队伍里。秦鲁国大长公主是仁宗皇帝的女儿，按辈分比官家高出三辈；吴国长公主是哲宗皇帝的女儿，为官家的堂姐。这两位宗室中有相当身份的女眷，半个多月前已和太后的弟弟平乐郡王韦渊一起前往淮上奉迎，当会和太后同舟抵达临平。

母子劫后重逢，那场面大致可以想见，执手相看，泪眼迷离，"只道我母子今生今世再无相逢之日……"这样的话虽是陈词滥调，却也令人动容。而"军卫欢呼，声振天地。"[6]这些都是预先排练过的，什么时候欢呼什么内容，辅以什么队形和姿势，一切自有定式。那么就让他们去欢呼吧。这边母子俩悲喜交集地表演过了，韦氏见将相大臣列班于道，却只问一人："孰是韩世忠？虏中皆知其名。"招呼业已退闲的老将军到帘前慰劳。按理说,她之所以能够回归,全赖宋金和议;而和议之成,此刻站班离她最近的宰相秦桧居功至伟。至于"虏中皆知其名"的将领,当然首推岳飞。韦氏为什么不问这些人,单问韩世忠呢?这说明在南下的一路上,她不仅从奉迎的官员那里听闻了南宋政坛上的风风雨雨,而且运用自己的政治智慧进行了梳理。岳飞桀骜不驯,当然该杀。而秦桧位高权重,又有金人撑腰,今后未必不会"挟虏势以要君",成为官家政治上的对手。此刻,她不妨唱一回白脸,单单对老韩头施以优渥,给秦长脚一点难堪。

这个女人不简单。

韦氏不问岳飞,但有人会问。到临安后,金方副使刘祹在一次公众场合突然向馆伴官发问:"岳飞以何罪而死?"馆伴官一时窘迫,只能按官方口径答道:"意欲谋叛,为部将所告,以此抵诛。"这样的回答只能糊弄自己,岂能搪塞金人?刘祹冷笑一声,毫不客气地奚落道:"江南忠臣善用兵者,止有岳飞,所至纪律甚严,秋毫无所犯。所谓项羽有一范增而不能用,所以为我擒。如飞者,不亦江南之范增乎。"[7]这个金使固然用心险狭,他固然是为了让南宋官员难堪出丑,自己则幸灾乐祸。但在绍兴十二年的仲秋时分,在南宋王朝的殿堂上,在太后回銮的喜庆气氛中,也只有他为岳飞说了几句公道话。仅此而论,那些正在盛典中分享残杯冷炙而又良心未泯的人倒是应该感谢他。秦桧得知此事后,特地下令不准奏禀官家。其实奏禀了便又怎样?官家恐怕连难堪也不会有的。最倒霉的是那位馆伴官,他因不幸听了几句不该听的敏感言论,不久就被秦桧贬黜。

从临平镇到临安,奉迎的队伍翠华摇摇。进入城区以后,沿途更是观者如堵,步步为营。这是南渡以来最具轰动效应的盛事,况且又经过这么长时间的渲染和发酵,万人空巷也是势在必然。銮驾经艮山门、万岁桥进入御街,从朝天北向南,却不进和宁门,而是折向东行,经六部桥、中军寨向南,过仪鸾司再向西,从皇宫的正门——丽正门——进入大内。尽管兜了一个大圈子,但这个圈子非兜不可。太后回銮,不能从后门"倒骑龙",必须从正门进入。官家极尽人子之孝,当晚亲自夜侍慈宁宫。母子秉烛长谈,天南地北,相思之苦;家事国事,黍离之悲。说到伤心处,难免泪湿罗巾。眼见得已是二更时分,韦氏"遂示以倦意",官家才不得不"恭揖而退"。[8]

韦氏确实累了——为这大半天的仪式所累。作为一种格式化的群体表演，仪式中的每个人都是道具。虽然所有的人都是为了向一个人表示敬意，但这"一个人"其实也是道具。在这一点上，大家都是平等的，因为任何人都不可能超越仪式，即使最高权威也不能幸免。而且越是最高权威越是不能幸免，因为你是主角，是万众瞩目的焦点，你必须配合大家把仪式进行到底，这就叫一切如仪。一切就是一切，没有例外也没有特权。一个六十三岁的老妇，被仪式拽来拽去，疲于尊荣，也真难为她了。那么就早点睡个好觉吧。

但这一夜她注定辗转难眠。

对于韦氏来说，临安的宫城并不算陌生，这里和东京有着太多的相似——声音、色彩、气息和情调，温柔的脂粉和华丽的绸缎——连宫女的眼神也一如以往地恭敬且畏怯。不同的只是当年她作为一名普通的嫔妃，居所远不如慈宁宫这般繁复富丽。宫烛摇曳着光焰，也摇曳着一股奇异的香气。她知道，这种宫烛是用名贵的龙涎和沉香屑精心灌制的。北宋政宣年间，徽宗崇尚以高消费为特征的"豫大丰亨"，他嫌河阳花烛没有香味，特地令人研制了这种宫烛。龙涎和沉香都来自南洋，据说一支宫烛价当百缗。在宫廷生活的奢华方面，先皇不仅有大气魄，而且极富于想象力。那时候，每天暮色降临以后，用龙涎和沉香灌制的宫烛，在后宫排列两行，洋洋数百支，香气细缊，弥漫在升平歌舞和生香罗绮中，蔚成了那个时代特有的气息。当年，她也是在这气息中接受初幸的。但先皇对她实在太吝啬了，自那以后，她几乎每天都陷于无望的等待之中，从黄昏到夜晚，直至谯楼三鼓。岁月辜负了一个女人孤独的身影，只有龙涎和沉香的气息不弃不离。今天，在南方这座华丽的宫殿里，那种熟悉的香气又唤醒了她沉睡的记忆，她甚至想到了在苏颂床上遗尿不止的那个女孩，还有……北国洗衣院里的那些日日夜夜……

睡吧，明天还有明天的事情——请安、应酬，甚至别的什么仪式。你既然坐到了这个位子上，就无法逃避那些尊崇和膜拜。况且，即便是繁文缛节，谁又会讨厌呢？门帘外有窸窸窣窣的响动，如同微风吹动的落叶，她知道是守夜宫女的脚步，怯生生的如履薄冰。这种声音会让主人有一种很熨帖的尊荣感，当年她侍候别人时，也是这样走动的。

绍兴十二年·八月

宫烛次第熄灭。八月二十一日的月亮刚刚爬上宫城的女墙，慈宁宫亦明亦暗，有如沉睡的巨兽安详而狰狞。

果然，从第二天开始，各种仪式又纷至沓来。

首先是群臣称贺，盛赞官家圣孝。作为百僚之首，秦桧领衔上表曰：

万里回銮，庆母仪之正位；九重视膳，知子道之攸行。

然后就按照各人的资历和级别轮番表演，如同金殿上的一场同题作文竞赛，大家比试着引经据典，铺排辞藻。有的恭维官家："法姚虞之尽善尽美，迈汤后之克宽克仁。"有的恭维太后："祥生和气，福简简而穰穰；喜动慈眉，乐融融而洩洩。"有的大言凿凿："五兵不用，静北徼之惊尘；六骥遄归，严东朝之大养。"有的牛皮哄哄："自我作古，贻之方来，甚盛德之举，不其伟欤！"反正就看谁的马屁拍得高华雅致，别出心裁。

这还只是在殿陛之间小闹闹。

官家又宣布大赦天下，把庆贺仪式闹到了丽正门外的广场上。

赦文由给事中直学士院程克俊行词。这个程克俊不愧为皇家文学院院士，歌功颂德的马屁诗文倚马可待。词曰：

上穹悔祸，副生灵愿治之心；大国行仁，遂子道事亲之孝。可谓非常之盛事，敢忘莫报之深恩。[9]

不对，这篇赦文好像有点……怪怪的，是吧？让人怀疑其发布者不是眼下以绍兴为年号的赵宋王朝，而是那个皇统年号下的完颜氏的大金国。所谓"大国行仁"，"大国"者，大金国也；所谓"敢忘莫报之深恩"，"深恩"谁赐？亦大金国也。明明是圣心仁恕，皇恩浩荡，施恩的主体是大宋王朝及其皇上，赦文却开门见山就吹捧另一个主体——那个对他们犯下了滔天罪恶、也结下了血海深仇的大金国，在那些罪恶和仇恨面前，即便是"罄竹难书"也会显得很无力。那他们为什么还要感激涕零地恭维人家,而且发誓没齿"莫报"呢?只有一个解释:犯贱。犯贱是犯贱者的通行证,就像一个侍候恶棍的弱女子一样,总是要用处心积虑的犯贱来讨好对方,以求得一点可怜的安全感。赦文中的那种犯贱堂堂正正且字正腔圆,带着几许风骚的眉眼。能把犯贱犯得这样理直气壮毫不脸红,这个王朝的质地可以想见。

"登门肆赦"的场面我也懒得多说了,不过你千万不要以为那只是板着面孔的一套程式。绝对不是。那中间有惊险,有热闹,有竞技,甚至还有搞笑。诸如此类的娱乐因素使场面具有相当的观赏性。例如其中的"抢金鸡"就是一种爬索的杂技表演:广场上立有金鸡竿,高五丈五尺。竿顶置金鸡盘,盘中金鸡口衔"皇帝万岁"的红幡。盘底以红彩索悬于四角,令四名红巾文身的艺伎争先缘索而上,先得者在竿顶执金鸡山呼谢恩。他将获得一份不菲的奖品:缬罗袄子一领、绢十匹、银碗一只(重三两)。至于赦书,则由艺伎装扮的金凤或仙童衔在嘴里,从丽正门城楼上以红彩索缓缓降下。最后由官员宣读赦书,开枷放人。[10]整个仪式阐释的虽是"君权神授"的老调子,却一点也不僵硬死板,反倒有几分活泼泼的民间气息。所谓饱暖思游戏,这已成了行都君臣的一种文化自觉。

宣赦已毕,即由身佩腰铃,手持黄旗的铺兵把赦书送往各州府。还是老规矩,先发太平州、万州、寿春府,取"太平万寿"之意。而后"以次俱发,铃声满道,都人竞观"。[11]

铺兵翻山越水,一路黄旗招摇,把"太平万寿"的圣意张扬得逶迤多姿。

你不能不承认,这样的仪式很富于娱乐精神。在一个无论朝廷还是民间都有了几个钱并开始烧包的时代,在一个专制者不需要你的激情和愤怒的时代,在一个英雄在断头台上倒下艺伎在金鸡竿上谢恩的时代,奉旨娱乐便成了一种最高和最终的奢侈。在这些日子里,仪式似乎已经不再是名词而变成了动词和形容词,在仪式的驱使下,人们每一天都活得有声有色,每一天都活得轰轰烈烈,每一天都活得狐假虎威虚张声势。

但尽管皇城内外如火如荼,慈宁宫中的日子却波澜不惊。大抵太后这种身份的人,日子就该是这般格调:精致,平静,天长地久的样子。官家自然是曲尽孝道,这个做儿子的不仅无微不至,而且常常事必躬亲。他告诫宫人:太后年纪大了,只有让她宽心如意,才能寿考康宁。因此,有什么事你们不要对她说,直接找我好了,我亲自来办。精致平静当然并不意味着寡味无聊,官家会不时营造点小小的惊喜以取悦太后,那无非是些吃喝玩乐的新花样。他让御厨三天两头的制作些新奇的菜点,自己亲自送到慈宁宫来,又亲自伺候太后进膳。宫里的味道吃腻了,偶尔也会宣进市食,尤其是几种汴京风味的小吃。前些时官家又以螃蟹酿橙进献,他用心极细:螃蟹和橙子都是南方美食,太后在北国多年,一直无缘消受。因此这两样东西刚上市,他就让御膳房有形有色地做出一道菜来。那么,这水里爬的和树上结的是如何"酿"在一起的呢?此中大有讲究,略云:

橙用黄熟大者,截顶剜去瓤,留少液。以蟹膏肉实其内,仍以带枝顶覆之。入小甑,用酒、醋、水蒸熟。用醋、盐供食。使人有新酒、菊花、香橙、螃蟹之兴。[12]

如此擘划精当,每个细节都拿捏得恰到好处,真所谓烹小鲜若治大国也。

各式美酒也从四面八方流向慈宁宫。除去御库的蔷薇露、流香,还有滥觞于东京樊楼的眉寿、潘楼的琼液、梁园宅子的美禄,令人想见当初那种醉生梦死的繁华。贵戚勋臣也纷纷以家酒进献,光是那些名称,就足以让你眼花缭乱。吴贵妃娘家的家酒曰蓝桥风月,其温软旖旎,不愧帝妃之家。殿帅杨存中的家酒曰紫金泉,有一股滔滔不绝的富贵气。枢密使张俊进献的是清河郡王府的品牌酒,名称也毫不谦逊:元勋堂,完全是出将入相的风范。[13]

慈宁宫的供奉标准也很快下达了,以红头文件的形式。详列如下:

钱二十万缗,帛二万一千匹,绵二千两,羊千有八十口,酒三十六石。月俸万缗,冬、年、寒食、生辰各二万缗,生辰绢万匹。春、冬、端午各三千匹,冬绵五千两,绫罗各千匹。临安日供斗酒三羊,节序羊十八口。共成此数。[14]

按照绍兴初年银、绢及铜钱的比价,慈宁宫一年的费用超过十万两(匹)。这一算，我不禁笑了，笑得扬眉吐气快意恩仇。笑什么呢？当然是笑金人的脑残无知。你兴师动众地南下，完胜而归，把人家的两个皇帝都捉将去了，最后和人家签了和约，得到的岁贡只有区区二十五万两（匹），只不过比人家供养一个老太婆的费用多一点，这账怎么算？历代的史家在评价"绍兴和议"时，大多以丧权辱国立论，现在看来，应该是南宋"辱国"，金国"丧权"——丧失了作为战胜国的特权。而力主议和的赵构，则是拔一毛而安天下，有为也！

笑过之后，我又不禁犯愁，这么多铜钱，以重量计，每天超过一吨，就供养一个老太太，往哪儿花呢？她吃的、穿的、玩的、用的那些大多是实物供给，其实不用花钱。官家还隔三差五的有零花钱孝敬。成千上万缗的铜钱堆在宫里，时间长了，不仅绳子要朽烂，铜钱也要锈蚀。若是砸在地上听响声，扔在水里看水花，那也用不了这许多呀。都说有钱能使鬼推磨，难道真的让鬼推磨不成？古代把钱称为泉，泉是要流通。我想来想去，实在想不出慈宁宫的那些钱往哪儿流通。

那就不去想吧，看戏淌眼泪，替古人担忧愁，何必呢？

又过了些日子，一路陪送太后的金使要回去了，南宋方面少不得要送一笔厚礼。"常币"之外，还有不少物品，从金银器物到各式玩意，甚至还有女人穿的那种缀满珠子的绣衣和拖鞋以及珍奇宠物——白面猢狲、孔雀、鹦鹉、狮子猫儿。这本来是很正常的事，以小事大，自当恭顺，投其所好，也属常情。何况人家万里迢迢地陪送太后，这笔礼怎么说也不能轻。那么就送吧，这么多年都送过来了，花钱买太平呗。一般人大致都会这样想是吧？但官家却另有一套理论，把送礼上升到国家战略的高度，很有新意。

官家的这套理论也是最近才形成的，这中间有一个过程。且看：

一次，"有司"在准备给金人的礼品时，官家让加进了一批极精巧的金器，他说：这些都是原先宫里的东西，我不喜欢，送给他们算了。"交邻国以息兵养民，朕之志也。"[15]

自己不喜欢也用不着的东西，送给人家却可以换取国家的好处。以无用而取大用，这是他理论的初级阶段。

又一次，他听说金国的皇后很霸悍，皇上反倒没有权，这个女人很喜欢奢侈品，例如"真珠靫靫"之类。官家认为,这些东西我看都不要看,她喜欢,说明她很腐败。因此,"宜令有司悉与,以广其欲。彼侈心一开,则吾事济矣。"[16]

仍然是以无用取大用,但"大用"的意义升级了,那就是和平演变。他们喜欢什么就给他们送什么,让他们腐败。他们腐败了,我们的事业就有希望了。这时候,送礼就具有了进攻性,虽然五兵不用,却已干戈大起,所谓不战而屈人之兵也。

再一次,金国派人来索取白面猢狲及孔雀鹦鹉狮子猫儿之类的玩物,让官家很藐视了一回:"敌使万里远来,所需如此,朕何忧哉?"又说起金国的皇后每天要换一套绣衣,价值数百缗。官家一边让尽快准备这些东西给人家送去,一边得意洋洋地宣告:"其风如此,岂能久耶?自古权归宫壸,未有不亡者也。"[17]

谢天谢地,狗日的大金国就要灭亡了。亡大金国者,南宋王朝的礼品攻势也。他们硬是通过送礼,把人家给"送"死了——虽然那时候还没有糖衣炮弹的说法,但意思是一样的。

大金国完了,大金国休矣,大金国死定了!

老实说,这样的理论虽然很可笑,但我实在笑不出来。我只会想起两句古老的俗语,一句叫又要做婊子,又要立牌坊;一句叫吊死鬼搽粉,死要脸。

如果这一番理论说得通,那么人们有理由怀疑,官家把包括自己的老婆和女儿在内的那么多女人扔在北国不管,是不是为了腐蚀敌人,让他们更腐败呢?而之所以千方百计要把自己的母亲接回来,是不是仅仅因为她年老色衰难胜其任呢?诚如是,他倒有点像是通过向夫差进献西施而实现复国大业的勾践了。

勾践是个大英雄啊!

我知道这样的推论有点刻薄,但我要说,首先是官家的无耻,才让我不得不刻薄的。

※ 梓宫上的 "安全套"

以上那些大喜大庆的描写其实是有些不负责任的,或者说是报喜不报忧的。因为在这诸多仪式中，至少有一项不应该喜气洋洋——和韦氏一起回来的，还有三口棺材，里面装着的一个是太上皇，一个是皇太后，一个是皇后。

对三口棺材的处理，考验着官家的政治智慧。

政治智慧是个什么东西呢？就眼下这件事而言，它至少应该包括这样一些内容：明明有难言之隐，却要做得冠冕堂皇；明明想草草了事，却要做出一丝不苟的样子；明明是这一码事，却要拿那一码说事；明明关注的是事情的实际意义，却在仪式意义上兜圈子。

首先是要不要开棺改殓。

提出这一问题，从表面上看是一个礼法问题，也就是说，当初草草入殓的徽宗等人应该改易相应的衮冕翚衣和棺椁，才符合大殓的规格。但更深层次的原因则是基于对金人的不信任，怀疑他们在尸骨上做假。徽宗死于绍兴五年，当时宋金两国尚处于战争状态。作为被俘虏的太上皇，金人且封他一个侮辱性的称号：昏德公。仅就这封号，他在金国的处境就可以想见。一个生于深宫长于锦绣终日优游于女人和艺术中的风流皇帝，其生命精神本来就相当萎靡，一旦失去了权势的光环，唯有猪狗一样地活着。至于所谓的人格和尊严，那就太不切实际、也太奢侈了。金国凡有大小吉庆，往往会赏赐他一点吃的或穿的。每得赏赐，他都要恭恭敬敬地写一道谢表，用他那漂亮的瘦金体书法表达摇尾乞怜的感激之情。金人竟然把这些谢表编印成册，士大夫人手一本，作为对失败者的一种精神把玩——就像把玩他们的妻妾女子和宫廷器物一样。就这样一个不知羞耻的"昏德公"，就这样一具在敌人的淫威下苟延残喘的行尸走肉，后来死在五国城那种荒凉的地方，金人怎么可能给他置办棺椁呢？按照女真的习俗，肯定是用破毡子一裹就随便埋掉了。现在和议既成，徽宗等人的梓宫得以归葬，无论是对金人傲慢且阴损本性的认识，还是对历史现场的揣情度理，人们都有理由怀疑那棺材里面究竟有没有人，是不是先皇。其实早在四年前第一次绍兴和议时，即有大臣提出了这样的怀疑，认为"倘或梓宫可还，真假未辨"。[18]且建议将梓宫"斫而视之，然后奉安"。

在官家看来，做臣子的"大言邀誉"可以不负责任，但他作为皇上是要负责任的。这就叫屁股决定脑袋，你坐在什么位子上就会怎样思考问题。开棺改殓的要害在于开棺，而开棺则势必承担极大的政治风险，万一——其实不是万一，估计十有四五——棺内尸骨有诈，你将何以处置？向金人追究吗？那就撕破脸皮了，好不容易得来的和议将毁于一旦，弄得不好还会干戈再起，那就无异于祸国殃民了。如果不追究，吃哑巴亏，皇家的面子又往哪儿搁？追究与不追究，或自取其祸或自取其辱，后果都很严重。因此，最好的办法是多一事不如少一事，不开棺，不改殓，就这样囫囵埋掉，大家面子上都好看。

但既然有臣子提出了开棺改殓，朝廷就得有一个说法。梓宫归葬是国之大事，总要做得周全得体，以免招致讥议。

官家有的是办法：廷议，让大家说话。有道是让人说话，天塌不下来。只要你对局面有绝对的掌控能力，就不妨让他们说去。廷议的气氛不仅民主，而且自由。饶舌的大臣们在那里纲常礼法地高谈阔论，有如在话语的盛宴中觥筹交错；官家则在一旁不动声色，气定神闲，有如一个财大气粗的东道主，笃悠悠地攥着钱包随时准备为这场盛宴买单。他其实是在考察下面这些人的忠诚度，看你能不能上体圣意。他相信总会有人说出他想说的话，到时候他再小施"集中"，廷议也就尘埃落定了。

官家的自信没有错，"上体圣意"的人站出来说话了，这个人叫王赏，他提议：

> 梓宫既入境，即承之以椁，命有司预制衮冕翚衣以往，及是纳椁中，不改殓，用安陵故事也。[19]

王赏的身份是太常少卿。太常寺是掌管朝廷祭祀礼仪的部门，由他来说话，具有很强的专业性和权威性。而且他提出的方案又相当靠谱，简直让官家拍案叫绝：在梓宫外面加一个套棺（椁），把帝王大殓时应该穿戴的衮冕翚衣放在里面，由是"不复改殓"。这样做既在礼法上符合帝王的身份，又避免了开棺改殓引起的风险，等于是在梓宫外面加了一只"安全套"。

这只"安全套"好啊！国耻家仇，委地以尽；难言之隐，一"套"了之。

有人说，拍马屁有什么难的？只要脸皮厚就行了。错！拍马屁不光要有"心"，还要有"术"——要有足够的智商和技术含量，能够别出心裁，独辟蹊径。你看这位太常少卿拍得多好，而且他的名字也有意思：王赏，如此心术俱备的马屁精，吾"王"焉能不"赏"？

但王赏的"安全套"还不能算十全十美，因为他回避了一个最重要的问题：金人会不会在梓宫里面做假。这个问题只能由官家来回答。到了这个时候，官家手里居然还有一张很硬的底牌，他的回答不是粗暴地以势压人，而是翻开底牌让证据说话。他抬出了两位具有决定意义的见证人：皇太后韦氏和渊圣皇帝赵桓：

> 徽宗显肃之疾，皇太后躬亲扶侍。及启手足，又与渊圣同办后事。懿节之葬也亦然。今三梓官之来，皇太后与渊圣呼当时躬葬事之役者，待其毕集，然后启攒。其思虑深远如此。[20]

证据链严丝合缝，无懈可击。既然徽宗和郑氏病危时，韦氏一直在身边"躬亲扶侍"；既然徽宗、郑氏和邢氏的后事都是韦氏和赵桓参与操办的；既然梓宫在金国"启攒"（出土）时，韦氏和赵桓又把当时参与下葬的有关人员集中在一起，对坟茔和梓宫确认无疑，那三口棺材怎么可能有假呢？由于这两位见证人的特殊身份，这实际上是一份无法核实也无须核实的证明，更是一份不能不信也不敢不信的证明。谁如果再说三道四，那就是对皇太后和渊圣皇帝大不敬了，因为他们已经"思虑深远如此"，你还会比他们更"如此"吗？

官家的回答既权威又圆满。

这个问题就这样定了吧？好，一致通过。

还有一个问题是关于丧仪和葬礼。

其实上面所议的问题也是丧仪的一部分，但由于关乎开棺改殓，兹体事大，特地先决为要。

徽宗和郑后的丧仪先前已经举行过一次，时在绍兴七年正月，金人通报了赵佶和郑氏已在几年前死去的消息，当时，官家的悲情表演相当出彩，简直可以让行都瓦舍勾栏里所有的艺伎黯然失色。

绍兴十二年·八月

初,官家得知凶讯,便"号恸擗踊,终日不食"。"号恸"是声音,嚎啕大哭;"擗踊"是动作,捶胸顿足。一个无论年龄上还是政治上都相当成熟的男人,当众捶胸顿足地嚎啕大哭,这是不是有点过分了?有道是,女人的哭,多是给别人看的,说明她哭了;男人的哭,却怕被别人看到,说明他伤心了。官家这是典型的女人之哭。女人之哭倒也罢了,还要加上"终日不食"。娘老子死了,哭是必须的。但成天不吃饭,饿坏了龙体咋办?当时的宰相张浚带领着大臣在宫门前"伏地固请"。官家"乃少进粥"。

这是第一幕戏,还算不上很精彩是吧?那就接着往下看。

真的孝子,敢于直面惨淡的讣告,敢于泼洒滂沱的泪水。三天以后,张浚等人"请入奏事"。官家不见,传出话来,说自己由于悲痛过度,仍处于"荒迷中",不能裁决政务。而且也不知祖宗故事,"恐今日之行,便为典礼。"前面说的神志不清显系矫情,后面说顾虑"祖宗故事"倒是实话。因为按照规矩,老皇帝举丧,嗣皇帝在一定时间之内不能御朝听政,官家担心"便为典礼"。"便为"就是太随便、不严肃的意思。张浚等人听出意思来了,便调转话题,说"祖宗故事"确是这样,但我们其实不是来奏事,而是担心皇上"哭踊过哀",做臣子的"不胜忧惧",想来看看皇上。话说到这份上,官家马上又退了回去,说我也很想见见你们呀,但无奈哀迷之中不能自持。再说见了又怎么样呢?我太痛苦了,到时候也只能"恸哭而已"。终于不见。[21]

就这样,官家在大殿内的密室里,臣子在大殿前的丹墀下,内侍在殿陛之间屁颠屁颠地来去传话,共同演绎了一幕装模作样的好戏。双方虚虚实实,进退裕如,相互矫情而又句句真理,相互试探而又心心相印,相互防范而又款款情深。那演技如果用一个字来评价:高;如果用四个字来评价:实在是高。

其实真正的大悲痛是不会这样八面悲风的,除非是为了表演悲痛;真正的大悲痛也不会这样一而再再而三地向别人表白的,除非是为了宣传悲痛。但官家已经认定了一条:把有限的悲痛,投入到无限的作秀表演中去。

但眼泪拭去之后,还是要回归丧仪。眼泪是流给臣子们看的,丧仪却是做给天下人看的。丧仪的一招一式自然都有"祖宗故事"规范着。以权力意志来规范人们的喜怒哀乐,这是专制社会的一大特色。这个人活着的时候并没有带来光明,但他死了却要天下人蒙受晦暗。在那几天里，整个国家都失去了原先的色彩和节奏，有如一部陈旧的黑白影片中的慢镜头，连官家手中的笔也不能例外。平常时候，官家在奏报上的批语都用红笔，故称朱批。丧礼期间，要用黑色代替红色，以示丧哀。在这诸多规矩中，有两条我觉得还比较顺眼：全国禁止一切娱乐活动，时间是官员二十七天，庶民三天；行在七天之内，外地宗室三天之内，禁止嫁娶。我之所以觉得"比较顺眼"，是因为把这两条比照下来，说明结婚不在"娱乐活动"之内，而且丧礼对庶民的要求相对较为宽松。我年轻的时候曾不幸遭遇了一次国丧，当时规定全国停止娱乐活动一个月，对于我等庶民而言，这个时间超过了封建帝王丧仪所规定的"庶民三天"的十倍。我正巧那年国庆节结婚，时间是早就定下来的，事到临头却颇为惶恐，不知道这是不是属于"娱乐活动"。为了表示不忘国丧，婚礼时我和妻子都戴了一道黑纱，这让丈母娘很不高兴，她忿忿地说了一句很不中听的话——当然不是冲着我们的。而且在后来相当长的时间内，她一直耿耿于怀，以至把家中的诸多不顺都归结于婚礼上那道晦气的黑纱。对于一个没有文化的农村妇女来说，这样的思维是很自然的。

绍兴七年的那次丧仪，宋金和议还处于琵琶半抱的阶段，因此，至少在公开场合，朝廷上下还敢于称金国为"贼"，为"虏"，为"不共戴天"的仇敌；也敢于说出"寝苫枕戈"、"问罪致讨"、"一举而空朔庭"、"刷宗庙存亡之耻"这样的狠话。[22]但到了绍兴十二年八月梓宫归葬时，情况就不同了。宋金和议已经告成，官家把王朝安危和身家性命都押在这一纸和议上，真的是搂在怀里怕捂了，举在头顶怕摔了。讨好金人成了时下最大的政治，所有的国耻家仇也理所当然地一笔勾销，剩下的只有人家"大国行仁"的恩典，似乎那几口棺材里的主儿只是去北国旅游度假，因意外事故不幸遇难的。现在人家把灵柩送回来了，上上下下都要化悲痛为感激，丧事当作喜事办。任何纠缠历史旧账或有损两国关系的"敏感词"都将被封杀，甚至被以误国罪追究。

等因奉此，丧仪和葬礼当然是越低调、越简单、越早点了结越好。但皇家葬礼偏偏讲究的是高调、繁复、旷日持久，有些皇帝年纪轻轻的就开始为自己修陵墓，一直到老死还没修好。皇陵工程之浩大，于一个"陵"字可见。这个"陵"字本来指高地，后来由于君王和贵族的坟墓越修越高，亦称之为"陵"。汉代皇陵以封土为陵,"五陵北原上,万古青濛濛。"[23]那是何等浩大的工程。唐代则改为依山为陵。以至汉唐以后,"山陵"亦成了皇帝陵墓的专用词。宋代皇陵虽没有汉唐那样的气魄,但精致富丽却毫不逊色,光是陵前的石雕就相当可观。"东陵狮子西陵象,滹沱河上好石羊。"这是后人品评河南巩县宋陵石雕的说法,认为神宗永裕陵(东陵)的石狮、哲宗永泰陵(西陵)的石象和太宗永熙陵的石羊,在宋陵石雕中最为出彩。很显然,如果按照这样的"祖宗故事"来为徽宗安排葬礼,官家是等不得的。光是像模像样地修一座陵墓,就要等到什么时候?在此期间,几口棺材搁在宫里,难免会成为有些人鼓吹"恢复"的话题。而且以帝王之礼为徽宗大葬,金人听了也不舒服。眼下虽是两国通好,但这种"好"并不是平等的"好",而是人家恩赐给你的"好"。南宋已向金称臣,是金的属国,葬礼规格过高,对金就有"僭越"之嫌。这是必须引以为戒的。但偏偏有些人喜欢唱高调,认为上皇太后蒙尘北国,受尽艰难屈辱。今日迎归,应举行隆重葬礼,以慰先帝在天之灵,表人子忠孝之思和不忘国耻之情。这样的高调不仅漂亮,而且义正辞严,一点也不挤眉弄眼,任何时候都是放之四海而皆准的。

这时候,又一个"上体圣意"的人站出来说话了,这个人叫莫将。注意,是莫将,不是"末"将,因为他可是有相当身份的人——工部尚书。工部是负责工程建设的,专业性毋庸置疑。但他却不讲专业,偏偏以中国传统礼法中的"入土为安"为切入点,认为梓宫久在北国,又长途南返,跋涉劳顿,不得安宁,应当早日安葬。若修建正式陵墓,非短时间可以办到,再旷费时日不能下葬实非臣子之礼,亦违陛下孝亲之情。不如"权攒"为宜,将来收复中原时,便于"奉迁神驾"(灵柩)回巩县祖陵。

这个"权攒"好啊!权者,权宜也。其特点为非永久性浅埋,陵墓设施和丧仪一律从简。一个"权"字,把所有那些义正辞严的漂亮话和放之四海而皆准的高调全部搞定。

中国的礼法很多,与这些礼法有关的格言也很多,任何一种主张都可以找到相关的格言来作为佐证。就以眼下这件事而言,如果你认为梓宫要及早下葬,就捧出"入土为安"来说事;如果你不赞成及早下葬,也可以引用"仇不复则服不除"的说法,也就是说,仇没有报,丧仪就不能算结束,梓宫也就不能入土。反正人嘴两张片,咋说咋有理。官家当然从心底里希望入土为安,只不过在他那里,这个词已变味了。入土为安本来是指逝者之安息,现在却变成了生者的安稳。说得大一点,是安邦定国的"安";说得小一点,是安身立命的"安",但归根结底还是安富尊荣的"安"。

最后当然通过了"权攒"的提案。首先,入土为安,于情,于理,于逝者,于生者,都是最好的选择。其二,据掌管天文历法和占卜的太史报告,今年不利于大葬,那就只能"权攒"了。其三,现在用"权攒",即暗伏了日后归葬巩县祖陵的意思,此所谓"存本后图",不忘山河重光也。

这样的理由何等堂皇!几乎无可辩驳。

虽是"权攒",工程比较简单,但秦桧还是上陵名"永固",官家首肯。这种"实居浅表,蔽以上宫"的"权攒"之法,遂成为后来南宋历代皇帝的埋葬定式。官家是个很现实的人,他说:"前世厚葬引起的祸害,为我亲眼所见。永固陵殉葬物品,决不用金玉珍宝。"既然已经简单了,索性将简单进行到底。

官家的担心果然不是多余的,尽管没有厚葬,但一百四十多年后,这几口棺材还是被人打开了。南宋灭亡以后,元朝统治者任命一个叫杨琏真伽的西域僧人为江南释教总统,也就是宗教局长,此人真应了一句俗语:"不毒不秃,不秃不毒。"他来到江南后,把南宋皇陵逐个掘开,以攫取墓中的金银宝货。当掘开徽宗的陵墓时,发现棺中竟然尸骨全无,只有朽木一段。[24]

徽宗棺材里的这段朽木可以视为对一个王朝的病理诊断。当初,金人当然会想到南宋方面有可能开棺改殓而发现棺内有假,但他们还是极随意地以一段朽木搪塞了事,他们很自信:正因为棺内可能有假,你们才不敢开棺;再说,即使开棺了,发现了,便又怎样?谅你们也不敢怎样!

南宋的官家再加上满朝文武都被金人睥睨的目光看死了、料定了,他们果然"不敢怎样"。

无论一个人还是一个政权,你可以失败,可以倒下,但决不能被对手藐视。一个被对手藐视、让对手认定你"不敢怎样"的王朝,还能指望它有什么作为呢?这个王朝已经太监化了，虽然面白无须声音细嫩，看着养眼听着顺耳，却发不出一声雄性的呐喊。

即使发出来了，也是半跪着的，战战兢兢地有如祈求。

注释：

〔1〕 《武林旧事》卷八《车驾幸学》。

〔2〕 《建炎以来系年要录》卷一四六绍兴十二年八月丁卯。

〔3〕 《建炎以来系年要录》卷一四六绍兴十二年八月壬申。

〔4〕 《建炎以来系年要录》卷一四六绍兴十二年八月甲戌。

〔5〕 《内简尺牍》卷五《与常守陈检讨帖（二）》。

〔6〕 《建炎以来系年要录》卷一四六绍兴十二年八月辛巳。

〔7〕 《说郛》卷一八《坦斋笔衡》。

〔8〕 《建炎以来系年要录》卷一四六绍兴十二年八月壬午。

〔9〕 《建炎以来系年要录》卷一四六绍兴十二年九月壬寅。

〔10〕〔11〕 《武林旧事》卷一《登门肆赦》，《梦粱录》卷五《明禋礼成登厅放赦》。

〔12〕 参见《山家清供》。

〔13〕 《武林旧事》卷六《诸色酒名》。

〔14〕 《建炎以来系年要录》卷一四六绍兴十二年九月戊戌。

〔15〕〔20〕 《建炎以来系年要录》卷一四六绍兴十二年九月癸巳。

〔16〕〔17〕 《建炎以来系年要录》卷一四六绍兴十二年八月己卯。

〔18〕 《三朝北盟会编》卷一九一杨炜上李光书。

〔19〕 《建炎以来系年要录》卷一四六绍兴十二年八月乙丑。

〔21〕 《建炎以来系年要录》卷一〇八绍兴七年正月丁亥、戊子、乙丑、辛卯。

〔22〕 《三朝北盟会编》卷一七七，《宋史》卷四三五《胡寅传》，《历代名臣奏议》卷二三二胡铨奏。

〔23〕 岑参《与高适、薛据同登慈恩寺浮图》。

〔24〕 陶宗仪《南村辍耕录·发宋陵寝》。

公元一一四二年·农历壬戌年

九月

南宋 绍兴十二年

※ 对历史的涂抹

一般人都认为二、八月是一年中最好的季节，其实不是，至少乡下人不这样认为。在乡下，二月已开始进入春荒，饥肠辘辘，杏花春雨能当饭吃吗？八月呢，正值秋收，整天忙得昏天黑地、头毛接到卵毛，谁还有心思去体味良辰美景呢？相比之下，九月才是最好的时光。秋分刚刚过去，从季节意义上说，秋分正当秋天的中点，也是这个季节最华彩的阶段，昼夜均而寒暑平，最是凉爽宜人。接下来就是寒露和霜降，农谚云："寒露到霜降，种麦正当相。"秋播不像秋收那样急，气候又不冷不热，那劳作就真的是一种享受了。秋粮已经进仓，农人觉得很踏实，心里也像丰收的仓库一样满满的。秋播可以从寒露一直忙到小雪，这中间跨越一个半月，一个半月尽可以慢条斯理地赶。"立冬为晚麦，小雪断犁耙。"这是又一条农谚。中国传统的二十四节气是以黄河流域的气候农事为参照的，江南要晚些。例如九月初的这个寒露，在北方，典型的物候是露珠凝重，挂在枯黄的草叶上，瑟缩着秋的眼睛，大自然中的一切都是在撤退的样子：仪态、色彩和精气神，一切都有点萎靡不振。可是在江南，这个时候的外景仍旧说得上鲜活饱满，草木繁茂且不说，那妖娆的花枝也是人们眼熟心熟的。这不光是在乡村里，临安城里也一样，西湖畔的山色花影，一点也不见憔悴。当然，都市人的感受与稼穑无关，他们的乐趣多是为消费潮流推波助澜。在这个九月里，风头最劲的活动是一年一度的新酒"呈祥"。

"呈祥"是新酒上市的启动仪式。为什么叫"呈祥"呢？现代人一定以为寓有开市大吉的意思，这当然不能算错，但肯定不是原始出典。"呈祥"其实就是呈样，本来是个外贸用语。宋代的海外贸易相当活跃，凡外国商船入港，将载运的货物以样品的名义选送当地政府，称为"呈祥"。[1]其中有恭请鉴赏的意思，谦卑中不无自信。新酒上市，各家酒库和酒楼把样酒拿出来展示，大张旗鼓地为自己的品牌宣传造势，也称为"呈祥"。

其实也不光是大张旗鼓，旗鼓不过是个声势，有声势的事不一定就能众心所向。这中间还有风情和艳色，更重要的是，还有酒——在从各家酒楼到教场再从教场到各家酒楼的一路上，人人皆可伸手饶取张口品尝的酒。酒是个好东西啊！一部人类的政治文化史，充满了血腥味，同时也充满了酒味。在中国的文字中，凡是结构中带有酒坛子——"酉"或"酋"——的字，多是与酒有关的。有些字的结构中即使没有酒坛子，却也脱不了干系，例如这个被视为儒家文化命根子的"礼"。"礼"是从另一个带酒坛子的"醴"引申出来的。醴就是米酒，古人讲究"酒以成礼"，祭祀时怎样用醴，盛在什么杯子里，由谁斟酌，由谁敬献，都有严格的规定，这就叫"讲礼"。儒家很讲究这一套礼仪，于是就有了这个"礼"字。[2]但"呈祥"仪式上的酒是不讲"礼"的，什么人都可以喝，这是一场洋溢着商业气息的狂欢。

新酒"呈祥"，来吧！

是日，各家酒库和酒楼都搭起彩楼欢门，又以三丈多长的白布，上书"某某库选到有名高手酒匠，酿造一色上等浓辣无比高酒，呈中第一"，挂在一根长竹竿上，谓之"布牌"，由三五人扶持着往州府教场集中，其后各随大鼓乐队，一路吹吹打打。乐队后面是数担新酒样品，而后又有杂技百戏等游艺队伍，其中最招徕人的当是那些浓妆艳抹地骑在绣鞍宝勒大马上的"库妓"，她们是最早的品牌形象代言人，引得"浮浪闲客，追逐于后"。艺人堂而皇之地进入商品广告行列，应该滥觞于宋代，由此亦可见那个时代的商业之发达以及商业精神向市民文化的渗透。美人和酒，还有什么比这样的结合更煽情的呢？空气中飘荡着荷尔蒙的气息，有声有色而又无拘无束。这种以美女为招牌和噱头的宣传攻势几乎所向披靡。教场里的点呈仪式结束后，各路队伍又重整旗鼓，再度招摇过市。"所经之地，高楼邃阁，绣幕如云，累足胼肩。"[3]看来不是原路返回，而是到繁华闹市去游行。风流少年则沿途劝酒，市民可以随便品尝。这中间，朝廷官营酒店的排场当然更大些，例如分别隶属于当时东、西、南、北四座官库的大和楼、西楼、和乐楼与春风楼，每年的"呈祥"仪式上都要花样翻新，以博取眼球。但像南瓦子附近的熙春楼和中瓦子附近的三元楼这样有实力的私营酒店也不甘充当附骥的角色，他们偶尔也会有令人惊艳的大手笔。商品经济中的平等法则是保护和鼓励竞争的，即使"库妓之铮铮者"，也不是官营酒店的专利，私营酒店有时也可以请到艳帜高悬的形象代言人，只要你肯出足够的钱。

仲秋的阳光下，行都弥漫着浓浓的酒香，街市上的人们一个个面如桃花，举止轻狂，那都是酒的魔力。需要说明的是，现代的白酒都是蒸馏酒，酿造方法元代才从阿拉伯传入。宋代的酒，皆醴酒，度数低，味道甜。我们在《水浒》中经常看到好汉抱怨"口里淡得出鸟来"，大抵不是说没肉吃，就是说没酒喝，要不然就是嫌酒太淡。这种用上好粳米酿成的带着少许酸甜的醴酒，入口时确实有点淡，可后劲很大，江南一带的农家至今还在酿造，称为"老白酒"。新酒上市了，很好！将进酒，杯莫停。这杯中物，可以增豪情，可以壮胆色，亦可以迷本性，那就各取所需吧。

"呈祥"仪式结束后，那些大牌"库妓"们的艳色和风情仍然会被人们津津乐道，连带着对各种品牌名酒的评论，这大概就叫广告效应吧。而在朝廷上，这些日子风头最劲的则是史臣秦熺。

称秦熺为史臣是因为他在秘书省任职。秘书省的工作不是给皇帝当秘书，给皇帝当秘书的是翰林学士，像王安石、司马光、苏轼这样的名臣，都曾担任过翰林学士。宋代的秘书省是个掌管各种官史修撰的机构，用现在的眼光来看，这似乎是个清水衙门，没有多大名堂。但秦桧却不这样看。你想想，秦熺四月刚刚以"调干生"参加殿试，且高中榜眼。以秦桧的权势，把他安排到任何部门都是一句话的事，但他偏偏看中了秘书省，而且此后就一直待在那里没有挪窝。秦桧身为宰相，"监修国史"本来就是他的分内事，现在又把儿子安插到秘书省，足见他对修史的重视。还是那句老话："宁跌在屎上，不跌在纸上。"一旦著之青史，要么流芳百世，要么遗臭万年。秦桧父子恶贯满盈，很害怕自己的劣迹"跌在纸上"，这是他们念兹在兹的一个心结，也是后人解读绍兴年间南宋政坛风云的一把触类旁通的钥匙。

秦熺在秘书省的主要工作就是编修官家登基后的官史——编年体的日历，从建炎元年至绍兴十二年，已修成五百九十卷，可见其相当勤勉，不是个吊儿郎当吃软饭的角色。当代人修当代史，本来就是靠不住的，更何况修史者本身就心怀鬼胎呢？于是在他的笔下，历史就成了一堆堂而皇之的谎言，"凡所记录，莫非其党奸谀谄佞之词。"[4]以一己之私而快意恩仇,这是当代人修当代史的通病。除了这项经常性的工作,最近,秘书省又精心炮制了一份全面篡改历史的纲领性文件——《皇太后回銮本末》。

这份《皇太后回銮本末》,由秦熺领衔起草,提交中央讨论通过。

为什么要炮制这样一份决议呢?客观地说,以太后回銮为标志,南宋的历史已进入了一个和平与发展的新时期,这时候,处于执政地位的利益集团理所当然地要对过往的历史作一次政治上的清理,对所有的是非功过都要板上钉钉地形成结论,让自己的利益稳固化甚至最大化。这种赢者通吃的做法是政治斗争中的惯例。徽宗崇宁年间清算元祐党人,被列为奸党的三百零九人名单先是由徽宗书写刻石文德殿东壁和端礼门,再由蔡京书写颁示全国州县勒石。秦桧是从那个年代走过来的,当时他正值十三四岁,跟着舅父王本在歙州祁门县读书。徽宗书写的文德殿和端礼门党人碑他当然无缘目睹,但王本是知县,蔡京书写的党人碑就立在县衙内,秦桧每天都能看到。蔡京的字写得漂亮啊,有如贵胄公子,丰神俊朗。秦桧从那石碑上欣赏蔡京的书法,也感受着政治的严酷,谁的名字一旦被刻在这里,自己身败名裂不说,还要殃及后人。按规定,奸党的子孙不得应试,皇室不得与之通婚,家属不得来京师百里之内。后面两条倒还罢了,毕竟能与皇室通婚者只是凤毛麟角,京师周围不去也无所谓。但不让子孙应试就要命了,这意味着他们的后代将永远是贱民,真的是永世不得翻身了。

现在出笼的这份《皇太后回銮本末》就相当于当年的元祐党人碑,只不过元祐党人碑只有对政敌的宣判,《本末》却集颂圣与宣判于一体。这份文件洋洋二千六百余言,通篇贯穿着一个中心,即宋金议和,因此,《皇太后回銮本末》实际上也就是《宋金议和本末》。而作为一枚铜钱的两面,其一面是颂扬官家之孝,另一面则是彰显秦桧之忠,犹如花开两朵,互为标榜。客观地说,作为一篇集谎言与诡辩于一体的杰作,《本末》的文本意义不容低估,不仅立意宏远,高屋建瓴,而且丝丝入扣,娓娓动情,颂扬和批判皆游刃有余。如果该文确实出自秦熺之手,看来新科榜眼倒不是浪得浮名。全文以"上,孝悌绝人,前古帝王所不能及"开始,以"知此则可以知吾君之孝"结尾,[5]可谓"孝"始"孝"终。但通览全篇,主要内容却在于吹捧秦桧的"大节孤忠,奇谋远识",其间所叙,大多为建炎四年十月以后发生的事件。以建炎四年十月作为一个时间节点,这是大有深意的,因为就在那个时间节点上,"御史中丞秦桧归自金。"

似乎秦桧的归来是一件开天辟地光芒万丈的事情，就如同霹雳一声震天响，拨开乌云见太阳，南宋的历史从此揭开了新的篇章。

从建炎四年至绍兴十二年，南宋的政坛上翻云覆雨，波诡云谲，对这期间所发生的一系列事件，《本末》都一一作了歪曲性的记述和评论，归结到一点，就是"惟修好通和，实今日之至计"。所谓"至计"，就是基本国策；而"翊赞"官家确立这一基本国策的，就是秦桧。因为此前所有的"用事之臣，费日穷年，未有以为意者"，只有秦桧回来以后，从"曲折为上言之"，到"议和之计决"，再到排除万难，最终才完成这一旷世伟业。这中间，诛杀岳飞为一大事件，不能不大书特书。而前任宰相赵鼎一直被秦桧视为潜在的对手，自然也要大加挞伐。于是从岳飞到赵鼎，再到胡铨、王庶、曾开、李弥逊、方廷实，所有的政敌皆对号入座，一网打尽。谁掌握了话语权，谁就可以任意涂抹历史，一篇《本末》把秦桧捧上了圣坛，也把政敌打下了地狱。但一定要说他们以议和划线，倒也不尽然。赵鼎在位时并不反对议和，相反，让官家祭出"孝"字大旗来为议和拒谏饰非就是他的主意。只是因为他在士大夫中颇有人望，在官家心目中也有一定地位，才为秦桧所忌恨，必欲置之于死地。由此可见，所谓路线正确与否，其实只是一根整人的棍子而已，你和他不对付，他就说你路线错误。在庙堂之上，路线是个纲，纲举目张；而在私下里，路线是个筐，几根裙带，几许恩怨，几份好恶，几钱利益……一古脑儿都可以往里面装。

为了给秦桧罩上"一贯正确"的光环，《本末》中用倒叙的笔法讲述了一件旧事，略云：

> 方靖康之变，金人立张邦昌，咸北面以事异姓。桧独冒白刃不从，抗辞乞存赵氏，临大节而不夺。[6]

这个牛皮吹得很大，而且一直被秦桧作为政治资本而大肆炫耀，因此有必要多说几句。

秦桧确实上过一份《乞存赵氏议状》，这大概没有疑问。时在靖康二年二月，东京城破，北宋灭亡，金人欲立张邦昌为傀儡皇帝，强令百官上书推举，不从，则屠城。这是一幕屠刀下的伪民主,宋廷官员皆贪生怕死,唯金人意旨是从,只有少数人慷慨面争。这中间,秦桧上了一份要求保存赵宋国祚的议状,他也因此被金人拘执军前"惩断",当了金人的囚犯。

这份后来在朝野广为流传的《秦桧乞存赵氏议状》不仅义正辞严,雄论滔滔,而且旁征博引,条分缕析,字里行间透出一股大义凛然、视死如归的气概,着实令人肃然起敬。但肃然起敬之后,又隐隐觉得有点可疑。

我们且回到历史的现场:是年二月十三日,金人令百官军民集至秘书省,随即紧闭大门,四周兵士环立,一个个皆虎视眈眈,杀气腾腾。所谓民主推举就在这种气氛中进行。金人觉得很笃定,走过场的形式而已,自己也懒得参加。在前台上蹿下跳的都是几个与金人合作的汉奸,这种人往往比侵略者更加尽心尽职,也更加心毒手狠。有太学生对张邦昌提出质疑,当即遭到金人任命的京城四壁弹压使范琼的"弹压"。金人任命的另一个代理人——巧得很,他的职务中恰恰就有"代理"二字:代理东京留守王时雍——带头在事先拟好的举状上签名,数百名水性杨花的文武官员亦随后按职位高低,顺序签名。这时候,监察御史马伸挺身而出,提议"共入议状,乞存赵氏"。作为马伸的上级,御史中丞秦桧就洋洋洒洒地写了这份一千八百多字的议状。

我们姑且承认当时还是愤青的秦桧有这样的胆略和节操,但问题是,在那么逼仄的时空背景下,你纵有一腔正气万丈豪情,也不大可能作出一千八百多字的大块文章。就当时的情势而言,不要说深思熟虑,不要说谋篇布局,也不要说引经据典,就是从头到尾把一千八百多字抄一遍,恐怕也来不及。事实上,当时上议状的也不止秦桧一人,但那都是些数百字的短文,开门见山,要言不繁,不是那些人江郎无才,实乃情势使然也。再者,这本来是一篇在金人屠刀下的表态性的文章,你的目的是"乞存赵氏",既然是"乞",就不可能理直气壮义正辞严,你只能顺着金人的思路去阐述问题,挂羊头卖狗肉,似乎"存赵氏"比"举张氏"更符合金国伐宋的宗旨,更有利于金国的长治久安,这是在特殊情境之下的说话技巧。而《议状》却不讲技巧,无所顾忌,旗帜鲜明地为赵宋王朝大唱赞歌,反复强调赵宋王朝自开国以来"功德基业,比隆汉唐",实际上就是指责金人兴不义之师,伐无罪之国。且正告金人:你们即使征服了京师的百姓,却征服不了天下的百姓;即使消灭了京师的赵氏子孙,却消灭不了天下的赵氏子孙。他日起来复仇的，不独赵氏子孙，"中原英雄，亦将报中国之恨也。"你看看，这样的凛然风骨，这样的浩然正气，简直要让文天祥、史可法只能叹一声"余生也晚"了。可揆诸当日之情状，这样的《议状》不仅丝毫无助于问题的解决，而且等于是找死。更何况金人还以屠城相要挟，你不怕死是你自己的事，可京师还有百万生灵哪！

这份后来在朝野广泛流传的《议状》硬伤很多，当时就有不少人提出质疑。有一个叫姚宏的说过："今传秦所上书，与向来者大不同，更易其语，以掠美名，用此诳人。"[7]所谓"更易其语，以掠美名"就有伪造的意思了。姚宏的父亲姚舜明曾与秦桧同在御史台供职，所说当有所自，且接触到了问题的本质。但他没有拿出真凭实据以资证明，所以，《建炎以来系年要录》的作者李心传认为"毁桧太甚"，不予采信。[8]

姚宏当时拿不出证据，但若干年以后，证据自己跑出来了。

大约在蒙古灭金以后，金人的内府档案散失出来，其中便有题为《秦桧状乞立赵氏》的文本。该状全文仅二百五十余字，相当简略，开篇即承认金人伐宋是吊民伐罪的义举，然后便揭发张邦昌参与了"伐燕背盟"的谋划，已失去民心，与其选他为代理人，不如在赵氏中选择不预前日背盟之议者，"俾为藩臣。"这样更符合大金国的核心利益，云云。

从篇幅到语言，这份议状确实有点像了。

这就是说，市面上流传的那份《秦桧乞存赵氏议状》是秦桧后来伪造的，用以欺世盗名。那么，金人内府档案中的这份《秦桧状乞立赵氏》应是出自秦桧之手了？也不是。这份议状的起草者是上文说到的那个监察御史马伸，当时，作为御史中丞的秦桧在同僚的敦促下，在上面签了名。因为他的职务比其他人高，就有了领衔的意思，金人就把他捉将去了。马伸后来死于建炎年间，他死后，有一个叫何兑的学生整理老师的遗著，得《议状》原稿，他认为这可以为老师带来哀荣，便上奏朝廷。不料本子被秦桧的尚书省扣压下来，上奏本的人也被流放到岭南去了。

事情现在应该比较清楚了，秦桧确实在一份"乞存赵氏"的议状上签过名，但也仅仅是签名附议而已，并不是"独冒白刃"，"大节孤忠"。但就这一点而言，靖康年间的那个御史中丞还是有几分正义感的,我们不能用后来的那个汉奸去否定当初的那个愤青。从愤青堕落为臭名昭著的汉奸,这样的人历史上并不少见,离我们最近的那两个,一个是辛亥前夕刺杀清廷摄政王的热血青年汪精卫,一个是"五四"运动中带头火烧赵家楼的北大学子梅思平,这两个人后来都跑到日本人的卵翼下去了。

随着《皇太后回銮本末》被官家认可并诏付史馆,秦桧当年"临大节而不夺"的神话也就成了历史的定论。而以这份决议为蓝本,一场大规模的政治清洗又开始了。本来,朝廷因太后回銮而大赦天下,这时候政治上应该宽松一些的,按照惯例,迁谪的罪臣遇赦都要量移近便州郡,这就有了重新起用的机会。秦桧这个人心机很深,为了不让这种机会落到自己的夙敌头上,便指使爪牙在吏部"检举"之前上章弹劾他们。于是有诏:赵鼎、王庶、曾开、李弥逊等人"更不检举"。说明一下,这里的"检举"乃是推荐任用的意思,不是现代语境中的"检举"。现代语境中的这个词常常与"揭发"连用,会让人们想到"反戈一击"、"大义灭亲"、"落井下石"或"打小报告"之类不大愉快的事。

其实检举不检举对有些人已没有意义了,例如王庶,他在这之前不久已死于贬所,只是秦桧等人还没有得到消息。

※ "福"兮祸所伏

自八月下旬太后回銮以后,行都的各种庆典便红红火火地不曾消停。九月初一的"呈祥"仪式是这热闹的登峰造极,当然也是谢幕的意思,待偃旗息鼓,人去场空,一切又回复到原先的轨道,仔细而用心的小日子中,喜怒哀乐皆平淡如水。可到了初五夜间,御街西侧的右一厢不期然地又"火"了一把。

这把"火"与庆典无关,而是一场殃及千门万户的火灾。

大火烧了整整一夜。这些年,大量北方难民涌入临安,而居所大多是用竹木茅草搭成的经济适用房。这种房子遇了火,那情形就像旷男怨女一点就着,一着就轰轰烈烈缠绵悱恻,而且恨不得天长地久。再加上前些时天气干旱,火情一起就所向披靡,势不可遏。有些人甚至认为临安已成危城,纷纷逃出钱湖门,到西湖上避火。到了下半夜,火势又由居民区逼近太庙,情势愈发危急。[9]右一厢位于和宁门外的繁华商业圈内,商业店铺鳞次栉比,其中著名的有陈妈妈面具铺、尹家文字铺、风药铺、大佛寺疳药铺等。这些"陈妈妈"和"尹家"之类的店铺烧掉也就罢了,但太庙是万万烧不得的。太庙里供奉着赵宋列祖列宗的牌位,靖康之难后,这些牌位也跟着官家恓恓惶惶地一路颠沛,时而扬州,时而温州,时而建康,时而临安。建炎三年金兵奔袭扬州,官家仓促间渡江南逃。在金兵的追逼下,太常寺的亲事官丢失了太祖皇帝的牌位,官家降诏寻访,最后花了重金才找回来。"国之大事,在戎与祀。"太庙是帝王宗祧所在,也是王朝的象征,若毁于大火,那事情就大了,不仅要有一大批官员倒霉,恐怕连官家也要下"罪己诏"的。太庙离大内不远,那一夜宫城里亦惶惶不安,官家连发数道口谕,并登上和宁门的城楼瞭望火情。在官家的严旨切责下,殿帅杨存中亲临现场,指挥御前诸军灭火。军民前赴后继,拼死扑救,最后总算保住了太庙。宗庙神主安然无恙,但右一厢一带的民居已荡然灰烬矣。

  行都这些年火灾频仍,如同一个喜欢作人来疯的顽劣的孩子,越是人多越是起劲。大的火情每年总有四五起,而且动不动就是火烧连营。这般生事作耗,不仅满城百姓谈火色变,有关方面的官员也如履薄冰。绍兴二年腊月初八大火的第二天,辅臣吕颐浩、朱胜非、权邦彦三人就向朝廷"乞赐罢免,以答天戒。"[10]绍兴六年腊月临安大火,延烧一万余家,还死了人。事情发生后,行都流言四起,"人皆以为中兴之始改元'建炎'至此。"[11]把火灾归咎于"建炎"年号,这很有意思。"炎"就是火,"建炎"不就是引火烧身吗?其实当初取这个年号是因为宋属五行中之火德,建炎象征着中兴有望。谁想到,中兴之业未"火",行都殃民之火却愈演愈烈,人意乎?天意乎?

  火灾的善后工作随即展开,对受灾民众的抚恤救济自然刻不容缓,官家又痛定思痛,做出了两条具有长远意义的决定。首先是加快城区"草改瓦"的步伐。这其实是个老话题了,早在绍兴二年腊月大火后,尚书省就提出了这一建议,并经官家同意后出榜晓谕。[12]但由于各种原因,特别是财力的因素,这一法令并没有得到很好的执行。好在这几年边事寝宁,中央财政增长较快,官家让尚书省尽快就"草改瓦"的财政问题拿出具体方案，除去直接给建房户现金补贴外，还可以考虑对建筑材料免征税收以及建房用工折抵徭役等等。第二条是结合旧城改造，把太庙周围一定范围内的原住民全部搬迁，坚壁清野，保卫太庙。

这两条政令，估计后一条执行起来会比较坚决，前一条就难说了。

不愉快的事情往往喜欢结着伴儿来，火灾过后，又发生了一件事，让官家觉得很窝心，也很失面子。

还记得建炎三年从金国逃回来的那个柔福帝姬吗？当然现在应该称她福国长公主了。不管是柔福帝姬还是福国长公主，反正都是有"福"的。她也确实有福，徽宗皇帝一共三十四个女儿，就她一个人逃回来了。逃回来就掉进了鲜花着锦的温柔富贵之乡。这十几年间，光是官家给她的俸禄和赏赐就有四十八万缗，这还不包括在漾沙坑的高档住宅。驸马都尉又称为粉侯，这个"粉"字感觉上有点"娘"，甚至有点吃软饭的味道。一查出典，也差不多。三国时有一个叫何晏的美男子，面如傅粉，娶曹魏公主，赐爵列侯，因此皇帝的女婿便被称为粉侯。到了宋代，又推而广之，粉侯的家人也跟着"粉"起来，其父被称之为粉父，兄弟被称之为粉昆，就是不知道现代的粉丝是不是从那里来的。皇帝的女儿不愁嫁，不管她自己长得怎样，嫁个女婿一定要"粉"。南宋理宗年间，还发生过皇帝悔婚的事，理宗原答应将公主嫁给新科状元周震炎，但公主嫌状元公相貌不佳，皇帝只好为她重新择婿，选了慈明太后的侄孙杨镇。宋代的驸马都尉不担任什么实质性的职务，他的任务就是吃软饭，尽心尽意地陪着公主，在天潢贵胄的光环下慢慢变老。柔福是金枝玉叶，脾气固然大些；她又从金国回来，那几年吃了不少苦，便仿佛谁都欠着她的，越发地骄横暴戾，不仅经常笞挞下人，还杀戮侍婢。杀了也就杀了，在府里挖个坑埋掉了事。她是长公主，当今皇上的妹妹，这些都算不上事情。每逢过年过节，官家就让她到宫里住几天。在宫里，兄妹俩会不会谈及那些年在北国的遭遇和家人呢？不知道，估计即使谈及也不会很多的，因为那毕竟是些伤心的事，不堪回首亦不堪想象，还是说些让人愉快的吧。例如，官家私下里都叫她的小名"多富"，柔福也称官家为"九哥"。柔福本来有两个小名，一为瑗瑗，一为多富，按理说，叫瑗瑗应该更顺口些。官家叫她多富可能隐含着某种暗示，或者说是某种承诺：有"九哥"在，阿妹你不想"多富"也难。

柔福十七岁被俘北去，十九岁辗转归来，到了绍兴十二年，转眼间三十二岁了。

太后回銮，柔福作为皇室至亲，自然要参与奉迎盛典，此后所谓的承颜问膳也是少不了的。但接下来的情节就不大妙了。

和女人过不去的还是女人，太后让身边一同回归的宫人杨氏出面检举，说这个柔福是假的。用宫中旧人的话说，是个"颜子"。当年东京有一处叫颜家巷的地方，假货泛滥，故东京人皆称假货为"颜子"。一个堂堂的帝姬，一个圣眷正隆、在漾沙坑的高档住宅区安富尊荣十三载、并经常在皇家的后宫招摇过市的长公主竟然是个"颜子"，这笑话就闹大了。

据杨氏说，柔福被掳北去后，最初在洗衣院为奴，绍兴五年二月被迁往五国城居住。经过这些年的磨难，帝姬虽然花容消蚀，却也习惯了风鬟雨鬓。在五国城，她结识了一个叫徐还的青年，两人结为夫妻，在苦难中相濡以沫，耕种自给。不幸去年帝姬突然得病，香消玉殒，时年三十一岁。这些情况韦太后都很清楚，帝姬病重垂危时，太后也曾亲眼见过。也就是说，那个封号为柔福的徽宗皇帝的第十二个女儿，在北方早已坟草披离，现在怎么会又冒出来一个柔福帝姬呢？

官家雷霆震怒，当即下诏，让大理寺卿周三畏、殿中侍御史江邈审讯福国长公主。这个周三畏，就是当初审理过岳飞大案的，《说岳全传》中说岳飞被害后，他出于对当局的义愤，私出涌金门挂冠而去，看来是抬举他了。

其实这种"颜子"帝姬和皇子的闹剧，先前已演过几出。柔福回归后，官家对她的优渥广传于民间，那种一步登天的荣华富贵让不少人眼馋心热，也刺激了他们"要么精彩地活着，要么就去死"的冒险欲望。就在柔福归来的第二年，有一个男子自称徐王赵棣，刚从北方逃回。赵棣在徽宗的三十一个儿子中排行十三，与钦宗一同北掳。但这个自称的十三皇子非但相貌不合，对宫廷生活一问三不知，而且连东京官话都不会说，竟是一口花椒味的巴蜀土话，这种技术含量的假货自然很快就露出了马脚。原来这厮叫李勃，四川万州人，他认识一个叫杨公瑾的人。杨某曾在宫廷当过内侍，自称伺候过徐王赵棣，李勃在杨某那里约略听了些赵棣的一鳞半爪，便急吼吼地跑来冒名顶替，也急吼吼地搭上了性命。中国人在潜意识里没有一个不想当皇帝的，当不成皇帝当个皇子公主也好。事隔不久，又有人跑来自称荣德帝姬。荣德在徽宗三十四个女儿中排行第二，嫁于左卫将军曹晟，北掳时丈夫已死，后来改嫁金国习古国王。这位假荣德原本是商人之妻，小日子倒也过得下去，但她偏要羡慕皇家的虚荣，仅凭道听途说的一点荣德帝姬的身世，也想来碰运气，结果被杖死大理寺。说到底，这些闹剧的总导演还是那个风流成性的徽宗皇帝，都怪他荷尔蒙太过旺盛，繁殖能力太强了，才四十来岁就弄出了六十多个儿女。再加上宫廷生活的深帷重幕，兄弟姊妹之间很多人都不认识，在遭逢乱世时才弄出了这样千奇百怪的糗事。

平心而论，柔福的案件如果不是韦太后指使杨氏首告，审理的过程不会很顺利，因为这会牵涉到一些人的功过得失。所谓翻案不得人心，这里的"人"主要是当初定案的人。有些旧案的重新审理之所以举步维艰，并不在于案情本身有多么复杂，而在于触动了一些人的官场利益。有些甚至连利益也说不上，只是一点面子而已。但对于这些人来说，为了维护自己的一点面子，是宁可置当事人的生死于不顾的。在一个人治的国度，类似于"这些人"的情况几乎比比皆是。当初负责辨认柔福的是内侍领班冯益，这种人虽然官阶不高，只有正六品，但由于是皇帝的家奴，很容易得到皇帝的信任。冯益可不是一般的家奴，官家在康王府时，他就开始跟班了，属于所谓的"潜邸旧人"，官家对他一直很倚重。而且他和吴贵妃还是姻亲，吴氏今年四月刚刚超升贵妃，册立皇后也是迟早的事，这种种的盘根错节，人们都看在眼里。当初冯益指认柔福为真，现在有人说是假的，他即使不对审理指手画脚，负责审理的人也会瞻前顾后的。但这次不同了，告发柔福的实际上是韦太后，这就居高临下，势如破竹了，太后说是假的，谁还敢审出一个真的来？

事情很快就搞清楚了，这个冒称柔福的女人原是东京乾明寺的小尼姑，名叫李善静，靖康之变时被金人掳入军中，认识了宫娥张喜儿。同是天涯沦落人，又兼李善静能说会道，长于交际，两人很快就好得亲姊妹似的。张喜儿在宫中有些见闻，说李长得很像柔福帝姬，并说了不少柔福的生活琐事及宫廷规矩，李善静都听在耳里，记在心里。后来她逃离金营，到处宣扬自己是柔福帝姬。南宋管理宫廷事务的大宗正仲㤗听说柔福帝姬逃归，便将其迎入府中，但当时兵荒马乱，一时无法与官家联系。不久仲㤗死去，李善静被乱军刘忠掳去。当初东京被围时，朝廷诏令四方勤王。金人北去后，那些奉诏勤王的军队有不少都成了乱军流寇。建炎三年刘忠又进犯蕲州，被宋将韩世清所破，李善静辗转落入宋军。她照例宣称自己是柔福帝姬，小名瑗瑗，母亲是小王婕妤，和郓王赵楷、莘王赵植、陈王赵机同母。韩世清不敢怠慢，与蕲州守臣甄采身穿朝服，隔帘询问。李善静口若悬河，无懈可击，还不时抖落一点宫中的八卦旧闻，说得有枝有叶，不由韩世清不信，当即决定送往朝廷发落。这才有了官家派内侍冯益和宗妇吴心儿去越州查验的情节。

李善静最后被控四宗罪，分别是：诈骗钱物计四十七万九千余缗，判流放三千里；骗取福国长公主爵位，判流放二千里；节日期间入后廷起居，是为擅闯宫禁，判死刑。称官家为"九哥"，无人臣之礼，大不敬，罪大恶极。[13]这就有点让人看不懂了，例如，节日期间入后宫起居，是官家叫她去的，怎么能叫"擅闯"呢？况且还是死罪。而最该追究的一宗大罪——杀戮侍婢——反倒被遗漏了。那么，最后的死刑判决一定是数罪并罚了？也不对。因为太后回銮，刚刚大赦天下，前三宗罪都是可赦之罪，只有"大不敬"属于十恶大罪，至死不赦。这样的判决，估计李善静自己也会觉得啼笑皆非，她蒙骗了那么多官员，诈骗了那么多财物，还杀了几个人，这些都不算什么事，揩得掉撸得掉。可叫了几声"九哥"就十恶不赦，死有余辜了。其实她应该知道的，在一个家天下的体制里，皇帝的脸色就是至高无上的法律文书，不仅要不要你死出自圣躬，而且要你顶着什么罪名去死也由他说了算。中国历史上有一种免死金牌，也称为丹书铁券，是由皇帝赐给功臣的。但真正到了皇帝想杀你的时候，那玩意其实一点用场也没有，因为皇帝是规则的制定者，也理所当然地拥有规则的最终解释权。在所有的游戏中，你永远玩不过制定规则的那个人，所谓"若犯死罪，免尔本身一次"不过是屁话，只一条"谋逆不宥"就足以让你死上十回。

九月二十五日，李善静杖毙大理寺。驸马高世荣的软饭也吃到头了，他的常德军承宣使被一并追夺，漾沙坑的高档住宅自然住不成了。但其父高公桧原是朝廷的中高级官员（武经大夫达州刺史合门宣赞舍人），他又以荫资入补为承信郎，虽然只有区区九品，但好歹是个公务员。[14]说到底，还是"官二代"好啊。

关于柔福帝姬的故事，黄仁宇先生有小说《汴京残梦》，但未涉及柔福北去以后的遭遇，殊为可惜。柔福身上最有"戏"的就是后来真假帝姬的情节，舍此而外，柔福和荣德、茂德之类的姊妹有什么区别呢？但《汴京残梦》仍然值得一读，其中关于北宋的礼仪制度及社会风情的描写令我叹服。

李善静死了，很好！虽说不上大快人心却也是罪有应得。但那个被打成了一摊烂肉的女人真的叫李善静而不是赵瑗瑗或赵多富吗？数百年来，笼罩在这桩公案上的疑云始终挥之不去。

有一种说法是，韦氏北去后，与赵构的几个妻子以及柔福等人一同被送入洗衣院，沦为金人的性奴。三年以后，金太宗下令将"宫奴赵构母韦氏、妻邢氏、姜氏凡十九人，并抬为良家子。"[15]也就是允许这些为妓者从良的意思。从洗衣院出来后，韦氏嫁给金国盖天大王完颜宗贤为妾，且生有二子。这些情节，野史《靖康稗史笺证》、《窃愤录》、《窃愤续录》等均有记载。韦氏南归后，为了掩盖这段秽史，便指认柔福帝姬为假冒，以杀人灭口。因此，清人袁枚在《随园随笔》中认为："柔福实为公主，韦太后恶其言在虏事，故诛之。"

既然是"恶其言在虏事"，那就说明韦氏不光是防患于未然，而是柔福已经说了些什么，而且让韦氏知道了。这就是柔福的不是了，这种事能随便说的吗？祸从口出啊。

杖毙"李善静"是为了杀鸡吓猴，但总有些猴子不长记性，跳出来以身试法。于是自此以后，凡是了解韦氏底细的人大都没有好果子吃。例如，身陷金国十五载的洪皓——《容斋笔记》的作者洪迈之父——归国后，被官家称赞为"忠贯日月，志不忘君，虽苏武不能过"的忠烈之臣，不久却因为"造为不根之言，簧鼓众听"而获罪，被流放海南。洪皓的"不根之言"究竟是些什么内容，无可奉告，你自己去想吧。

宋宫女眷被俘后的遭遇是可以想见的，《燕人麈》中关于"十人九娼，名节既丧，身命亦亡"的记载应该不是夸张，这不是女人们的过错，而是一个民族的耻辱。韦氏在金国十六载，不可能冰操独守。这本来应当令人同情，但对于皇室却是不能承受之重。为了掩饰这一丑闻，官家便在韦氏的年龄上做文章，将其虚增十岁。从绍兴十年开始，每逢韦氏的生日，宫中"皆遥行贺礼"，[16]并将典礼载入史册。这样做的目的除了宣扬官家的孝道，更在于让韦氏更改后的年龄堂而皇之地进入宫廷档案，并以此证明，太后北去时已经四十八岁，早已失去了女性魅力和生育能力，所谓在北国改嫁、生子的传闻不过是金人编造的"秽书"而已，不足为信。但关于韦氏被俘时的年龄，金国的档案中是有记载的，《开封府状》中写得明明白白，当时"乔贵妃四十二岁……

韦贤妃三十八岁"。而《宋史·韦贤妃传》却称："（绍兴）二十九年，太后寿登八十……崩于慈宁宫，谥曰显仁。"照此推算，韦氏生于元丰三年，靖康二年北去时已经四十八岁。一边说是三十八岁，一边说是四十八岁，究竟谁更靠谱呢？作为北宋亡国的见证，《开封府状》是当时金元帅府与开封府之间的公文来往，具有政治案牍性质，它所记载的内容也可以在其他史料中得到验证。而《宋史》则是南宋灭亡以后，元朝的史官根据前朝的史馆文件修撰的。很显然，南宋史馆中有关韦氏年龄的记载，已经被赵构做了手脚。在这一点上，作为原始材料的《开封府状》应当更为可信。

为了彻底杜绝关于韦氏的"不根之言"，官家又下诏"禁私作野史，许人告"。[17]在全国范围内开展大规模的查禁野史运动，实行严格的出版检查，规定私人刊印书籍必须先缴纳副本，送国子监"看详"，并且鼓励官员相互举报。这一招很厉害。一时间，宵小之徒跃跃欲试，文人士大夫人人自危，中国历史上臭名昭著的文字狱在南宋绍兴年间呈现出一个小小的高潮，而宋代前期自由而繁荣的出版业亦由此万马齐喑。正是在这样的高压背景下，史学家司马光的曾孙司马伋上书表白，说《涑水记闻》是伪书，请求"降旨禁绝"。官家明明知道，司马光的《涑水记闻》记的是北宋史事，与时政并无干系，但为了鼓励文化人自宫，他还是下诏将该书的刻板"尽行毁弃"，并给司马伋"特迁一官"。[18]

为了个人的名声和颜面，独裁者是可以不惜胡作非为的。一人得道，鸡犬不宁，这样的事我们见得还少吗？

注释：

〔1〕　《广东通志》卷二三八。
〔2〕　参见流沙河《白鱼解字》。
〔3〕　《武林旧事》卷三，《梦梁录》卷二。
〔4〕　《鄂国金佗稡编》卷二十《吁天辨诬通叙》。
〔5〕〔6〕　《建炎以来系年要录》卷一四六绍兴十二年八月己丑。
〔7〕　《挥麈后录》卷一一《秦会之以姚宏不签名卒以祈雨死大理狱中》。
〔8〕　《建炎以来系年要录》卷二建炎二年二月癸酉条注。
〔9〕　《文献通考》卷二九八《物异四》。
〔10〕　《宋会要辑稿》瑞异二之三五。
〔11〕　袁褧《枫窗小牍》卷下。
〔12〕　《宋会要辑稿》刑法二之一一〇。
〔13〕　《建炎以来朝野杂记》卷一甲集《伪亲王公主》。
〔14〕　《建炎以来系年要录》卷一四六绍兴十二年九月甲寅。
〔15〕　《靖康稗史笺证·呻吟语》。
〔16〕　《宋史·韦贤妃传》。
〔17〕　《宋史·秦桧传》。
〔18〕　参见邓广铭《略论有关涑水记闻的几个问题》。

公元一一四二年·农历壬戌年

十月

南宋 绍兴十二年

※ 葬事

落叶是深秋最后的仪仗，如同主子一旦失势，寄生于斯的大小政客们纷纷作鸟兽散一样。霜降过后，四处落叶飘零，天地间一片飒飒的萧杀之声。季节步履蹒跚地走向冬天，山坡上的草木披上了素妆，乡野间寂寞了秋虫的鸣叫。日子变得寡淡庸常，一天过去了，落日静静地沉没，远方的天际线疏朗而惨淡。

农历十月初一，是宫中的开炉节。

开炉作甚？当然是生火取暖，从这一天开始，有司开始向皇宫和各家宗室进炭，这些地方的炉火要一直烧到来年二月初一，整整四个月。但对于不知生计为何物的天潢贵胄们来说，只供炉炭有时还不够，南宋周煇《清波杂志》中有一段有趣的记载："宣和间，宗室围炉次索炭，既至，呵斥左右云：'炭色红，今黑，非是！'盖常供熟火也。"往常下人总是把炭火烧红了送上来，现在看到黑色的木炭，他们就不认账了。这样的段子让人想到同样是宣和年间的一则笑话，蔡京有一次吃饭时问他的孙子，煮饭的米是从哪里来的，几个孙子皆茫然无语，独一人施施然稳操胜算的样子，他的回答是出自席包。你说，就这样的时代，这样的王朝，这样的权贵，除去亡国还能有什么更好的命运呢？

对于钱塘江畔的临安来说，农历的十月初可能还不那么冷，但开炉节是从东京带过来的规矩，还是要一切如仪。这一天，更有实际意义的仪式是"授衣"，有司向官家进夹罗御服，臣僚也开始穿夹棉的朝服。《诗经·七月》云："七月流火，九月授衣。"指九月当备制冬衣，那是对北方而言。在江南一带，十月授衣适逢其时。不仅活着的人要准备冬衣，还要给长眠地下的亲人送寒衣，那些寒衣都要送到墓前烧化。那天晚上，旷野里到处可见烧化纸衣的火光，传递着跨越阴阳两界的温暖。如果是新坟，未亡人说不定还要在坟前哭诉一番。大多数的死者由于年代久远，后人已不复悲戚，但那些火光中即使没有哀思，也有缘于血统的绵绵亲情。在一个宗法社会里，这是关于生殖和孝道最直观的教化。

皇家也有逝去的亲人，按理这一天也要遣使去皇陵授衣。但赵宋的皇陵在河南，眼下已是人家的地界。就像一个败家子卖掉了带有祖坟的田产，连上坟祭祖也要看人家的脸色。在南方，算得上皇家陵墓的也有一座，那是前些年逝去的孟太后，葬在越州上皇村。孟太后是哲宗的皇后，这个女人由于缺少女人味而得不到老公的宠爱，注定了她一生命途多舛。但奇怪的是，每次男人们在前台大施拳脚时，都要把她从后宫里拉出来陪绑。她的命运沉浮几乎印证了宋王朝将近半个世纪的政治风云，其间她两次被废，又两次恢复，甚至还有过两次短暂的垂帘听政。靖康之难时，她因为被废黜而不在皇室谱牒之内，幸运地逃过了一劫。此后，作为唯一留在南方的最高礼法象征，官家对她极为尊重，死后谥"昭慈圣献皇后"。就这样一座孤零零的孟太后陵，皇室给她授衣也用不着兴师动众。

但孟太后不会孤单太久了，因为和她做伴的就要来了。

十月初七，徽宗、郑太后、皇后邢氏的梓宫亦下葬于越州上皇村。

关于这几口棺材的安葬问题，前面已经说了不少。官家的意思是不要太张扬，尽可能地低调行事。但老皇帝的葬礼，再低调也要照规矩办。首先是组织领导的规格，一个人的价值和分量，活着的时候体现在他坐在什么位子上，死去以后则体现在治丧机构的规格上。上月初六，孟太后的侄子孟忠厚被提升为枢密使，第二天又任命他兼任"攒宫总护使"，全权负责营建陵寝及安葬事宜。在这看似简单的人事任命中，其实隐藏着秦桧极诡秘的心机，因为按照旧例，这个"攒宫总护使"应由宰相亲莅其事，以显示规格之高。但秦桧这个老滑头不愿去，这中间有几层原因。首先是宰相作山陵使，事毕，应辞去相位。相位是秦桧的命根子，他怎么肯辞去呢？哪怕只是先辞位做做样子，过一段时间再起复也不行。于是他就把老实人孟忠厚提到枢密使的高位（宋朝官制，以宰相与枢密使共同负责军国要政，实则以宰相主政，枢密使主兵），让他去伺候死人，虚应故事。其二，山陵使其实是要承担风险的，一旦皇陵出了质量问题，就是大不敬，主事者轻则丢官，重则杀头。秦桧何等精明，君子远"刨锄"，他坚决不去修坟。孟忠厚既是皇亲国戚，又是朝廷高官，一手托两家，让他去。

这种事情，历史上是有过教训的。

真宗朝后期，皇帝热衷于神鬼之事，宰相丁谓弄权，他与宦官雷允恭内外勾结，互为援手，把朝廷搞得乌烟瘴气。当时有民谣说："欲得天下宁，当拔眼中钉。"[1]副宰相王曾有心拔掉这个眼中"钉"，却抓不到什么把柄，只能等待机会。这一等就等到真宗去世，机会果然来了。真宗死后，垂帘听政的刘太后——这个刘太后就是传统戏曲《狸猫换太子》中那个迫害仁宗生母李妃的反派角色，但那是戏剧舞台上的脸谱，与人物原型相去甚远——任命宰相丁谓为营造皇陵总负责人，雷允恭为皇陵都监（工程具体负责人）。丁、雷毕竟是小人；小人得志，就忘乎所以、不谦虚谨慎了，只觉得这是皇家的信任，没想到其中有风险在焉。在皇陵选址时，雷允恭自说自话，独断独行，结果墓穴才挖下去几尺深，就有水涌了出来。依照风水的说法，葬地受水，是很凶的事，不仅梓宫不稳，而且要冲散子孙后世的福泽。有人将此事报告朝廷，丁谓却对雷允恭百般庇护。于是刘太后命副宰相王曾前往陵地调查。王曾逮到了这个机会，岂肯息事宁人？皇陵出了问题，有基本事实在那里明摆着，再稍微给他上上纲，所谓"私移皇堂于绝地，包藏祸心，罪大恶极"的结论就出来了，简直不费吹灰之力。刘太后大怒，又派人查出丁、雷勾结的诸多劣迹。于是雷允恭赐死，丁谓流放海南崖州。王曾利用修陵这件事，除去了两个当权的坏人，后世史家称赞他"一网而得二奸"，且不着痕迹，手段相当巧妙。[2]

有意思的是，那次事情发生于北宋乾兴元年，岁在壬戌，距今整整两个甲子一百二十年。今年又是壬戌年，而且又逢上了为老皇帝修陵，但秦桧不是丁谓，他不会再去以身蹈险了。

从九月七日孟忠厚担任"攒宫总护使"到十月七日三口梓宫入土，前后只有一个月时间，可见工程相当简单。历代的皇陵工程，经年累月是很平常的事。像秦始皇的骊山陵修了三十七年，汉武帝的茂陵更是长达五十二年，到他下葬时，当初栽下的树木已经可以合抱了。徽宗等人的陵墓之简朴，从一应费用也可以看出来，包括建造陵寝、神殿及陵区征地，一共只花了三千八百多缗，相当于一千六百两银子。一个中等富豪的墓葬也要花这点钱的吧？对于帝王来说，就有点寒碜了。其实官家心里很清楚，那棺材里有没有死人还未可知；即使有，是谁家的先人也难说，花许多冤枉钱厚葬有什么意思呢？但既然是皇陵，总还是要些门面的，于是又相应安排每年的祭祀和修缮费用一万三千四百缗，这笔钱先由越州府支出，然后在越州府每年上交中央财政的份额中冲销。[3]

葬事既了，官家如释重负。梓宫在北国，自己会背负不孝的名声；前些日子梓宫搁在大内临时搭建的龙德别宫，自己又梦寐不宁，似乎总被死鬼的眼睛盯着。现在终于入土为安，一了百了。他甚至等不及那几口棺材入土，在十月初六就急吼吼地宣布："天下幸已无事，中外臣民自今月丙寅后并许用乐。"[4]

"今月丙寅"就是第二天，十月初七，梓宫落葬的日子。也就是说，棺材一入土，全国就可以用乐，这就有点迫不及待了。也难怪，自绍兴七年得到徽宗的死讯以后，宫中一直辍乐，这一辍就是五年。这五年间，活人一直被死人压着，活得很不开心。现在终于把那几口棺材打发了，可以开禁了。

而且更重要的是，本月二十五日是皇太后的生日，也就是圣节。今年的这个圣节恰逢皇太后回銮不久，可谓喜上加喜，肯定要大庆特庆的。宫中用乐早一点开禁，可以提前营造圣节的喜庆气氛。因此，李心传在《建炎以来系年要录》中写到这里时，特地点了一下：

> 至是太母还宫，将讲上寿之礼，故举行焉。[5]

好一个承前启后的"至是"，那语气中大有阴霾尽去，一朝开颜，从此走进新时代的解放感。

与此同时，一系列的推恩活动也开始为圣节暖场。先是皇太后的曾祖、祖父和父亲均追赠太师衔，封王爵，母亲封陈鲁国夫人。再联系到不久前对皇太后的兄弟和侄辈的封赏，韦氏一门真的说得上是鸡犬升天了。而作为梓宫归葬的最后一道程序，则是相关人员的表彰，于是有"李愕等四十四人推恩有差，以扶护梓宫万里勤瘁故也"。[6]

前军界要人刘光世已赋闲多年，他的一个儿子和两个孙子也得到了奖掖，他们并非"扶护梓宫"的有功人员，而是另有"勤瘁"。刘光世致仕以后，一直在永嘉养老，他远离行都的喧嚣，像一只鼹鼠一样悄悄地消受着平生聚敛的财富。皇太后回銮后，他已病入膏肓,以他的情况,只要上一道贺表就可以了。但此人在战场上胆小如鼠,在官场上却奋不顾身。他看准了这是一次难得的拍马屁的机会,便拼着老命"自永嘉力疾入见"。[7]官家见他病成那种样子,连叩头都要儿子像搬弄面口袋似的帮忙,想必心有所感,便顺手赏了他儿孙几顶官帽。

一个月后,刘光世死于临安,他算是死得其所了。

还有一个孟忠厚,尽心尽职地辛苦了一个月,这下可以回枢密院供职了。但不行,因为他这个枢密使只是秦桧李代桃僵的道具。按理说,孟忠厚与秦桧是连襟,应该会得到关照的。但孟忠厚人如其名,对秦桧不卑不亢,从来不去攀附,秦桧也把他一直视为异己。现在葬事既了,岂能让他白捡一个枢密使?便指使言官引故事论列,所谓"故事"就是以往的例行做法,皇陵完工后,工程负责人要辞去原先的官职。于是,孟忠厚在枢密院屁股还没坐热,就被赶到福州去了。

※ 圣节

一年中最重要的节庆,除去元旦和冬至,还有圣节。元旦是一个完整时间序列中的第一天,即所谓的一元复始;冬至则标志着白昼渐长,在天地阴阳二气中,阳气开始上行,因此,这两个节日都体现了神的意志。相对于"神"而言,"圣"略次之,圣节是皇帝和皇后的生日,亦包括太上皇和皇太后。封建王朝的统治理念是天人合一,君权神授,如果说神是掌握一切的董事长,圣就是替天行道的总经理。但这个总经理一点也不客气,圣节的重要性和隆重程度居然与元旦、冬至等同,也是普天同庆。把自己的生日作为整个国家和全体民众的节日,这是"家天下"思想合乎情理的体现,家长过生日,能不阖家庆贺吗?

这中间,皇太后的生日具有特殊意义。作为皇帝的母亲,皇太后是普天之下唯一比皇帝还要尊贵的人,这当然是在没有太上皇的时候。皇帝虽贵,但终为人子,他那不对任何人弯曲的膝盖——有时甚至在神灵面前也不跪拜,赵宋立国不久,太祖皇帝视察大相国寺,在佛像前问陪同的和尚应否跪拜,和尚很得体地回答:"现在佛不拜过去佛。"太祖会心一笑,遂不拜——在自己的老娘面前是要下跪的。中国历来的传统是子以母贵,母以子荣,因此典制规定地方各级官员的母亲出行,可以用其子所能享受的一切仪仗,但其父则不行。这样的规定虽然有点看不懂,但我们至少可以从哺乳动物所共有的恋母情结中找到渊源。

皇太后韦氏的圣节是十月二十五日。但十月二十五日只是高潮,作为前戏的筹备工作其实早就开始了。

首先是"衙前乐"的组织和排练。

作为圣节期间的文艺演出队伍,"衙前乐"是个新名词。所谓"衙前"至少包含两层意思:一、是"衙前"而不是后庭,说明这些艺人不是朝廷或官府固定包养的。二、既然就在"衙前",说明是可以随时呼唤招之即来的。很显然,这和北宋时的举国体制不同,北宋的时候,朝廷设有教坊,那是由国家出钱供养的专业文艺团体,专门为朝廷的礼仪活动和宫廷宴会服务。徽宗皇帝本人就精通音律,又好大喜功,因此教坊的队伍相当庞大。在从崇宁到宣和的那些年里,到处是盛世欢歌和升平乐舞。当时有一种理论,说国家钱太多了,国库里堆积的财货有如汉朝的西园库和唐朝的琼林库,这两个库都是把财货囤在里面不开销,时间长了都烂掉了,所以白居易在诗中写道:"进入琼林库,岁久化为尘。"[8]怎样才能不让财货"化为尘"呢?那就赶紧花呀,挥霍呀。钱只有在使用时才具有价值,藏在家里只是一个数字。这种话当然是有钱人说的,宋王朝当时就相当有钱。于是除了给官员加薪和兴建各种形象工程,就是公款吃喝。有意思的是,那些因为太富了才不得不举行的宴会,恰恰要用一些带"穷"字的词语才能形容,例如:穷奢极欲,穷吃海喝,穷形尽相,甚至穷凶极恶。每一次宴会都像是最后的晚餐,都像是今天吃过了明天就要去死的样子。那么就吃吧,人类的进步很大程度上就是吃出来的,火的使用,弓箭的发明,种植和狩猎等等,都离不开吃。在宋代的文明成果中,除去活字印刷而外,就是宋词以及河豚的吃法,后两项都与宴会有关。吃喝风起来了,助兴的歌舞亦随之风起云涌,各种晚会都以奢华的名义互相比拼。对于艺人们来说,那是一段阳光灿烂的幸福时光,只要你歌唱得好,舞跳得好,或俏皮话说得好,琴弹得好,就可以混一个待诏或祗候之类的高级职称,那都是体制内的勾当，虽没有多大权势，却可以享受相当一级官员的俸禄。那时候体制内的艺人还不兴出场费，但每次演出的赏赐就已经让他们盆满钵满了。所以有点名气的艺人，收入远高于翰林院那些学富五车的文人官僚。有些歌者和舞者还借助于文人的词章而留名青史或艳史，例如赵青青、李师师、谢媚卿。但天下没有不散的宴席，不管排场如何盛大。渔阳鼙鼓动地来，金人骁勇的铁蹄为这出盛世豪宴画上了最后一道休止符，歌舞的看客和表演者都当了金人的俘虏，教坊成了一个奢华时代最后的绝响，如同京师景龙门内那美轮美奂的艮岳一样。南渡以后，局势动荡加上财政吃紧，教坊从此裁撤。朝廷每有典礼需要用乐时，就让民间的艺人和妓女们临时客串，也就是花钱买服务，省去了一大笔养人的开支。这种市场化操作从经济上讲很合算，艺人们随叫随到，就像在衙前的台阶下听候召唤一样，故称之为"衙前乐"。

现在我们应该知道了，官家为什么在差不多二十天之前就迫不及待地宣布恢复用乐，原来是为了给"衙前乐"的组织和排练留出足够多的时间。事实上，从十月初八到二十五日一共只有十七天，这点时间根本算不上"足够多"，当初在东京的时候，虽然有专业教坊，但每逢圣节也要提前一个月"集诸妓阅乐"。[9]朝廷已经好多年没有像模像样地用乐了，建炎及绍兴初年不必说，官家以节俭为标榜，据说平日里连肉都舍不得吃，只吃豆腐，而且朝廷也确实没有钱。于是一切从简，不可能讲究排场。及至到了绍兴七年，局势大体安定了，财政也稍有宽裕，又因梓宫未回而辍乐，活人被死人压着，一年到头锣不动鼓不响，死气沉沉的。所以，"衙前乐"全方位的组合与展示，实际上这是第一回。那些艺人都分散在各个演艺班子里，要根据圣节的需要和各人的特长，将他们招集在麾下，统一调度。其间谁为导演，谁为主持，谁为领唱，谁为散乐，[10]谁为大轴，谁为龙套，都要各得其所。艺人又生性散漫，而且互不买账，争风吃醋，所谓"婊子无情，戏子无义"，所谓"澡堂的水，艺人的嘴"，说的都是这些人不好弄，要把他们捏合在一起，不容易哩。过些时候我们就会看到，圣节上的演出是一个多么繁复的系统工程。因此，在十月二十五日之前，人们所感受到的圣节的气氛，除去御街两侧搭建的彩棚欢门，就是"衙前乐"排练时时断时续的箫鼓声，从那日渐纯熟且流畅的急管繁弦中，懂行的人就知道：圣节就要开场了。

这些都是声色龙套，什么样的仪式，最后都要落实到一个"吃"字上，即使是圣节,也是不能免俗的。

其实和民间一样,就是一场寿宴。

但到底排场不同了。圣节的前十天,行都的两座重点寺院——明庆寺和广化寺——就开始为皇太后举办祝圣道场。到了圣节的前一天,文武百官分批到这两家寺院参加满散,这是道场期满后酬谢神灵的仪式。参加者的资格是:文官宣教郎以上,武官修武郎以上。这中间,尚书省和枢密院等中央机关的官员在明庆寺;州县属官、帅臣、浙西仓宪、两浙漕司,以及寄居行都的官员在广化寺。参加完满散仪式后,再集体到贡院吃一顿斋宴。这顿饭比较简单,没有酒水饮料,当然也没有荤菜,连葱、韭、蒜、胡荽都不用。但唯其如此,仅以素材而做出水陆珍馐,又不能不说是一种讲究。

贡院的这顿素宴只能算是工作餐,真正的祝寿盛宴在第二天。

人们或许以为,宴会的规格就体现在酒菜的档次上,也就是说,规格越高,酒菜越是丰盛精美,其实不一定。有些规格很高的宴会——例如国宴——当然可称"盛大"或"豪华",但吃得倒也简单。到了那种场合,吃什么,喝什么,并不重要;重要的是那种排场,以及怎样吃,怎样喝,也就是礼仪。如果你是一个吃货,想到那种地方大快朵颐,多半会失望的。反倒是一些官僚的家宴食不厌精,可以把家常菜做得很稀罕,或者把稀罕的食材做得很家常。眼下有不少饭店纷纷打出"私房菜"的招牌以招徕,大概就是这个道理。

我们且大致领略一下皇太后寿宴上那些繁缛的礼仪。

从规格上讲,皇太后的圣节与皇帝的圣节等同,其稍有不同者,皇太后虽然尊贵,但毕竟是女人,而女人——特别是皇太后这个级别的女人——是不能在除自己家人以外的男人面前抛头露面的。历代的太后听政都要在前面挂一道帘子,这道帘子虽然薄如蝉翼,轻比鲁缟,却代表着山一样森严且沉重的礼法,任何人也不能逾越的,除非是武则天那样天不怕地不怕千古第一的女强人。因此,皇太后的寿宴上也有一道帘子,官家及皇室成员陪着老太太坐在帘子里面,文武百官及外国使节坐在帘子外面。其中,宰执、禁从、亲王、宗室、观察使以上的官员,以及外国使臣、副使坐在大殿上;各卿监的正副长官及百官、外国使节的随行官员在殿下两廊;军校以下人员排列在彩棚后面。[11]宰臣代表百官向皇太后敬酒时,须跪于帘外,由内臣跪着接过酒杯送进去。于是宰臣致贺词。无非是"皇太后圣节，臣等不胜欢忭，谨上千万岁寿"，并山呼拜舞。少顷，内臣传皇太后懿旨："得公等寿酒，与公等同喜。"然后把空酒杯送出来，宰臣跪受，再次山呼拜舞。

这样的酒不是敬一次，而是九次。像秦桧那样竹竿一样的瘦高个（人称"秦长脚"），下跪起立都要比常人的动作幅度更大，嘴上说"不胜欢忭"，内里其实苦不堪言。

皇太后的宴席上菜时，又另有一番讲究。似乎那菜肴非得要经过许多人的传递，沾上了文武百官的手泽才能调出味道来似的。盖着绣龙锦袱的食盒先由御厨双手托举着高过头顶，送到大殿前的台阶下，再交由两边的官员依次"侧身跪传"。这个"侧身跪传"让我想到晚会上玩的那种击鼓传花的游戏，但惊险程度却不可同日而语。想必那食盒内的菜肴都是些干货，否则经过这么多人的手，而且这些手都要恭恭敬敬地举在头顶上传递，要保证汤汤水水的不泼出来实在不容易。这时候，不管你是宰执大臣还是宗室亲王，一个个都如同茶馆饭店里的小伙计一般，既身手矫捷又诚惶诚恐。就这样把食盒传到帘前，才由内臣接进去。

那么就吃起来吧。

>甲申，皇太后生辰，燕于慈宁宫，始用乐上寿。[12]

一个"始"字，强调的是这些年来第一次用乐。这里的"乐"是一个大概念，不光指音乐，而是文艺演出的意思。一边吃喝一边欣赏全国最顶尖的明星们在那里搔首弄姿，这才叫欢乐祥和的盛世气象呢。

分列于殿前两侧彩棚中的乐队，拥有那个时代最齐整的阵容。除去各种打击乐，还有箫、笙、埙、篪、觱篥、龙笛、琵琶之类。其中最醒目的是两座箜篌，高三尺许，形状像一只竖置的巨大木梳，下有底座，张二十五弦，乐手取跪姿双手弹拨琴弦。我曾以为箜篌就是李商隐诗中的锦瑟，因为锦瑟也是二十五弦，"锦瑟无端五十弦。"那是一对加在一起。其实是我弄错了，箜篌就是箜篌，这个大家伙是汉代经西域传入中原的，其在西方的演变结果就是现代交响乐队中的竖琴。如果说箜篌是现场最大的乐器,现场最小的乐器则是无器——只用嘴模仿各种声音。开场的第一个节目就是这种表演,艺人以口技渲染的《百鸟朝凤》,一时内外肃然,只听到空中百鸟的和鸣之声,犹如鸾鸟与凤凰翔集宫中,为皇太后祝寿。这样的开场,端的很有创意。

寿酒分为九盏,每盏三巡:御酒、宰臣酒、百官酒,共计二十七巡。每一巡行酒时,都有文艺表演,而且各不相同,其中包括独奏、合奏、独舞、群舞、艳段[13]、滑稽、傀儡、摔跤、杂技等等。而杂技中又有口技、爬竿、跳索、倒立、折腰、弄碗、擎戴、踢磬瓶、翻筋斗之类。但因为是寿宴,不演出装扮虎狮、舞弄大旗、装神弄鬼、狼牙喷火之类的节目。每段表演过后,艺人例有赏赐,例如弹玉琵琶者赐五两五匹,打玉方响者赐三两三匹[14]。最惊艳的是一种称为"一弦嵇琴格"的表演。嵇琴是一种拨弦乐器,从奚部(源出于鲜卑的北方少数民族)传入,因此也称为奚琴。宋神宗熙宁年间的一次宫廷宴会上,教坊艺人徐衍演奏嵇琴,忽然断了一根弦,"衍更不易弦,只用一弦终其曲,自此始为一弦嵇琴格。"[15]从一次演出的故障中得到灵感,渐而发展为一种独特的演奏技法,这种艺不惊人死不休的追求精神着实令人感佩。所谓艺术的至境,往往就是在这种看似无路可走的绝境中一点一点地开拓出来的。

二十七巡酒敬下来,也把老太太折腾得可以了。于是在舒缓的《三台》舞曲中,皇太后起身离座,内臣卷帘,群臣向内跪拜谢恩,寿宴结束。有臣子回家后,仍然被幸福感滋润着,心潮起伏,难以淡定,便写诗以记其盛,其中最后一句为"留得天香袖上存"。[16]不知此公袖子上遗留的"天香"究竟是菜汤油渍还是别的什么。

有的人就是这样,几杯酒下肚,骨头就轻了。

心潮起伏的不光是骨头轻的臣子,也包括皇太后。寿宴上的荣耀给了她巨大的心理冲击,这时候,一个老人——特别是一个历经劫难的老人——往往会抚今追昔,细细地怀想以往的岁月,那些人,那些事……

饮水思源,她想到了一个人,一件事。

先说这个人。当年韦氏在苏颂府中当侍婢时,因初夜"遗溺不已"被苏颂放弃,便去东京投奔姐姐,在姐姐的道观中吃闲饭。当尼姑的姐姐认识一个宫内的小武官,为内殿崇班。这个叫李从约的小武官虽然职位不高,却和宫中的内侍有些交往,通过他的引荐,韦氏当上了宫女。不久又恰逢宋哲宗选二十名处女分赐诸王,韦氏又进入了端王府——我们知道，这个端王就是后来的宋徽宗赵佶。

如果没有李从约的引荐，她怎么会有今天呢？当初那个在宫门口狐假虎威的小武官没有想到，他引荐了一位母仪天下的皇太后啊。

人们常说受人点水之恩，当报涌泉，但那也是要有条件的，条件就是你要有"泉"可"涌"。韦氏现在当然有这个条件。

韦氏大概在寿宴上触景生情，想到了那个曾帮助过自己的小人物，而且当即——或者当晚——就对儿子说了。因此只过了一天，十月二十七日，诏书就下来了：

故内殿崇班李从约特赠武翼大夫，故妻永嘉县君刘氏追封安人。[17]

李从约夫妇都已亡故，可惜；而且从并未荫封其他李姓人员来看，他们也没有后人，大可惜。

李从约这个恩人是实实在在的。韦氏另外想到的一件事就有点虚无飘渺了。

这是一个梦，而且是十多年前的一个梦，说靖康年间赵构出使金营时，韦氏梦见北极真君的四大元帅随从护卫，因此他儿子才毫发未损，后来还因时成事，坐上了龙廷。

当初赵构出使金营时，处境极其凶险，作为母亲的韦氏因担忧儿子的安危而夜不能寐，做这样的梦是完全有可能的。但现在把这个梦拿出来说事，除去有报恩的心愿，也是以神的名义证明他儿子是真命天子，因此有上苍护佑。

韦氏不可能让儿子敕封北极真君的四大元帅，因为儿子没有这个权力。她用沉香木雕刻了四尊神像供奉于慈宁殿，以示夙夜不忘。据周密《癸辛杂识》记载，南宋灭亡后，这几尊神像被元僧杨琏真伽所得，从那被百年香火熏得油黑发亮的木质中，他发现了神像的世俗价值。这个身为宗教局长（江南释教总统）的西域和尚看来并不相信鬼神，他竟然把神像大卸八块，又零刀碎剐，用那些名贵的沉香木制成了香饼和笠珠，供自己受用。

再过两天就是小雪，西北风一刮，天气说冷就冷起来了。江南的冷比北方更难受，就如同江南的热比北方更难受一样。官家给皇太后置备的冬衣早就送过来了，其中大多质地是皮毛的。这些用茶叶从大金国交换来的皮毛当然都是上等好货,不仅品相极佳,而且手摸上去的感觉,就像那下面还有生命的脉动似的。贴身宫女一件一件给老太太试穿,顺便介绍各自的特性,根据冬季气候,皮毛衣服的穿戴顺序是:先白貂皮,再松鼠皮,再狐狸皮,最后是紫貂皮。如果这些"皮"都还活着,差不多可以筹建一座小型野生动物园了。

这些衣服韦氏从来没有穿过,别说在金国,当年东京的韦贤妃也没有穿过。但她是见过的,那是在郑贵妃手下当婢女的时候。郑贵妃有一件细软叠缎貂皮裘,并不大穿的,因为宫里有火炉,只有出门的时候才罩在外面。她还听郑贵妃夸过那衣服的好处,说不管走到哪里,就像偎着阳春的小太阳似的。以韦氏当时的身份,她当然不会把那"阳春的小太阳"和自己联系在一起,那种念头太奢侈了。现在想想,与眼前这些从初冬到严冬一个序列的皮毛衣服相比,郑贵妃那一件貂皮裘算什么呢?实在不算什么。

但官家也叮嘱过,江南的天气终究不像北方,有时甚至一个冬天也用不着皮毛上身。不过也好,毕竟那些皮毛原先都是血肉之躯,有股野性的燥气,穿得久了,人容易上火。

面对着那些价比黄金的北国皮毛序列,老太太并没有表现出应有的热情,她甚至有些冷淡。这倒不是因为怕上火,而是因为她现在是有信仰的人了——她信佛。虽然她也想体验一下郑贵妃所说的那种"像偎着阳春的小太阳"的感觉,但一想到那些血淋淋的被屠戮的生灵,老太太就不由得在心底念叨"阿弥陀佛"。

她说人是土物,还是穿戴土地上出产的棉麻丝绸的好。于是让宫女把那些衣服全部收拾装箱,束之高阁。

※ 绚烂之 "烂"

历史上有些弄出很大声响的事情,其始作俑者常常是一些小人物,或者甚至连

"物"都谈不上——只是一些小人。例如绍兴十二年后，南宋政坛和文坛上那些铺天盖地的马屁诗文，就与一个叫黄达如的小人有关。

黄达如，字公达，名和字中都有一个"达"，当然是寄托了仕途显达的人生梦想。但他偏偏在仕途上遇上了麻烦，因贪赃枉法，他在南雄州知州任满时遭到按劾，接下来很有可能要治罪，至少也是官做到头了，卷起铺盖回家。这时候，有一个"朝士"替他出了个主意，说你只要能做一件事，不仅可以平安无事，而且还能得到很好的安排，"但恐公尚有所惜，不肯为耳。"

"有所惜"？是不是要花一笔钱呢？黄达如愿闻其详。对方说，只要你上一道折子，告发某某某等几个人"不主和议，宜罪之"。

原来如此。

不堂堂正正地做人，做一条咬人的狗，落井下石打小报告，做这样的事肯定不好。所谓"有所惜"，就是尚能顾及士大夫的廉耻，不肯放弃做人的底线。但这位"朝士"显然高看了黄达如，为了加官晋爵，黄达如还会"有所惜"吗？别说叫他咬人，叫他吃屎他也肯。这大概就叫难能可贵吧——把别人的"难能"之事做到了，你就"可贵"。

黄达如二话没说，当即上了一道奏章，但他不仅仅满足于做一条咬人的狗，他还要表现出自己的"文化情怀"，因此在奏章中，他除去主张把反对和议的人一网打尽，对力主和议者重加旌赏外，还隆重建议：

  太后回銮，梓官还阙，兹为盛事，望宣付史馆。仍令词臣作为歌诗，荐之郊庙。[18]

看来官家对这封奏章相当欣赏，第三天，黄达如即被任命为监察御史，不仅所犯的那些错误一笔勾销，还进入了要害部门。用一个贪赃枉法的人去搞纪检监察工作，这是官家的一大发明。而黄达如本人也完成了一次飞跃——这个还没有成名的人一上来就身败名裂，被钉在历史的耻辱柱上。

一场旷日持久的以歌功颂德为主旋律的文化运动由此拉开了帷幕。对于当局来说，这是以颂圣诗文作为高压政治的温柔补充，给中兴盛世缝制一袭华丽的文化假领和披风。对于文人来说，这是一次献媚争宠的极好机会，从今以后，龙门大开，所谓熙熙者，趋利之徒也；所谓攘攘者，文丐奔竞也。

这样的评价是不是恰当，我们以后再议，先看看当时的热闹场景。

歌功颂德的第一个高潮自然是太后回銮，沉寂的文坛一时人声鼎沸，各类颂圣诗文有如癫狂柳絮轻薄桃花，招摇得一塌糊涂。在此基础上，有司又奉诏开展了评奖活动，从总共一千多首诗文中选出四百首列为优等，而入选的标准仅为"文理可采者"，看来门槛不高。对获奖者的奖励是"有官人进一官，进士免文解一次"[19]。这里的"进士"不是名词，而是开科取士的意思。在职官员就地提升一级，汲汲于功名的学子则可以免于参加各州府的选拔考试（解试），直接参加中央举行的礼部试，这便宜就占大了。以我的孤陋寡闻，这大概是中国历史上第一次国家级的文学评奖，也是第一次把评奖结果直接与仕途晋升以及各种实际的利益挂钩。事实证明，这种评奖和挂钩是足以让文人犯贱以至发疯的，文人的群体性堕落，即滥觞于这种华丽目标下的藏污纳垢。

大理寺正吴橐的《皇太后回銮颂》在所有获奖作品中名列第一，全诗长四十四联，前面还有一段序文。以下两联是全诗的立意所在：

> 辅臣稽首，对扬圣志。惟断乃成，愿破群异。[20]

这是什么狗屁诗？不，连狗屁也不如，狗屁还有几许臭气，这种诗一点味道也没有，只是堆砌了几句官话和套话而已。那么用现代汉语翻译一下，效果会不会好一点呢？且意译如下：

> 宰相秦桧对皇上无限忠诚，他深刻领会和坚决执行皇上的决策，收兵权、杀岳飞，与金签订和约，这是敢于力排众议，当机立断的结果啊！

这下看得更清楚了，原来不是狗屁，而是马屁。

名列第一的诗尚且如此狗屁不如，其他的作品就更加等而下之了。

但尽管狗屁不如，也尽管等而下之，其导向意义却是不言而喻的。它向所有的文人学子昭示了一派光明灿烂的前景，那就是以诗文阿谀奉承，乃当今获取功名利禄的捷径，比之于埋头实干拼打政绩，比之于悬梁刺股寒窗苦读，甚至比之于贿赂打点金钱铺路，不知要轻松多少。这是一笔低成本高回报的买卖，所付出者，丹青粉黛，美之化之；挤眉弄眼，歌之颂之。只要你肯去做，一切皆有可能，就这么简单。后人有两句话说得多好啊：失去的只有锁链，而得到的将是整个世界。这些文人虽然不可能得到整个世界，但至少也是平日里梦寐难求的那个世界。在这样的诱惑下，文人学子们岂肯甘于寂寞？他们理所当然地蜂拥而上，争先恐后，把人格踩在脚下，朝着升官发财的方向一路狂奔。

如果说围绕着太后回銮的马屁诗文只是一次临时性的遇事而歌，那么自此以后，这种颂圣文化很快就演变成了经常性的随兴而颂；如果说最初的歌功颂德是由中央政府组织和发动，参加者多少还带有受指性或被动性，那么自此以后，吹捧圣君贤相和中兴盛世便逐渐异化成了文人学子们的一种文化自觉。那是中国历史上罕见的一次诗文热潮，当时的情况虽然还说不上全民皆诗，却也让"文"者足戒：为文不写颂圣诗，学富五车也枉然。"枉然"者，不开窍也，毕竟文人都是聪明人，那时候还真没见到几个不开窍的。

经常性歌功颂德的由头很多，每年的秦桧生日，每次的科举考试，还有秦桧加官晋爵或秦府有什么风吹草动——例如秦熺及第或秦府的藏书楼落成之类——都是马屁诗文的题材，甚至广西边陲有一座名叫秦城的古驿，也被某些人抓住大作"秦城王气诗"进献。这中间，秦桧生日的含金量最高。把秦桧的生日作为一个具有政治意义的节日，即始于绍兴十二年，每年的这个时候，一批接一批的文丐们就赋诗作文，竞相献投。这些诗文尽管环肥燕瘦各有姿色，但都有一个基本的套路。官家曾专门下过一道《赐太师秦桧生日诏》，这实际上是一份给秦桧的评价定调子的中央文件，其中他自比历史上拨乱反正的周宣王，而以"独斡化枢，再安王室"来概括秦桧的功绩。按照这样的基调，你不用担心秦桧会抢了官家的风头，那些马屁诗文在吹捧秦桧的辅佐之功时，官家自然首当其"颂"，其"盛德"亦巍巍且煌煌哉矣。

南渡诗人周紫芝很可能是这期间谄谀诗文写得最多的人,光是现在我们所能看到的,就有祝贺秦桧生日的诗五十九首,另有歌颂中兴大业和秦桧勋德的《大宋中兴颂》等诗二首,因其他由头献投的马屁文章八篇。这样的创作实绩给他赢得了一项永远的荣誉,清代的《四库全书》在总目中斥其为:"老而无耻,贻玷汗青。"[21]

其实这不光是周紫芝一个人的无耻,也不光是文人群体的无耻,而是一个时代的无耻。

在周紫芝为秦桧生日献投的五十九首诗中,第一首《时宰生日乐府》即绍兴十二年所作,对当时那种文丐奔竞马屁喧天的场景,该诗的序言中有相当精彩的描写:

> 凡缙绅大夫之在有位者,莫不相与作为歌诗,以纪盛德而归成功。篇什之富,烂然如云,至于汗牛充栋,不可纪极。所以祈赞寿龄,无所不至。猗欤盛哉,昔未有也。[22]

如果把其中的"歌诗"和"寿龄"这两个关键词加以屏蔽,那种摩肩接踵拥挤杂沓的场景,让人想到的首先是叫卖声甚嚣尘上的农贸市场,而连续几个否定性的句式——不可纪极、无所不至、昔未有也——则渲染了那种空前活跃的交易盛况。这么多人都在"卖",怎么能单说周紫芝无耻呢?

我怀疑这中间"烂然如云"的"烂"是刻印中的错误,原先应该是"灿"。因为这个"烂"单独存在时,无论从哪方面看,都没有丝毫美感,只有傍在另一个有光彩的字后面,才能一下子辉煌起来,例如灿烂和绚烂。周紫芝是为了形容颂圣诗文之繁富,而且带着讨好的意思,他用的应该是那个有光彩的"灿"字。

大量的谄谀诗文铺天盖地而来,连官家和秦桧也应接不暇。作为以人格交换利禄的商品,这些诗文也难逃商品流通的法则。如果说刚开始时是以稀为贵,萝卜快了不洗泥;那么后来则是愈多愈烂,也就愈加贬值。要博得主子的青睐就不能光靠厚颜无耻了,还要玩出品位和创意来,"龙文虎脊皆君驭","语不惊人死不休",那是需要才华的。秦桧本人是政和年间的进士,文章和书法都不错,审美趣味亦有丘壑,对诗文的高下还是识货的,那就看你能不能让他老人家眼睛一亮或怦然心动了。

绍兴十二年·十月

熊彦诗本来是赵鼎的人,赵鼎遭秦桧排挤落荒以后,他一直闲废。但此君恋栈不已,趁秦桧进封太师之际上启致贺,而且出手便不凡,其中有一联这样写:

大风动地,不移存赵之心;白刃在前,独奋安刘之略。

我们已经知道,这是吹捧秦桧在靖康之难时上书金人"乞存赵氏"的那一节,不仅张扬了秦桧历史上最值得夸耀的一笔政治资本,而且行文中有风云之色,剑气之光,极富于气势和动感。用这样豪迈的意象塑造了一个"威武不能屈"的伟丈夫形象,估计秦桧本人看了也会击节赞叹的。这一联此后被不少人反复引用,成为吹捧秦桧的经典名句,作者熊彦诗亦"拍马"而出,被委以州府之任。

但这种铺陈历史大场面的作品很容易流于空乏,于是便有人另僻蹊径,从日常生活中的小镜头入手,于平易真切中见情致。例如:

多少儒生新及第,高烧银烛照娥眉。格天阁上三更雨,犹颂车攻复古诗。

这首诗大抵是绍兴十五年殿试放榜后某位"选人"献投的,"车攻"是《诗经·小雅》中的篇名,写周宣王在东都与诸侯会猎的情景,"复古"为官家起居休息的复古殿,"车攻"和"复古"都代指官家。而"格天阁"则是秦桧的书房。这首诗的特点是为人物设置了一个色调反差很大的背景:当那些新及第的举子们在娱乐场所搂着歌妓通宵狂欢时,我们的宰相大人却在书房里认真学习皇上的著作,夜阑寂寂,春雨潇潇,那格天阁灯光下的身影是多么令人景仰。

有意思的是,在这前后不远,有人也献投了立意相似的谄诗,其中有这样两句:

朝回不入歌姬院,夜半犹看寒士文。

同样是深更半夜,同样是以娱乐场所作为一个反衬的意象,也同样是孤灯下的身影,但这次宰相大人看的是寒士的文章。如果说深夜学习领袖著作乃是一尊神圣的政治雕像，那么看寒士的文章则更加富于人情味。据说秦桧对这两句相当赏识。他赏识什么呢？史料中说："盖取其亲切耳。"[23]恭维人要恭维得"亲切"并不容易，宰相大人半夜为寒士批阅文章的身影折射出一种温煦亲和的人性光芒，或者说是一种"富贵不能淫"的人格魅力，这是其他那些充斥了假大空的官话套话的马屁诗文所不具备的。这说明谄亦有道，这种"道"就是低劣的情操与高明的意匠恰到好处的结合，能把马屁拍出这样的境界也算是挖空心思了。

在用"文丐"、"马屁"之类不大恭敬的污词来概括绍兴年间的文坛生态时，我笔下总有点踌躇，因为在那场颂圣文化运动中随波逐流的，不光有趋利小人，也有正人君子；不光有官场混客，也有爱国志士；不光有无名鼠辈，也有学界泰斗。有些名字，以往我们看到时会有一种热烈而温存的情愫，甚至油然而生敬意。但他们不幸也出现在那支以诗文行乞的队伍里，让后人在遥望他们那恓恓惶惶的身影时，真恨不得背过身去；或者希望自己是看错了。现在为了行文的需要，我不得不在此列出他们的名字：张元干、张孝祥、范成大、朱熹、张嵲、刘子翚、胡寅……这中间，张元干、张孝祥、范成大都是颇有名望的爱国词人。朱熹是宋代理学的集大成者，道德文章冠于一时。而在他的背后，张嵲是他的启蒙老师，刘子翚对他有教养之恩。胡寅则早期即以直言敢谏闻名于世。这些名字本来都有着金属般明亮的质感，不应该与那些胁肩谄笑的身影掺和在一起的。但既然掺和了，我们的任务就不是作简单的道德评判，而是仔细梳理他们在那个特殊时代的心路历程。

宋本张元干《芦川集》以两阕《贺新郎》为压卷之作，前阕所寄为历遭汪伯彦、秦桧等权相排斥的抗金领袖李纲，后阕送别因上疏请斩秦桧而被贬的胡铨。这两阕词为他赢得了广泛的声誉，以至溪边稚童亦能歌他的"目尽青天"。而同在《芦川集》中，又有两阕《瑶台第一春》，均为寿词，虽没有说明寿主的姓名，也难以确定写作的年代，但从词的内容看，寿主非秦桧莫属，因为词中的不少指向具有唯一性。例如"倚格天俊阁"、与"格天同德"者谁？当然是"一德格天之阁"的主人秦桧；例如"千官师表，万事平章"谁当得起？当然只有宰相。而"石城形胜，秦淮风景"正切合秦桧的诞生地建康；"腊余春色早"也合乎秦桧十二月二十五这一贺诞时令。除去这些精巧的身份比附而外，通篇便是"象笏堆床"、"威凤来翔"之类浅俗的奉承话。这种描眉画眼的小家举止，格调当然不高，但又确实出自那位写过"梦绕神州路"的词人之手。从两阕《贺新郎》到两阕《瑶台第一春》，我们不能说当初那个富于正义感的爱国词人就不"正义"不"爱国"了，但他肯定经受了理想幻灭和灵魂挣扎的痛苦历程。从"绍兴和议"到秦桧去世的十几年是宋代政治史上最黑暗的一幕，其间相权专政，文网高悬，文禁与语禁双管齐下，一时朝野噤声，万马齐喑，文人的生存空间受到极大的挤压，唯有仰承鼻息歌功颂德一途。在高压政治的淫威下，知识阶层屈从于权力的收买，出现了一种攀比性堕落，这时候，知识和良心也许可以这样谈判：我不"卖"，别人也照样"卖"，天下滔滔，并不会因为我一个人的坚守而干净一点；天下衮衮，也不会因为我一个人的掺和而浑浊一点。而对于我自己来说，却可能收获实实在在的油盐柴米和"幸福指数"。世界是你们的，也是我们的，但归根结底是你们的。因为你们很多人都是满身朱紫的既得利益者，你们尚且不珍惜名节，我为什么要珍惜呢？这种攀比性堕落，在民间大约可以称之为蛤蟆坑效应，在一个水坑里，只要有一只蛤蟆开声了，其他的蛤蟆便竞赛着鼓噪起来，那种不甘寂寞和声嘶力竭，是夏日雨后最喧嚣的闹剧。

在政治高压和利禄收买下，文人士大夫的风骨土崩瓦解，溃不成军。经过短暂的失语之后，他们很快就在歌功颂德中营建了新的话语系统。就像一个被强奸的女人，既然无力反抗，还不如好好享受算了。这是文人群体无法回避的适应性变异。某种观念被一再重复，久而久之就会成为一种心理定势，即便是谎言也变成了真理。例如"没有宋金和议就没有中兴盛世"，这种经典语法既支撑了官家和秦桧专制统治的合法性，也是所有颂圣诗文的基本立足点和出发点。关于"和议"和"盛世"的颂歌甚嚣尘上，就像一个妓院的头牌似的，大红大紫地出尽了风头。但仔细想想，这种经典语法其实是一个伪命题。不错，眼下的光景比"靖康之难"时的东京确实好多了，不再尸横遍野，不再水深火热，老百姓也有几口饭吃了。但是你凭什么把这些都归功于宋金和议？或者，你凭什么说不向金国称臣纳贡不杀岳飞不搞文字狱就不能实现"中兴盛世"？这种排除其他选择的单向推理，就有如掩耳盗铃加王婆卖瓜。在这场游戏中，文人群体的变异几乎无一幸免。名臣张浚在审视"绍兴和议"期间文人士大夫的表现时，曾不无悲哀地感叹道："秦太师专柄二十年，只成就得一胡邦衡。"[24]那么究竟是哪些因素"成就"了胡铨呢？他本人的修养和节操无疑是最重要的，但有没有某种特殊情境的反作用力呢？恐怕也不能排除。我们设想一下，如果他当初不是因为那一封杀气腾腾的奏章和秦桧——甚至和官家——撕破了脸皮，并且闹出了那么一场轩然大波；如果此后不是因为秦桧一直对他恨之入骨且穷追猛打，胡铨能不能那样死硬到底，还真不好说。也就是说，只是因为原先的梁子结得太深，把退路彻底堵死了，他后来即使想跟风转圜也转不过来了，只能壮烈到底。这样设想很可能是以小人之心度君子之腹，但在那个文人士大夫集体沦陷的大背景下，这种被迫害"成就"的时代英雄应该是有可能的。

除去以上所说的攀比性堕落和适应性变异，还有一种情况可以称之为策略性妥协。中国文人的悲哀，就在于你本身不是什么"东西"，那么什么才算是"东西"呢？既不是品德，也不是才华，而是官衔。也就是说，你只有进入了官场，有了一官半职，才是个有独立价值的"东西"。进入官场的唯一途径是科举，而"科场尚谀佞，试题问中兴歌颂"。[25]当局只要把住了这一关，就一夫当关，万夫莫开。你不愿"谀佞"，不肯附和"中兴歌颂"，那就靠边站。这样的制度设计相当阴狠，一个读书人十数年或数十年寒窗为了什么？若不能通过科举进入官场，纵使你有盖世才华，满腹经纶，也只能一辈子沉沦下僚，遭遇世人的白眼。像朱熹、张孝祥那样的人，从他们后来的作为来看，其人生期许和个人品德都是不用怀疑的，但正因为抱负宏远，就更加迫切地需要一个属于自己的舞台。说什么致君尧舜兼济天下，没有舞台如何施展？可舞台安在？这时候，他们在科举策论中的谄媚邀宠可以视为一种策略性妥协——为了胸中的那份人生理想和家国情怀，此时亦不得不作违心之论。朱熹于绍兴十八年中第，以他的文化修养只登三甲第九十名，可见违心话说得并不过分。因为名次较低，该考生的策论已散佚。这是他的幸运，不然的话，后人要是在《朱文公文集》或《朱子语类》中读到那样一篇不着调的东西，可真是佛头着粪了。但张孝祥就没有他幸运了，张是绍兴二十四年的状元，状元公的策论礼部要存档的，既然保存下来了，我们就不妨挑一段看看：

> 今朝廷之上，盖有大风动地，不移存赵之心，白刃在前，独奋安刘之略，忠义凛凛，易危为安者，固已论道经邦，燮和天下矣。臣辈委质事君，愿视此为标准。[26]

这样觍着脸皮的奉承话就不用我再翻译了，因为马屁翻译了还是马屁，绝不会翻出芝兰之气来。只是其中有几句话怎么听怎么耳熟，没错，那是套用了熊彦诗最为秦桧赏识的一联骈文。作为南宋文坛上的一代名家，即使从文章本身而论，这种东拼西凑加虚文伪饰的东西也是拿不出手的，因此，在后世流传的《于湖居士文集》中，这篇策论被悄悄抽掉了。

一个时代的气象，从文风上亦大致可以见出端倪。这是意义与价值崩溃、道德与伦理破产的时代，也是文风败坏的时代。在洪亮而辉煌的颂歌中，到处是混乱的逻辑和空洞的情感。对于当局来讲，这是动用国家公器鼓励人们去干那些很马屁的事；对于文人来说，利用诗文献媚讨好实际上是一种软性贿赂，他们都学会了在阻力最小的方向上释放能量。知识分子奉行着比孟子所斥责的"以顺为正"的"妾妇之道"更低一等的奴才之道。他们挤眉弄眼地麇集在集权主义的旗帜下，以获取社会认同与现实利益。他们知道什么样的表情和腔调可以获得青睐，什么样的作品可以发表或得奖。文丐奔竞，小人得志，够贱才是硬道理。前文所说的周紫芝序文中那个"烂然如云"的"烂"字，我曾以为是刻印中的错误，其实错误的是我自己。在古代汉语中，"烂"字确实有明亮的意思。现在看来，即使在现代汉语的语境里，那个"烂"字也是用得极好的，在歌功颂德的主旋律下，当时的文坛尽管繁花似锦五光十色，其实在绚烂或灿烂的背后，恰恰只有一个"烂"字———堆堪称文字垃圾的烂货。

注释：

〔1〕 参见《古今风谣》。
〔2〕 李贽《史纲评要》。
〔3〕 《建炎以来系年要录》卷一四七绍兴十二年十月丙寅。
〔4〕〔5〕 《建炎以来系年要录》卷一四七绍兴十二年十月乙丑。
〔6〕 《建炎以来系年要录》卷一四七绍兴十二年十月戊寅。
〔7〕 《建炎以来系年要录》卷一四七绍兴十二年十月辛未。
〔8〕 白居易《重赋》。
〔9〕 《东京梦华录》卷第九《天宁节》。
〔10〕 散乐：原指民间乐舞，宋代为百戏的同义语。
〔11〕 《梦粱录》卷三。
〔12〕 《建炎以来系年要录》卷一四七绍兴十二年十月甲申。
〔13〕 艳段：宋杂剧中体制较短的剧本，即小品。
〔14〕 方响：古代磬类打击乐器。
〔15〕 《梦溪笔谈》补卷一。
〔16〕 《梦粱录》卷三。
〔17〕 《建炎以来系年要录》卷一四七绍兴十二年十月丙戌。
〔18〕 《建炎以来系年要录》卷一四七绍兴十二年十一月壬辰。
〔19〕〔20〕 《三朝北盟会编》二二三卷。
〔21〕 《四库全书总目》卷一五九。
〔22〕 周紫芝《太仓稊米集》。
〔23〕 《能改斋漫录》卷一一《秦益公赏孙仲鳌诗》。
〔24〕 《鹤林玉露》甲编卷六。
〔25〕 《宋史》卷四五九《徐中行传》附徐筠传。
〔26〕 《建炎以来系年要录》卷一六六绍兴二十四年三月辛酉。

公元一一四二年·农历壬戌年

十一月

南宋 绍兴十二年

※ 人事

"人事"这个词由来已久,也是个比较俗的词,它一般有两种含义:人情事理,或男女情欲。在我的老家一带,说一个人懂不懂人事,根据语境不同,大体指向不外乎这其中的一种。《红楼梦》第六回中说袭人"近来渐省人事",指的就是男女之间的那点事。但这些年来,这个词渐渐有些庙堂化,更多的成了一种官场用语,专指干部的任免提拔或调动,所谓"人事安排"或"人事问题",是一件很庄重堂皇且敏感的事情,这些大家都懂的。例如组织上通知开会,说要研究人事,没有人会理解成研究男女情欲那方面的事,绝对不会,即使他内心有一千个西门庆或潘金莲也不会。人事者,抬人整人搬人之事也;人事者,事中之至大至重至权威者也。从某种意义上说,一部人类的政治史,争来斗去其实就是那点人事问题——谁上来,谁下去,谁坐庄,谁垫背,如此而已。

这并不是我信口开河,有书为证。

手头这部《建炎以来系年要录》,洋洋二百卷,说得最多的就是人事,天干地支,某月某日,擢升什么人,贬黜什么人,调动什么人,絮絮叨叨地不厌其烦。看得多了,便觉得经邦济国其实并不难,就是玩人呗。玩人和玩牌也差不多,无非是排列组合,判断推理。有的牌看似无用,但"听"在手里,或可以牵制对手,或可以留待后面派用场。在绍兴十二年十一月的流水账中,人事问题所占的篇幅不算很大,但有几项任免相当重要,若细加揣摩,官家出牌的基本套路大致可见。

十一月初四,集英殿修撰两浙路转运副使王晙擢升敷文阁待制知府临安。那些个"修撰"和"待制"我们且不去管它,那都是文官的荣衔,就像现在加在官员们头上的"博士"或"教授"之类的堂皇冠冕一样,没有什么实际意义。有实际意义的是后面的差遣:临安知府。临安知府也是州郡长官,地位却远非一般州郡长官可比,而与大区首脑相当,浙西七州的军事和行政都在他手中。更兼京畿之地，天子脚下，一举一动官家都看在眼里，责任和荣耀都非同寻常。他既是全国地方长官之首，又得参与中央的许多事情，初一月半大朝时还得赶去站班叩头，可以说具有地方机构和中央机构的双重身份。当然，其待遇也水涨船高。从政治方面来说，在朝廷站班时，京城的知府仅次于宰执、三司使、翰林学士，这早在北宋便已成为惯例。南宋人洪迈在《容斋随笔》中还有这样的记载：

> 国朝除用执政，多从三司使、翰林学士、知开封府、御史中丞进拜，俗称为"四入头"。[1]

这样不成文的规矩，也一直延续到南宋。"除"是任命的意思。就治理国家而言，这个"四入头"自有它的道理，三司使是经济大臣，御史中丞主管纪检监察，翰林学士负责中央的日常事务，另外再加上首都的主要领导。这样的用人思路不光是宋代，其实后来也差不多。历史在磨道上转了八百多年，虽然人们对物质世界的认识已可上天入地，但就政治文化而言，聪明程度并没有提高多少。

临安知府落在王晚头上并不出乎人们的意料。这不仅因为王晚是秦桧的大舅子，也不仅因为太后渡淮前金人逼债时，他曾慷慨解囊，更因为早在两个月前，官家就为这种安排做好了铺垫。九月初五，乘着太后回銮的东风，王晚由秘书阁修撰擢升为集英殿修撰。我弄不清这两个"修撰"有什么差别，也不想去弄清，反正都是荣衔，虚的。但不久实质性的差遣就来了，由江南东路转运副使调任两浙路转运副使，虽然是平调，但因为"二浙素号剧部，凡领转输者，率为尹京之储"。[2]也就是说，临安知府的大门已经向他敞开了。果然，才两个月不到，新的任命就下来了。

临安知府调整的频率相当高，仅绍兴年间就有二十九次，平均每次任期只有一年多一点，[3]这中间，大部分没有什么特殊背景，但也不排除有些调整预示着当局更深远的意图，带着几份诡异色彩。首都这种地方，弄得好就是首善，弄得不好就是首恶，卧榻之侧，生死攸关，高层要有大的动作，首先想到的就是加强对京师的掌控。后来的事实证明，绍兴十二年十一月间的一系列人事变动，朝廷有一个精心安排的时间表，锋芒所向，就是要对军队高层重新洗牌。十一月初五，也就是发布王晚任临安知府的第二天，御史江邈弹劾张俊的奏章就上来了，字里行间充满了杀气：

> 俊据清河坊以应谶兆，占承天寺以为宅基，大男杨存中握兵于行在，小男田师中拥兵于上流，他日生变，祸不可测。[4]

这分明是谋反大罪，要砍头的。接下来就看官家的脸色了。

在看官家的脸色之前，我们先来看看当时部队高层的人事结构。

世界上有各种"友"：工友、农友、文友、校友、战友、棋友、牌友、驴友甚至牢友（不知为什么唯独没有官友或宦友）。中国自古就是人情社会，有道是，在家靠父母，出门靠朋友。在这形形色色的"友"中间，关系最铁的无疑是战友，因为那是从死人堆里一起爬出来的哥们，是真正用鲜血和生命凝成的友情。旧时称战友为"袍泽"，这种关系好到什么程度呢？从"袍泽"这个词的原始释义中可以看出来。"岂曰无衣，与子同袍。""岂曰无衣，与子同泽。"[5]袍自然是外衣了，至于泽，经学大师郑玄的解释是：裹衣，近污垢，也就是内衣。说两个人关系好，人们常用"合穿一条裤子"来形容，那大概已经算是极致了。但袍泽的程度有过之而无不及，因为其中甚至包含了合穿一条内裤的意思。袍泽之谊的传承和叠加就变成了山头，那是军队系统中最为根深蒂固的关系。朝廷要控制军队，首先就要利用和摆布好各个山头的力量配比，使之互相牵制而又听令于中央。到了绍兴十二年十一月这个时候，宋王朝的武装力量除去孤悬川陕的吴家军而外，共有七支大军，其中三支驻扎在临安，分别是殿前司、侍卫马军司和侍卫步军司，统称三衙，这是朝廷的御林军，宋代称之为禁军。《水浒》中的林冲和王进原先都是八十万禁军教头，可见北宋时禁军的数字是很大的。除去临安附近的三衙禁军，其他的四支为驻屯大军，从镇江到鄂州沿江而列。这七支武装力量分属五位统兵大将，他们的派系渊源如下：

殿前司、侍卫马军司、侍卫步军司，都指挥使杨存中，原张俊部属；

镇江驻屯大军，都统制解元，原韩世忠部属；

建康驻屯大军，都统制王德，原张俊部属；

池州驻屯大军，都统制王进，原张俊部属；

鄂州驻屯大军，都统制田师中，原张俊部属。

也就是说，除去镇江驻屯大军而外，其他的军队都由张俊派系的将领所掌握，这就不大正常了。

那么，这种局面是如何形成的呢？

绍兴和议之前，南宋的防务实行战时体制，由张俊、韩世忠、岳飞分领各路宣抚司，兵民兼管，威权并重，一方财赋亦尽付其手，这很有点像五代藩镇的格局，让朝廷深为不安。绍兴十一年，朝廷收三大将兵权，撤销各路宣抚司，原各司所属军队一律收归中枢，冠以"御前"某军。这个"御前"不仅是名称的变化，而是对原先家军体系的颠覆，不管你是张家军韩家军岳家军，统统变成了"御前"的中央军。这是宋王朝历史上的第二次释兵权，目的就是打倒军阀、集权中央。当然也不是所有的军阀都要打倒，例如张俊因其善于观测风向，私下即与秦桧达成默契，"约尽罢诸将，独以兵权归俊。"[6]不久，岳飞被诬杀，韩世忠赋闲，只有张俊在枢密院笃定泰山，名义上仍是南宋军队的最高统帅，且由其部属分据津要。这种局面维持了一年多时间，等到官家把主战派扫荡殆尽，又办完了太后回銮及梓宫归葬这种在孝道上很得分的事，发现张俊仍旧施施然端坐在三军统帅的位子上，一点也没有倦勤的意思，就觉得他有点不知趣了。于是在秦桧的授意下，御史江邈的奏章应声而起。

这种奏章的惯用手法就是罗织，它集中体现了人类进化史上最精微而缤纷的想象力。例如说张俊"据清河坊以应谶兆，占承天寺以为宅基"就完全是捕风捉影加无限上纲，但其后的那个"大男"和"小男"倒值得警惕。先说"大男"杨存中。杨现在是殿前都指挥使，这个位子不仅重要，而且相当敏感，因为太祖皇帝当年在后周担任的就是这个职务，而且据此发动兵变，黄袍加身。此外，杨存中还兼领侍卫马军司和侍卫步军司。三衙本来互相牵制，一旦有所缓急也不致全军系于一人之手，现在皆由杨存中一人节制，这种情况自五代以来从未有过。杨存中最早其实是刘光世的部属，但其飞黄腾达却是在张俊手下。张俊这个人很会笼络人心，见杨存中对自己跟得紧，就常常把别人的军功记在他名下，说张俊对他有知遇之恩应该不错，杨存中对此也是很感激的。但江邈在奏章中说他是张俊的大儿子，那就太过分了。在张俊面前，公开场合他应该称呼"大帅"；私下里，有可能称呼"恩公"，再怎么也不会喊"阿爹"的。喊"阿爹"的倒也确有其人，那就是"小儿"田师中。田师中者，庸将也，打仗不行，就在谄媚讨好上下功夫。他对张俊除去百般巴结而外，还有一层特殊关系，田师中的媳妇本来是张俊的儿媳妇，张俊的儿子早死，未亡人便跳槽，改嫁给田师中。这种关系本来应该挺尴尬的，但到了田师中那里，却成了一根攀附的裙带，在张俊面前，他一口一声"阿爹"，不仅把肉麻当有趣，还把肉麻演绎得很深情。张俊也就乐得提拔他。好在朝廷已经与金讲和，不用打仗了。和平年代，庸将统兵是一种常态，这种人听话、好用、不会惹是生非。要不然，像岳飞那样的将领，仗是能打，但整天怒发冲冠，仰天长啸，你能放心吗？田师中后来在鄂州享了二十年太平福，绍兴三十一年，他主动要求退休。而就在他退休不久，金主完颜亮大举南侵。当宋军上下都在金人的攻势面前惶然无措时，他却在家中歌儿舞女地颐养天年。作为一员庸将，他的运气真好。

对于军队高层的这种人事状况，官家都看在眼里，但他有自己的想法。首先，他对张俊很了解，此君贪财畏事，不可能有多大的野心，更不会造反——他没有那个胆量。而且他那个枢密使只是名义上的三军统帅，实际上连调动一兵一卒的权力也没有。至于把三衙军司付于杨存中一人，他也并不担心。杨存中人称"髯阉"，他长着一副大胡子，外形很爷们，为人却工于逢迎，有如内监。[7]他原先叫杨沂中，前些时才由官家赐名存中。皇家赐名，这是很高的荣誉，古者"帝王所都为中"，"存中"也就意味着将中枢安危一并托付，以示对他的倚重。赐名不久，官家又将他提升为少傅，开创了宋朝以保傅的高位担任三衙总兵官的先例。岳飞身经百战，生前的最高荣衔也只是少保，比少傅还低一阶，而"髯阉"杨存中一抬腿就上了傅位，傅者，辅相也。官家用这一系列动作把杨存中搞定，目的倒不是防范张俊，而是暗藏着对付秦桧的长远战略。随着三大将兵权被夺，主战派销声匿迹，今后，君权与相权井水必犯河水。秦桧的党羽遍布朝廷，且操纵台谏，控制言路，背后又有金人撑腰，这样的情景既不赏心又不悦目，官家不能不有所提防。在与秦桧的博弈中，杨存中应是官家手中一颗重要的棋子。在官家看来，所谓谁和谁是袍泽、谁是谁的部属并不太重要，他只要单独召见一次，示以慰勉，许以利益，那些多少年的部属关系就像火炉边的雪人一般，转瞬间化为一摊污水。这时候，他的一个眼神、一个笑容、一个拉手拍肩的动作，都会让对方受宠若惊。毕竟利益才是所向披靡的，没有什么人能够拒绝。谁不想升官发财呢？风乍起，吹皱一腔欲望。欲望是个好东西啊，只要你有欲望，就不愁你不入其彀中，因为他是利益的主宰。何谓主宰？就是那个操着屠刀的宰夫呀，肉都在他手里，他想赏给谁就赏给谁，想切多大就切多大。要让别人听话，最根本的是两手，第一是让他处于恐怖之中，第二是给他足够的利益，你只要看到了人性底下的这点东西，还有谁不听话呢？

官家真是第一流的社会心理学家。

但尽管如此，人事上还是要动一动的，倒不是要针对某几个人，而是要形成规矩，重申"将从中御"的祖宗家法，让"桀骜者懔懔知畏"。[8]你不动他的位子，他怎么会对你畏惧呢？所以后来好些当权者都学了这一招，要树立自己的权威，甚至要得好处，就动人。

说动就动。首先是张大帅张俊，既然有御史上章弹劾，他本人也知道待不下去了，请求去职，那就顺水推舟，把他的"枢使"解除（张俊授枢密使时，因其父名密，为了避私讳，改称"枢使"），和韩世忠一样去当醴泉宫使。实职拿掉了，虚衔再给一点添头，进封清河郡王，奉朝请。这个"奉朝请"也算是给退休大臣的一种待遇，就是你仍然可以参加朝会，但实际上不用天天来，初一月半的朔望大朝来点一下卯就可以了。有些人一辈子叩头叩惯了，闲在家里无聊，那就多来几回，跟着大伙拜舞山呼，权当是做健身操。

到了中旬，接连死了两个地位很高却又无足轻重的人物。因其地位高，所以不叫死，叫"薨"。同样是人死了，由于身份不同说法也不同，天子死了，叫崩；二品以上的高官死了，叫薨；五品以上的官员死了，叫卒；自六品达于庶人才叫死。这两个"薨"的人，一个是皇族中辈分最高的秦鲁国大长公主，一个是军界元老杨国公刘光世。秦鲁国大长公主是仁宗皇帝的女儿，这样介绍即使是对宋史相当熟悉的人也要定一会儿神，才能弄清她的辈分。因为从仁宗到现在，龙廷上已换了六位帝王，按辈分，她应该是官家的太姑奶奶。仁宗在位四十二年，是宋代帝王中时间最长的，但他的身体却一直不好，中年以后多次"不豫"（皇帝病危的代名词）。一旦不豫就不知人事，胡言乱语。这似乎是赵宋宗室的家族病，此前在太宗长子元佐、三子真宗以及此后的南宋光宗身上都一再重现。嘉祐元年，仁宗再次"不豫"，长达二十多日，这种局面让大臣们感到确立皇位继承人已迫在眉睫。因仁宗的三个儿子都已夭折，只有十来个女儿，立储只能到宗室中找侄子来承嗣，仁宗当然不甘心。在君主体制下，立储是最为敏感的朝廷大事，即使是宰相也不敢妄议，以免疑忌于君主而身败名裂。名臣范镇却义无反顾，一连上了十九道奏章请立皇储，仁宗就是不表态，一面却提拔上书人担任新职。范镇不依不饶，以进言不用居家待罪百余日，以至须发尽白，这就有点"文死谏"的意思了。仁宗也被他感动了，流着眼泪恳请他再等两三年，他还指望自己生个龙种。在接下来的日子里，仁宗当然要抖搂精神，奋力耕种，而且很快就有了起色。眼看着妃子的腹部在优美而骄傲地隆起，可以想见他的期盼是多么殷切。都说肥水不流外人田，这可不是一般的肥水，而是万世皇权和万里江山啊！可遗憾的是，新生儿的第一声啼哭却不是赞美诗——妃子生下来的又是个丫头片子。这个在子宫里被寄予社稷厚望、在皇宫里一落地便让她老爸蒙受巨大失望的女儿，就是后来的秦鲁国大长公主。她也是仁宗的最后一个女儿。从此以后，皇上在女人身上再无建树。老骥伏枥，意气无多，只得立堂侄赵宗实为皇子。又半年，仁宗死，英宗即位。英宗后面是神宗，然后是哲宗、徽宗、钦宗，直到现在的官家。当皇帝的一个接着一个"崩"去，只有秦鲁国大长公主活得有滋有味，无忧无虑，她像一块活化石似的，一直活到八十六岁。

　　秦鲁国大长公主和刘光世是两个荣誉性的人物，他们的死当然不会对政局产生什么影响。但大长公主毕竟是官家的太姑奶奶，治丧期间需辍朝五日。在这五天里，官家大概对军界高层的人事调整又有所擘划。于是十八日上朝后，便发布了几项人事任免，分别是：

　　任命成闵主管侍卫马军司公事，赵密主管侍卫步军司公事，杨存中不再兼领两司；任命王胜为镇江驻扎御前诸军都统制。

　　三位新任命的高级将领中，赵密原为张俊部属，成闵和王胜均为韩世忠部属。张俊旧将在军队系统一家独大的现象有所改观，而杨存中一人节制三衙的局面亦被打破。

这样，到了绍兴十二年十一月间，原先的中兴五大将已全部退出历史舞台，其中，资历最老的刘光世和离朝廷最远的吴玠病死了，最年轻也最能打仗的岳飞被杀掉了，最听话的张俊和再不敢说话的韩世忠被虚位闲置。宋王朝历史上的第二次释兵权圆满收官。正所谓天下太平，天子万年，官家这下可以高枕无忧了。

新一代的统兵将领中，从以往的战绩来看，只有王德尚称骁勇善战，其余都是平庸之辈。王德因桀骜不驯，后来亦被罢为浙东都总管，解除了军权，接替他的是原韩世忠旧部王权。在绍兴末年的完颜亮南侵一役中，王权望风披靡的表现让主持东路战事的老将刘锜急得吐血，可见其也是庸将一员。但眼下既然天下太平，统兵大将就只讲听话，能不能打仗并不重要。原本南宋诸军中，战斗力最强的当是岳飞的京西军。但岳飞被杀后，京西军的骨干大多被清洗。岳飞部属后来成为统兵大将的，只有李宝和李道两人而已。但恰恰就是这个李宝，二十年后以唐岛大捷救了南宋王朝一命，这我在前面已经说过了。

一支军队，如果不是以统兵才能，而是以所属的山头和恭顺程度来决定任用，想要他们不打败仗就很难了，就像一块脂膏肥厚却没有骨头的软腹部，只能方便人家来宰割。

※ 关于马屁之种种

上文说到韩世忠的旧部王胜被任命为镇江驻屯大军都统制，且认为官家此举是为了平衡军内的几个山头。其实这中间还有一笔幕后交易。张俊在枢密院执掌兵柄时，对王胜十分忌恨，而忌恨的根源说起来很可笑。绍兴十一年六月张俊曾按视淮东，此行名义上是"措置战守"，实际上是为了肢解韩家军，将其大本营由淮东前沿的楚州撤往江南的镇江府，为宋金和议廓清障碍。他本身心中有鬼，就处处疑神疑鬼，在楚州时，作为中军统制的王胜戴甲参见，这本来很正常。但张俊竟怀疑对方是要谋害他，就此耿耿于怀，甚至企图将其置之死地而未果。本月初张俊被罢职后，王胜觉得自己出头的日子到了，便到临安找老上司韩世忠活动。绍兴和议后，朝野噤声，政治气氛十分严酷。韩已看破红尘，这位当年叱咤风云的老将军从此闭门避祸。他绝口不谈国事，整天在家诵读佛经，自号"清凉居士"。有时为了活动筋骨，就骑着毛驴，带着几壶酒和一两个侍童在西湖边走走。有昔日的部属上门，他也一般不见。现在王胜来求他，他感到十分为难，为自己的部属说项，弄得不好会遭致官家的猜忌。他瞻前顾后，最后想出了一条万全之策，决定去走王继先的门路。

王继先何许人也？

俗话说，官大一级压死人，其实也不尽然，有时候还要看你处在什么位子上。像秦桧这样的人，可以说是权势熏天了，对朝中执政级的高官他可以视若家奴，动辄呼来喝去，颐指气使；可他对王继先却百般巴结，不敢有丝毫怠慢。王继先者，宫廷御医也，官至和安大夫，从六品。

一个官阶只有从六品的医生，何以会这般炙手可热呢？而且，太医院里身怀绝技的医生有的是，临安市井间亦有不少悬壶济世的高手。在某些行当里，绰号往往体现着一种知名度和号召力，这些人因医术高明都各有各的绰号。例如"陈木扇"——名陈沂，长于妇科，曾替皇室后妃治愈疑难急症，官家赐以御前罗扇，可持扇出入宫门。后来，他仿制了一把木扇挂在自己开业的药铺前，以为广告。故人称"陈木扇"；例如"李车儿"——名李信，长于儿科，常奉诏入侍。因其年耄，官家特赐安车至禁中，时称"李车儿"；例如"严防御"——此人姓严，专治痢疾。官家的养子赵伯琮因食用湖蟹过多，罹患冷痢，被他用偏方治好。官家遂赐以捣药用的金杵臼，授官防御使，故称"严防御"；例如"嵇接骨"——名嵇清，不消说，他的特长是骨科。赵伯琮喜欢骑马习射，经常跌伤，嵇清为之治疗，屡有神效，后来他曾执掌太医院事。此外，还有长于眼科的皇甫坦，长于内科的郭师义，自号"老牛"的智融和尚，等等。[9]这些人虽然也得到官家的青睐，有的也赐给官衔，但他们始终只是御医或名医，在官场上没有说话的地方。像"陈木扇"据说曾官至翰林金紫良医，但是这名称更像是一种荣誉，他最多只能把这点荣誉作为自己行医的广告，多赚几两银子而已。即使像"严防御"的防御使是一个官衔，但也不会有人买他的账——除非在找他看病的时候。对于官家来说，这些儿科、妇科、骨科、眼科的专家与他本人基本上关系不大，更谈不上对他们有什么依赖。他依赖的只有一个人——王继先。依赖到什么程度呢？他自己是这样说的：

桧，国之司命；继先，朕之司命。[10]

居然把他和秦桧相提并论，你掂掂这分量。

王继先是官家的保健医生。从表面上看，官家春秋鼎盛，体魄雄健，但偏偏"寡人有疾"，他患的是那种男人最羞于出口的毛病。王继先的祖上以卖黑虎丹而闻名，"黑虎王家"的招牌当年在东京时就很招摇。按道教的说法，黑是指肾水，虎是指肾气，而肾主男子房事和生育，因此，"黑虎王家"说到底就是一家制售春药的男科诊所。王继先的春药在官家身上到底有没有效呢？很难说。如果说有效，后宫里有那么多青葱年华的女人，但是自二十一岁以后，官家就再没有在任何一个女人身上开过花、结过果；如果说无效，那么官家又为什么会几十年如一日地信任他、依赖他呢？这种床帏秘事，别人很难说得清。别人只知道王继先的权势越来越大，越来越恃功横行，胡作非为。他在临安广造宅第，强拆民居数百家，可见在中国，强拆这个词也和江湖郎中的春药一样源远流长。强拆以后，又强夺良家妇女为侍妾。这不由得让人想起同样是开药铺的，就好色而言，他与《水浒》及《金瓶梅》中的那位西门大官人有得一拼，而且他配制的春药在自己身上的效果也相当不错。

韩世忠走王继先的门路是走对了，他的安排也很机巧，有如戏曲舞台上的一出《连环计》一般，只不过把美女貂蝉换成了武夫王胜。他请王继先来赴宴，席间让王胜出见，并且拜王继先为干爹。王继先出生于哲宗元符元年，这时候四十四岁。王胜是南渡将领，没有多年在军界的拼打不可能爬到目前这个位置，因此至少也有四十多岁了。两个人年龄相当，却要以父子相称，这就有点厚颜无耻了。像韩世忠这样戎马半生的老军人，竟然想出此等觍颜诌谀的主意，实在令人唏嘘。但官场上向来只讲利益，不讲廉耻，为了升官晋级，喊几声干爹又有何妨？俗话说得好："叫人不蚀本，舌头打个滚。"那么就多打几个滚吧。王继先果然很高兴，这种人根底很浅，别看他呼风唤雨，显摆和张扬得不得了，其实内心深处很自卑的。或者说，他所有的显摆和张扬都源于自卑。因此，只要你尊重他——特别是像韩世忠这种资格的"老同志"尊重他，他还是很受用的，也愿意出手帮忙，因为这无疑是他权势的广告，他乐于广而告之。王继先遂向官家举荐，说王胜"可大用"，官家也果然任命王胜出任镇江驻屯大军都统制，统帅原韩家军。王胜的擢升开了一个恶劣的先例，这不是说王胜不够提拔的资格，而是说提拔背后的蝇营狗苟。此门一开，王继先几乎成了所有统兵大将的"干爹"，"诸大将承顺下风，莫敢少忤。"[11]一个配制春药的江湖郎中，竟能在谈笑间主宰大将进退，这样的官场，叫人说什么好呢？

王继先还四处搜罗金石文物，当时女词人李清照寄居临安余杭门外，她已逝的丈夫赵明诚是著名金石学家，王继先觊觎她的家藏，企图以三百两黄金强买，被李清照拒绝。以他的权势，这种不给面子的事还遭遇得不多，一般情况下，他看上了什么东西，只要把风声放出去，对方自会送上门来的。他搜罗这些东西当然谈不上什么文化情怀，甚至也不是为了附庸风雅，而是赤裸裸地追逐其中的附加值。因为他的搜罗常常是利用权势巧取豪夺，成本很低的。东西到了他手里，他先挑几样稀罕的送给官家，用以巩固自己的权势。其余的则待价而沽，坐收其利。这是一种以权势为杠杆的良性互动，也是贪官污吏们长盛不衰的诀窍。

王继先这样做当然是因为"上有所好"，官家很喜欢古董，特别喜欢收藏法帖。周密《齐东野语》卷六《绍兴御府书画式》中有这样的记载：

思陵（高宗）妙悟八法，留神古雅，当干戈俶扰之际，访求法书名画，不遗余力。清闲之燕，展玩摹拓不少怠。盖睿好之笃，不惮劳费，故四方争以奉上无虚日。

从这个"四方争以奉上无虚日"中，我们可以想见那种争先恐后的情景。皇上喜欢的东西，还愁没人送吗？为了讨得官家的欢心，做臣子的哪怕钻天打洞磕头带拜垫也要搞到手呀。北宋宫中的收藏，靖康后大多被金人卷走。但金人文化素养有限，不懂得欣赏，只知道那东西值钱，到手后往往变卖套现，因此这些东西有不少在市场上流通。南宋的古董商看准了这一行情，多从宋金边界的榷场收购，再拿到临安来出售，其中的珍品，多被政府官员高价购买后献给官家。例如有人曾购得一只金花定碗，这是定窑名瓷，上面的金花是用大蒜汁调金粉描绘，入窑烧制后，永不复脱。[12]这种瓷器是当初定窑为宫中特制的，靖康之后存世极少。官家后来认定这件东西是英宗永厚陵中的陪葬品，被金人盗发后流入市场的。联想到河南永安的八陵之痛，又让他好一阵伤感。

官家喜欢苏东坡的字，这不需要理由，喜欢苏东坡的人太多了。但东坡死后，在崇宁、大观年间被列入"元祐奸党"。一个人政治上出了问题，与他有关的一切也要跟着倒霉，他的字犹如带着瘟疫病毒似的被严令禁毁。苏晚年寓居常州时经常去报恩寺，当时僧堂刚刚落成，隔壁是用木板做的。东坡是放达的人，常常喜欢在上面题字。后来党祸兴起，官府要求把东坡的墨迹付之一炬，庙里的和尚舍不得——既舍不得东坡的墨迹，也舍不得新做的板壁——就用纸把板壁裹上，再在外面刷了一层油漆了事。前些年地方官打探到这则秘闻，便到寺里取出东坡的真迹献给朝廷，得到了官家的奖赏。这次马屁的成本很低，拍得相当漂亮，该官员的运气不错。

为了投官家所好，后宫的妃子们也都练起了书法，其中以吴贵妃悟性最好，她模仿官家的字体，几能乱真。官家曾亲书《六经》赐给国子监及诸州庠序勒石，有时写得累了，就让吴贵妃代写一段，外人很难看出来。就在本月十五日，吴贵妃还在官家临的帖上题写了一段话，谓官家"机政之暇，择钟、王而下三十帖，亲御毫素，并加临写"。后人评价吴贵妃的这几行字，认为"龙蟠凤翥，变态万象，希世之伟迹也"。[13]这当然是拍马屁的话，但吴贵妃的字确实拿得出手，这应该可以肯定，不然官家也不会让她在自己的作品上题写什么的。韩世忠曾在市场上购得《兰亭帖》的摹本，他发现那东西的装帧相当讲究，像是从宫里流散出去的；而且虽是摹本，但那笔意中的清逸婉丽却颇有官家的风格，就献上去了。官家细辨玺文，确认是吴贵妃的手迹，便让他的小舅子吴益刊于石。[14]连韩世忠这样的粗人也能干出风雅的细活来，可见马屁拍得好，有时候倒不在于要下多大的本钱，而在于处处做有心人，所谓"机会总是青睐有准备的人"，信然。

不知官家临摹的这"钟、王以下三十帖"中，有没有颜真卿。以颜书在中国书法史上的影响力，这本来不应该有什么问题。现在之所以提出这个问题，是因为这中间有一个历史问题。当年太宗皇帝令王著精选摹刻《淳化阁帖》，此帖集历代名家法书之大成，堪称法书丛帖之祖，但其中竟然未收颜真卿的字，这就有点不正常了。后人的解释是赵氏先祖是安史之乱时史思明手下的大将，赵、颜两家为世仇。若果真如此，太宗的气量也太小了。官家是不是也有乃祖之风呢？他所临摹的"三十帖"中有没有颜真卿的字，我们已无从知道，但有一点是可以肯定的，那就是他对颜字并不排斥。有事为证：绍兴二十四年殿试，秦桧之孙秦埙原列为第一，历阳才子张孝祥列为第七。但官家看了张孝祥的试卷，很赏识他的策论和书法，遂点张孝祥为状元，抑秦埙为探花。在殿试之后唱名召见的传胪仪式上，秦桧酸溜溜地对张孝祥说："皇上很欣赏状元公的策文，也很喜爱你的诗和书法，请问你诗以何人为宗？书以何人为法？"张孝祥回答说："诗宗杜工部，书法颜鲁公。"可见在艺术问题上，官家的胸襟并不狭隘，这和他的为人是两回事。

张俊被解除军职后又活了十二年，他死于绍兴二十四年。此前，他已加太师衔；死后，官家又亲临祭奠，并追封其为循王。宋朝一字王自太宗之后例不封异姓，张俊虽是死后追封，也算是难得的殊荣了。他这个人天生就是体制的宠儿，也天生就该享福，上面的马屁既拍得好，又很会受用世俗生活的快活。在退养的这十几年里，他最大的贡献就是请官家吃了一顿饭，菜单传了下来，那上面所列的一百九十六道菜点，成为中国烹饪史上的重要资料，后人在研究宋代的饮食文化时，说来说去总也绕不开那张菜单。

一般来说，请客吃饭是拍马屁拉关系最常用的手段，所谓"筷子一起，可以可以；酒杯一端，政策放宽"，古今皆然。但对方如果是皇上，那就另当别论了，有谁见过臣子动不动就把皇上请回去吃喝的？这种情况不能说没有，但极少。官家自登基以来，只到大臣家吃过一次饭，对方是秦桧。张俊这次请客，很大程度上带点攀比心理，他想试探官家对他的信任度。原先他在位时，秦桧是文官班头，他是武官班头。现在他已退到了二线，官家对他应该不会猜忌；来吃顿饭，也不会有什么思想负担。

官家果然同意了。

皇上来吃饭，谓之"幸"，张府有"幸"，当然要穷极奢华大操大办，即使把银子用得流水似的也无所谓，他有这个实力。

那么就准备接驾吧。

张府位于行都的左一北厢,临安府衙东侧,离皇城不远。銮驾出和宁门沿御街北行,过朝天门、吴山坊,就是张府所在的清和坊,就这点路,安步当车走过去也用不了多长时间。但官家不是微服私访,他要带上六部九卿、皇亲国戚,还有内侍、禁军,一路翠华摇摇,浩浩荡荡。这支队伍究竟有多大,我也说不清,好在《武林旧事》中有一张宴会的分等编组名单,可作参考:

第一等:秦桧、秦熺,共二人;

第二等:执政、殿帅、外戚和皇子,共六人;

第三等:侍从七人、管军二人、知阁六人、御带四人、宗室三人、外官六人,共二十八人;

第四等:环卫官九人、宣赞舍人十八人、阁门祗候二十人、看班祗候八人、提点兼祗应行首五人、三省枢密房副承旨逐房副承旨六人、随驾诸局干办监官等十八人,共八十四人。

以上一百二十人皆具实名,我这里除秦桧父子外,余皆从略,敬希谅宥。

第五等:阁门承受十人、知班十五人、御史台十六人、听叫唤中官等五十人,以上九十一人只标身份,不具姓名。

所列凡二百一十一人。需要说明的是,一、这二百一十一人皆为有一定品级的随从官员。此外还有仪仗和禁军,那应当是一个更大的数字。二、秦熺的官阶虽不及殿帅杨存中,但因官家特别"恩例",其待遇与宰相相同,张俊门槛很精,故把他父子同列一等。三、第四等中的"环卫官九人"并非时下所谓的"环境卫生"方面的官员,"九人"在名单中皆省去姓氏,只书其名,应是负责警卫的赵家宗室子弟。

随从官员之所以分为五等,是因为根据级别,他们享受的待遇各不相同。例如一等的秦桧父子可以享用三十多道大菜,三十多碟干鲜果品和三十瓶酒,而五等官员的待遇则只有每人"食三味,酒一瓶"。这是真正的"看人下菜碟",你不服气也不行。

下面我们就来见识御宴上的那张菜单。

在张俊请客的那个时代,高档宴席在开宴前先有一番前戏,分为"初坐"、"歇坐"和"再坐"。"初坐"就是客人刚进门,先坐下喘口气儿,随便吃点零食消乏。官家初进张府，"初坐"就上了七十二道大盘子。

第一轮绣花高饤八果垒，这是八盘"看果"。"看果"属于看菜，并不真吃，因而此类果品皆硕大而美观，有的还很吉利，例如香橼、石榴、橙子等等；第二轮十二味干果；第三轮十盒缕金香药，这是一些药用植物的花，有保健功能，兼作空气芳香剂；第四轮十二品雕花蜜煎，"蜜煎"即现在的蜜饯；第五轮十二道砌香咸酸，因上一轮蜜饯的口味偏于甜腻，这一轮的"咸酸"可起中和作用；第六轮上十味脯腊，都是肉干一类的小吃，其中的"旋鲊"是肉干末，当年吴越王钱俶降宋前，太祖皇帝令御厨做几道南方菜安抚他，御厨遂创旋鲊。"至今大宴，首荐是味，为本朝故事。"张俊历经大世面，故也"首荐是味"。第七轮上垂手八盘子，都是时鲜小水果。一般果实越小，味道越鲜，这八盘与第一轮那八盘大而美观的"看果"相映成趣。[15]

正如前文所说，"初坐"只是随便吃点零食解乏。官家"随便"过了，便离席稍事休息，说了一会儿闲话。少顷，宾主又抖擞精神，重新入席，是为"再坐"。

"再坐"又上了六十六道大盘子。

第一轮上八盘切时果；第二轮上十二品时新果子；第三轮重上"初坐"的十二品雕花蜜煎；第四轮重上"初坐"的十二道砌香咸酸；第五轮上十二味珑缠果子，所谓"珑缠"，就是在果品外裹上糖霜，仍属蜜饯。例如其中的"荔枝蓼花"就是荔枝肉淋上麦芽糖，再摆成蓼花的形状；第六轮重上"初坐"的十味脯腊。[16]

"再坐"仍然是零食，也仍然是随便吃一点。这六十六道大盘子"随便"过了，宴会才正式开始。

宴会的正菜称"下酒"，张府这场豪宴共上"下酒"十五盏，每盏两道菜，合计三十道。为了让读者诸君开开眼界，我这里也就不畏冗繁，一一抄录如下：

第一盏花炊鹌子、荔枝白腰子；第二盏奶房签、三脆羹；第三盏羊舌签、萌芽肚胘；第四盏肫掌签、鹌子羹；第五盏肚胘脍、鸳鸯炸肚；第六盏沙鱼脍、炒沙鱼衬汤；第七盏鳝鱼炒鲎、鹅肫掌汤齑；第八盏螃蟹酿橙、奶房玉蕊羹；第九盏鲜虾蹄子脍、南炒鳝；第十盏洗手蟹、鯚鱼假蛤蜊；第十一盏五珍脍、螃蟹清羹；第十二盏鹌子水晶脍、猪肚假江珧；第十三盏虾橙脍、虾鱼汤齑；第十四盏水母脍、二色茧儿羹；第十五盏蛤蜊生、血粉羹。

还有插食八品：炒白腰子、炙肚胘、炙鹌子脯、润鸡、润兔、炙炊饼、炙炊饼脔骨。"炊饼"就是《水浒》中武大郎经营的那种东西，其实就是今天的馒头。炙炊饼大概是烤馒头或油炸馒头。宋代管所有的面食都叫"饼"，面条亦称为"汤饼"。

正菜之外，还有劝酒果子十道：砌香果子、雕花蜜煎、时新果子、独装巴榄子、咸酸蜜煎、装大金橘小橄榄、独装新椰子、四时果四色、对装拣松番葡萄、对装春藕陈公梨。

另有"厨劝酒"（厨师长特别推荐）十道：江珧炸肚、江珧生、蝤蛑签、姜醋生螺、香螺炸肚、姜醋假公权、煨牡蛎、牡蛎炸肚、假公权炸肚、蟑蚷炸肚。"劝酒果子"和"厨劝酒"跟插食八品一样，不计入"下酒十五盏"。[17]

正宴大菜五十八道，整个宴会总计上菜一百九十六道。

哇噻，乖乖隆的咚！

面对着这样排山倒海一般的菜肴，所有关于美食的形容词都显得太苍白了。这是一次饮食文化的辉煌巨献，也是中国烹饪史上的亮丽篇章。时值十月，秋风凉，蟹脚痒，宴席上光螃蟹就有螃蟹酿橙、洗手蟹、螃蟹清羹和蝤蛑签等多种吃法。螃蟹酿橙我在前面已经介绍过，洗手蟹的做法如下：用生蟹剁碎，以麻油先煎熟，冷，并草果、茴香、砂仁、花椒末、水姜、胡椒，俱为末，再加葱、盐、醋共十味，入蟹内拌匀。因做好了洗完手即可食用，故名"洗手蟹"。需要说明的是，这是一道北方菜。

官家是北方人，北方的半壁河山丢了他不在乎，但他在饮食习惯上却坚守着忠贞不渝的故国情怀。北方人喜欢吃羊，张俊看准了官家的口味，光是"下酒"十五盏中，以羊肉为原料的就有羊舌签、奶房签、奶房玉蕊羹等。我原来以为"签"是一种烧烤，其实不是。宋代的"签"是羹的另一种叫法，吴越一带至今仍将制羹称做"签羹"。官家是十分喜欢美味羹汤的，在今天的四十八味菜肴中，羹汤就有十三品，比重超过了四分之一，这自然是为了迎合他的口味。此外，今天的宴席上与羊有关的还有炒白腰子，荔枝白腰子（在羊腰子上刻出荔枝纹）。而且他似乎特别喜欢吃羊肚，这道菜出现了九次：萌芽肚胘、肚胘脍、炙肚胘、江珧炸肚、牡蛎炸肚、假公权炸肚、蟑蚷炸肚、鸳鸯炸肚、香螺炸肚。肚胘是羊肚上最肥厚的部分，俗称肚头。再加上一道猪肚假江珧，一共有十道肚子。都说吃什么补什么，怪不得官家在金人的凌逼下能那样忍耻事仇，度量宽弘，正所谓：大肚能容，容天下难容之事。

这次御宴究竟耗资多少，没有记载，也很难估算。传世另有一张宋代皇帝每日赐给太子的食单，名曰《玉食批》，记御厨之浪费说："如羊头签止取两翼，土步鱼止取两鳃，以蜻蜓为签、为馄饨、为橙瓮，止取两螯。余悉弃之地，谓非贵人食。有取之，则曰：若辈真狗子也。"张府御宴的豪奢靡费显然是有过之而无不及的，官家举箸之际，不知会不会想到两年前他对浙东灾荒所颁诏书里的两句话：

饥民在此求乞，日有饿死者。

他大概不会想到的。

作为统兵大将，张俊这一生在战场上碌碌无为，想不到退职以后却因一次家宴而著之青史。其实这也正常，一个一门心思钻营美食和把上司请回家吃饭的将领，在战场上大抵不会有多大的作为；相反，像岳飞那样既不懂美食又不懂巴结上司的人，就只能在战场上逞能了。终高宗一朝，能够以家宴招待皇上而与秦桧相媲美的，只有张俊一人。由此看来，后来他俩并肩跪在岳飞墓前，倒也绝非偶然。

注释:

〔1〕 《容斋随笔·续笔》卷三《执政四入头》。
〔2〕 《鹤林集》卷八。
〔3〕 参见徐吉军《南宋都城临安》第三章。
〔4〕〔6〕 《建炎以来系年要录》卷一四七绍兴十二年十一月癸巳。
〔5〕 《诗经·秦风·无衣》。
〔7〕 《癸辛杂识》别集上《髻阁》。
〔8〕 《建炎以来系年要录》卷一四六绍兴十二年八月己丑。
〔9〕 参见徐吉军《南宋都城临安》第八章。
〔10〕 《四朝闻见录》乙集《秦桧王继先》。
〔11〕 《宋史》卷四七〇《佞幸·王继先传》。
〔12〕 周密《志雅堂杂钞》。
〔13〕 《玉海》卷三四《乾道跋太上真行草书淳熙宣示宸翰》。
〔14〕 《兰亭考》卷二《宪圣慈烈皇后》。
〔15〕〔16〕〔17〕 《武林旧事》卷九《高宗幸张府节次略》。

公元一一四二年·农历壬戌年

腊月

南宋绍兴十二年

※ 养士

过了冬至,阳气上行,白昼渐长;但是从气候来说,交冬数九,大冷天才真正开始。

今年的冬至在十一月底,吃过了冬至的馄饨,就进入了腊月。腊月是一年中最冷的季节,但有些事也非得在这个时候做才好。例如这时候腌制的肉类食品称为腊味,吃一个夏天也不会变质的。又如腊雪,《本草纲目》中说:"腊前三雪,大宜菜麦,又杀虫蝗。"据说取腊雪封闭于地窖,经年不化,可治疗烫伤及多种皮肤病。最重要的还是农事,这个季节施于越冬作物的肥料称为腊肥。腊肥不仅可为作物提供养分,且能提高土温,有助于作物抗寒和越冬。我们这些有过上山下乡经历的人都记得,当年在农村战天斗地时,越是数九寒冬越是要出工。出工主要是施肥,当时流行的说法是:千遍万遍,不如腊肥一遍;又说,腊肥是金,春肥是银。农民最讲实惠,能不奔着金子去吗?

城里人大抵用不着操心田间腊肥那样的生计,他们操心的是另外一些事。对于商家来说,一进入腊月,与过年有关的商品就林林总总地上市了,每家商铺都摆出背水一战的姿态,各种促销活动也力求出奇制胜,因为抓住了过年这个商机,一年利润的二三成就有了保障。似乎就在一夜之间,街道变得狭窄了,也变得五颜六色地光鲜了,商家总是不宣而战,但其实谁也没有抢到先手。而宫里的男男女女们则在盼望下雪,从北宋开始,宫中就有"遇雪则开筵"的习惯。[1] 开筵不光是吃喝,而是娱乐。喝酒、赏雪、吟诗联句,再加上各种助兴的小彩头和文娱活动,那几乎是在预支过年的快乐,从后妃到宫女都兴味盎然。但临安不比东京,下雪的日子要少得多,这就让平日里多了几分期盼与等待,就像一场结局圆满的恋爱一样,因其迟早总能如愿以偿,平日的那些期盼和等待也终究是甜蜜的。当然,也不能说宫墙里的人只知道及时行乐,他们也要做些装点门面的事,比如每年这个时候的"送温暖"活动。当年北宋政府在东京曾设有四家"福田院",每院有几百间房子,凡无家可归的流民及赤贫破产者,以及无人奉养的鳏寡孤独,均可入住得到救济。南渡以后,朝廷又增设居养院、安济坊和漏泽院。这些当然也是救济穷人的,居养院提供住房保障,安济坊提供免费医疗,漏泽院则负责安葬无主尸体。每年到了腊月,朝廷又令"内藏库拨官卷数百万",[2]以救济那些退伍军人和贫民。而"贵家富室,亦各以钱米犒闾里之贫者"。[3]这些都是例行故事。民间历来有"腊月皇天"的说法,其中有敬畏的意思,因为这时候每个人的一举一动,老天都看着哩,无论官府还是富室的善举,那也是做给老天看的。

"冬闲"这个词是农业社会的产物,其实不光是乡村,进入了腊月,朝廷里也闲散起来,仍然是上朝议政,但气氛变得宽松和谐。大概因为天气冷了,人的思维和行动都变得内敛且迟钝,懒得生事作耗;不像夏季,天气一热,人的戾气也随之上扬,动辄金刚怒目,自然气候与政治气候互相催化,高层雷霆震怒,暴戾之气遍于国中,不知道这种"气候政治学"有没有什么道理。在绍兴十二年的这个腊月里,似乎言官们也不再乌眼鸡似的到处啄人。年终岁底,弹劾人处分人的事明显减少,倒是三天两头的就有人受到提拔或奖掖,其中最小的受益者一个才七岁,一个九岁,弟兄俩因"能诵书,并免解一次,仍以束帛赐之"。[4]官家的指示多集中于宏观方面的治国方略,既高瞻远瞩又心平气和。快过年了,多栽花,少栽刺,让大家都欢欢喜喜的,这才是盛世气象。

腊月初一,官家和宰执大臣们议论了一番历朝历代的文治得失,然后顺手把一个叫米友仁的书法家提拔为尚书屯田员外郎。官家酷爱书法,他初学黄庭坚,南渡以后又转学米芾,成语"进退裕如"就出自他称赞米芾书法的话,而南宋初年米芾书法风靡天下,亦有赖于"上有所好"的跟风效应。米友仁是米芾的长子,世称"小米",家学渊源的关系,他的字当然不会差。米友仁"及冠"时,黄庭坚送来一方古印,印文为"元晖",并赠以诗句:"虎儿笔力能扛鼎,教字元晖继阿章。"米芾字元章,"阿章"是对他的谑称。这两句诗的意思是:给虎儿(米友仁属虎,小名寅哥)起个"元晖"的表字吧,他的书法遒劲不凡,笔画又扛鼎有力,相信"元晖"一定能继承"元章"的书法才华,如同当年"献之"继承"羲之"一样啊。米友仁后来遂取字元晖,而"笔力扛鼎"也从此成为一个成语。

米友仁原先的官职是将作少监,具体的工作就是负责鉴定内府所藏的书画作品,并在赝卷后题写跋语。经过这些年的搜求,官家内府所藏书画已相当可观,足够小米忙乎的了。因此,他的这个新职务"尚书屯田员外郎"其实与"屯田"没有丝毫关系,他干的还是原来的活儿,只是给他一个级别,享受"员外郎"的俸禄,这是一个司局级的职衔,相当不错。"小米"也不小了,快七十岁了,他自号懒拙老人,有点倚老卖老的意思。官家对这样的老专家还是很爱惜的,过了几年,又擢升他为兵部侍郎、敷文阁直学士,副部级。一个写字的糟老头子居然当兵部侍郎,这不是搞笑吗?不是,这还是给他一个级别。他这个副部级实在省心,就是偶尔陪皇上看看字画,所谓"日奉清闲之燕",这个"燕"不是宴会,而是安乐的意思。在帮闲文人中,他算是级别很高的了。据说此翁当初沉沦下僚时,士大夫们很容易得到他的作品,但自从司局级副部级以后,便端起架子来了,"虽新旧亦无缘得之。"[5]于是有人便写打油诗嘲笑他,诗云:"解作无根树,能描蒙鸿云。如今供御也,不肯与闲人。"[6]人一阔脸就变固然不好,但说他是"无根树"就过分了,他的书画还是有相当根底的,不然官家也不会这么赏识他。此乃文人之间典型的酸葡萄心理,毕竟,谁不想"供御"呢?

这是中国文人朝思暮想的一个梦,所谓飞黄腾达和荣华富贵,其最高境界也只是"供御"而已。供御说白了就是被包养,"包养"这个词不大好听,历史上叫"养士"——总还是绕不开一个"养"字。这个"养"不光体现在高薪供养,更重要的是精心培养。宋代实行皇帝与士大夫共治天下的文官政治,对文人比较优容,教育体系也相当完备,像《三字经》那样集知识启蒙与道德灌输于一体的通俗读物就产生于宋代。宋真宗还亲作《励学篇》颁行天下,后世广为流传的"书中自有黄金屋","书中自有颜如玉",即是其中的句子。皇帝公开以金钱美女来诱惑读书人,这样的广告词近乎裸奔。在绍兴十二年的这个冬季里,官家或许又想到了那几句广告词,他认为那是写得极好的,好得无法超越——"黄金屋"和"颜如玉"这样的意象太精彩了,大俗大雅,空前绝后。官家之所以想到这些,是因为近来他的心情很轻松,国事、家事、天下事,事事顺意,他现在可以定下心来思考一些长治久安的大事了,例如恢复朝廷养士的最高学府——太学。

太学并非肇始于宋代，但太学论政对宋代政治的影响却是前所未有的。靖康以后，由于时局动荡，万方多难，太学一直没有恢复。南宋定都临安后，官员曾多次上书请求重建太学"以昌文治"，但都被以"军事方急"为由而否决。所谓"军事方急"无非是说现在一切为了前线，要节省每一个铜板。那么朝廷是不是真的就差这几个钱呢？绍兴八年，温州州学教授叶琳在上书中问得很有道理："今驻跸东南，百司备具，何独太学迟疑？"如果说没有钱，为什么那么多部门都堂而皇之，单单到了太学这里就囊中羞涩了？然后他又算了一笔账："且养士五百人，不过费一观察使之月俸。"五百个太学生的花费，只相当于武将系列中一个观察使的工资。查《宋史·职官志》，这个观察使的级别比节度使还差一大截，其月俸为二百千，另有春冬加绢各十匹，绵各五十两。如果是皇族担任观察使，月俸则为三百千，春冬又加绢十五匹，绫十匹，青罗一匹，冬绵五十两。对于一个王朝来说，这只能算是区区小钱。既然如此，朝廷为什么迟迟不肯恢复太学呢？可见官家有心病在焉。

这个心病，在那时候叫太学论政或太学清议，用后来的说法，叫集体请愿或学生运动。

"运动"是个不安分的词。其实又岂止是不安分？它一旦成为任何词根的后缀，立即便有了宏大的规模和汹涌的动感。这是一个注定要弄出惊天动地声响的词。学生运动的主体是那些彬彬弱质的太学诸生，对于他们来说，集体请愿是一次关于正义和激情的神圣演绎，那前仆后继的书生青衫，那血气充盈的青春的头颅，那高举的手臂和激愤的呼喊，让无数后人须仰视才见。而对于专制者来说，学生闹事则是一道不吉的巫咒，足以让他们按剑而怒甚至咬牙切齿的。因此，匍匐在他们脚下的史官们在记载这些历史场面时，总是王顾左右，欲说还休。

中国历史上的第一次太学生集体请愿发生在汉哀帝建平年间。西汉王朝到了哀帝时，气数已经差不多了，这我们从"哀帝"这个谥号上也可以看出来。哀帝是个同性恋者，"断袖"这个词就是因为他和男宠董贤的糗事而来的。皇帝热衷于与下属搞同性恋，这个王朝还能有什么正经作为？太学生集体请愿多发生于衰世，这是一条规律，清平世界，政通人和，太学生们是不会闹事的。这次事件的大致情节如下：丞相孔光的掾吏（下人）自恃特权，违反有关禁令在皇家陵园的驰道中央行驶，被京师最高行政长官鲍宣缉查,并没收了车马。这本来是一件由依法行政引起的纠纷,但因为对方的身份不一般,其后果也就很不一般。冒犯了丞相的下人,当然也就冒犯了丞相,鲍宣这就摊上大事了,他因此被捕入狱,据说还要杀头。事情在京师闹得沸沸扬扬,太学生们更是群情激愤。这些人平日在学校里生活清苦,本来就牢骚满腹。他们还没有进入官场,书生意气尚未销磨,又正值喜欢惹是生非的年龄,如干柴烈火一点就着。有一个叫王咸的博士弟子遂"举幡太学下,曰:'欲救鲍司隶者,会此幡下。'诸生会者千余人。"[7]当时太学的规模大约为三千人,"千余人"的参与率应该是相当高的。他们在上朝的日子拦截丞相孔光的专车,同时在皇宫门口集会上书。汉哀帝一看这阵势,不得不从宽处理鲍宣,"罪减死一等,髡钳"。"髡"就是剃光头发,"钳"就是用铁圈束颈,由死刑改为人格侮辱。太学生们也见好就收,卷起旗帜回学校上课去了,他们没有遭遇水龙和警棍,幸甚!幸甚!

这次事件的规模不算很大,但其中的两个标志性动作却被后世的太学生们反复效仿。这两个动作,一曰"举幡",一曰"伏阙"。它们既是呈之直观的场面,又有着内在的象征意义。"举幡"标志着以天下为己任的政治参与,太学生们走出沉闷的书斋,公开喊出了自己的声音。他们指点江山,痛陈时弊,粪土当朝万户侯,表现了义无反顾的政治热情。"伏阙"则是和平请愿的标准身姿,书生的青衫,有如望风披靡的秋草一般匍匐在皇宫门前,这是一种在皇权框架内的政治诉求。也就是说,他们只反弊政,不反皇权。太学生中虽然有相当一部分出身于朱门富室,和官僚士大夫阶层有着天然的血缘牵连,但是他们少年英锐,思想较为新进;又以未跻身官场的身份,和民间有比较多的接触,对于弊政的危害有相对清醒的认识。这种站在社会上下层之间的特殊立场,使得他们代表的舆论倾向具有某种公正性。同时,太学生们所接受的儒学教育中的民本思想,也对他们积极的政治意识、正义的情感倾向以及政争中的英勇姿态产生了推波助澜的作用,这也许是上层官学教育的设计者和推进者始料未及的。

太学论政以汉代和宋代最为活跃,而历史上的太学生集体请愿也多见于这两个时期。政治腐败、奸佞横行、言路闭塞、万马齐喑,这是展现在学生运动后面的一幅大致相同的背景图。既然温文尔雅的政治诉求难以通达,太学生们就只能走上街头。就规模而言,北宋末年开封的学生请愿可称史无前例。时值金兵第一次南下,开封危急,而朝廷出于议和的需要，却将主战派首领李纲和老将种师道罢免。消息传出后，一时京师骚然。太学生陈东率千余诸生伏阙上书，要求惩办国贼、复用李纲和种师道、反对割地求和。数日之内，军民不期而至者达十余万人。愤怒的群众擂破了东华门外的登闻鼓，又殴打和诟骂下朝的主和派大臣，甚至把前来宣谕诏旨的内监也打死了。朝廷起初想以平息暴乱的名义施以狠手，但迫于众怒难犯，担心在强敌压境时再起内乱，只得宣布李纲、种师道复职，并让李纲出面安抚请愿的学生。这场中国古代学运史上声势最为浩大的集体请愿就此平息。但事情并没有完，专制者是有记性的，作为学生领袖的陈东，其命运的悲剧性已经注定。

开封学生请愿其间，康王赵构正以人质身份羁留金营，对这次事件的评价，他比其他的任何人更多了一层性命攸关的个人感情色彩。太学生拥戴主战派的李纲和种师道，无疑就是要置他于死地，这是最简单不过的逻辑。在他看来，唱几句救国救民的高调固然令人喝彩，煽动群情激奋姿态也相当华美，但这种哗众取宠的轻狂恰恰是最可恶的。况且动不动就举幡伏阙、鼓唱浮言，以动乱要挟中枢，长此以往，国家的纲纪何在？朝廷的权威何在？我那位老兄也真是窝囊得可以，对此辈非但不加惩治，反而一味迁就，这就难怪他要亡国了。因此，一年以后，当赵构在南京（商丘）登基，陈东和另一个叫欧阳澈的布衣再次以华美的姿态对他说三道四时，他二话没说，就砍下了两颗狂生的头颅。之所以出手这么果决，这中间还有一段小情节，陈东和欧阳澈上书后，"潜善遽以语激怒高宗，言不亟诛，将复鼓众伏阙。"[8]这个黄潜善真是厉害，本来陈东在上书中要朝廷罢斥黄潜善之类的小人。黄潜善的反击可谓四两拨千斤，他摸准了主子的心病，就单拿学生请愿说事——你再不下手，他们又要闹起来了，一句"将复鼓众伏阙"就把官家的怒火点燃了。两颗书生的头颅落地以后，官家余怒未息，又下诏警告曰：

> 访闻小人乐于侥幸，撰造言语，妄倡事端，意在煽惑军民，成其私计，不可不治。应敢妄议，欲摇动朝廷者，许人告，有官人转五官，白身人补保义郎。同谋或为首始谋之人能自首者，免罪，依此推恩。其同谋及知情曾见闻不告之人，并行处斩。[9]

杀了两个上书人不算，还奖励告讦，严防此类事情再次发生。以钳制言论为稳定政局之第一要务，且不惜施以铁腕，一个二十岁的年轻人刚刚坐上龙廷，就先学会了这一手。

但官家还是有点意气用事了，当年太祖皇帝曾有祖训："不得杀士大夫及上书言事人。"杀陈东和欧阳澈，是他政治上不成熟的表现，无论如何是有污"圣德"的。加之金朝扶植的伪齐刘豫政权成立后，又抓住这件事大做文章，在商丘为陈东和欧阳澈立庙，作为攻击赵构无道的口实。[10]两年以后，官家不得不为两人平反。但这种平反只能是一种政治姿态，就个人感情而言，他对陈东等人是一直耿耿于怀的，认为正是这两个死鬼玷污了自己的千秋圣德。这就像一个踹寡妇门掘绝户坟的恶棍遭到千夫所指时，他不在内心深处检讨自己的作为，反而怨恨是那寡妇和坟头连累了他。这是一种很奇怪的心理逻辑，但在专制者那里，这样的逻辑却一脉相承，根深叶茂。

正是基于对太学论政的防范心理，官家对重建太学一直举止依违，迟回难决。但他也知道，作为全国的最高学府，太学还是要办的，重建只是迟早的事，他不过要给士子们一点饥饿感，让他们日后知道珍惜。这就如同先夺走他们的最后一根救命稻草，让他们呼号无门，到时候再把稻草还给他们，他们就会俯首帖耳，甚至感激涕零了。太学停办已经十六年了，一个人最好的时光也就这么点吧，耽误了就永远耽误了，现在是应该把稻草还给他们了。上月十二日，官家已下诏礼部，令他们着手"措置"。当时的想法是把太学和临安府学放在一起，校舍合用，因陋就简。这当然不是长远之计。于是，进入腊月以后，关于太学养士，官家又连发了几次指示，有点紧锣密鼓的意思了。

先是腊月初六日，在谈到教育问题时，他说了一番话，其中最重要的两句是："要使人尽心职业，朕何爱爵禄哉。"[11]意思是说，只要读书人"尽心职业"，不惹是生非，我这里官位和俸禄大大的有。这是用升官发财来引诱读书人。

十二日，礼部报告重建太学的准备情况，就此，官家又有一番训导，认为"太学师儒之官，虽选经术，当先德行，要使士子化之以厚风俗"。[12]这是关于教育方针的重要指示，其中的要义我们今天听来仍然觉得相当亲切，这就是：任何时候都要遵循德育第一、智育第二的原则，这样才能让天下的风气好起来。怎样才算"德行"好呢？

当天他就树了一个典型,明州有个叫杨庆的读书人,父母生病,他六次取肝割乳为之疗理,似乎他身上的零件可以随意拆卸似的。官家遂下诏"旌表门闾"。其实这还是哲宗绍圣年间的事,已过去四十多年了。官家将这则陈年旧事信手拈来,给自己的教育方针作了一道注脚。因为只有孝敬父母的人,才能尽忠君王,这样的"德行",赞一个。

德育第一、智育第二,这样的教育方针并没有错。但问题是,在专制者那里,"德行"的含义首先是听话,而不是服务民众和治国平天下。从这个意义上说,西汉建平年间的那个王咸"德行"不好,靖康年间的陈东"德行"不好,凡是对朝政指手画脚举幡伏阙者,"德行"都不好。不好就是不好,官家心如铁石,从不为时势所软化。绍兴年间的各项政策也曾数度调整,官家亦常常喜欢以"宽仁"来掩饰自己的阴狠刻毒。特别是秦桧死后,官家审时度势,采取了若干"更化"措施,例如奖励告讦、厉行文禁等峻罚有所宽弛,但太学生"不许上书言事"的禁令却一直长期延续,成了一道不得逾越的铁律,可见他对太学论政以及学生请愿的忌恨之深。这样的忌恨当然也不光是属于他一个人的,清乾隆帝在《评鉴阐要》中评点王咸举幡一案时,口气亦相当严厉:"举幡太学,俨如聚众,当时之政,尚可问哉!"他认为,对于这种聚众闹事的行为,当局竟能容忍,主政者的软弱涣散,还用得着说吗?这样的评价,与历代文献中常见的价值取向迥然有别。这无疑是因为身为人主,对于"聚众"而形成的对皇权的压力,怀有本能的戒心和敌意。可以这样说,所有的专制者对学生运动都是不欢迎的,除非是在他们尚未取得最高权力、借助学生运动来反对另一个专制者的时候。

绍兴十三年正月,重建太学终于有了着落:"诏以籍没之钱塘县西岳飞宅为国子监、太学,生员以三百为额。"

停办十六年的太学重新开张了,三百名来自全国各地的士子集中在兴庆坊内的这几幢老房子里,开始了他们的"黄金屋"和"颜如玉"的人生梦想。岳飞为官清简,第宅亦不算堂皇,因此这里的校舍相当拥挤,办学经费也很拮据,以至当时太学中流行着"有发头陀寺,无官御史台"的谚语。[13]前半句是说太学生们的生活清苦,有如佛寺中的僧人;后半句是说太学生们品节鲠亮,像御史一样敢于直言。前半句是自嘲,后半句恐怕只能是自诩。你若想品节鲠亮,请思量一下自己脚下这处宅子的前世今生,朝廷为什么要用籍没的岳飞第宅为学舍，这中间是不是有某种暗示呢：不管你有多大本事，只要不听话，照样砍你的头。

※ 太师椅

进入腊月二十以后，年的气氛就越来越浓了。

二十四日是交年节，意思是旧年和新年在这一天开始交接，年的序幕亦正式拉开，因此，这一天又称之为小年。过年了，虽然到处贴着"姜太公在此百无禁忌"的红纸条，禁忌还是无处不在。之所以贴这样的红纸条，就是为了防备万一犯忌，精神上有所解脱。禁忌首先是说话，有些话千万不能说，例如完了、破了、没了，只能说有啊、多啊、好啊之类的。饺子要是煮破了，就说煮挣了。孩子吃饭打碎了碗，大人赶紧说一句"碎碎（岁岁）平安"，那是化凶为吉的意思。对神灵和命运的敬畏，让大家处处诚惶诚恐，如履薄冰。但人们终究还是快乐着。

腊月二十四日还是送灶的日子。灶王爷是个小神，小得不能再小了，何以会独享祭祀呢？因为灶是与吃饭有关的，在农业社会里，吃饭是头等重要的大事，民以食为天嘛。灶王爷之小，从他老人家的坐骑就可以看出来。他的坐骑叫灶马，是厨房里的一种小虫子。灶马爬过的地方，会留下不明显的痕迹，"蛛丝马迹"这个成语就是从这里来的。有些词典中望文生义，将"马"解释成六畜中的成员，说"马迹"是马蹄印，那是搞错了。灶马很小，灶王爷就乘着这样的坐骑上天汇报一年的工作，于是各家都要备下酒菜果品送灶神，且用酒糟涂抹灶门，叫做"醉司命"。这都是贿赂灶神的意思，让他老人家喝得醉醺醺的上天言好事。到了夜晚，还要在床下点灯，叫做"照虚耗"。"虚耗"是殷实的反义词，这个"照"大致是驱赶的意思，总还是祈望丰衣足食。送过了灶君，紧接着的二十五日又祀食神，还是与吃饭有关的。祀食神用的是豆粥，名曰"人口粥"。为什么要用粥呢？因为"粥"的谐音是"足"，意思很吉祥。"有猫狗者，亦与焉。"[14]过年真好啊，连猫儿狗儿也跟着沾光。

以上这些都是民间的习俗，千年不变的。但是，从绍兴十二年开始，在政界，腊月二十五日还是官员们竞相奔走的节日，因为这一天是宰相秦桧的生日。"癸未，以太师秦桧生辰，赐宴于其第……自是岁为例。"[15]官家赐宴，百官驱贺，且一年一度以此"为例"，这就不光是秦氏的家事，而是政界的节日了。

有资格参加秦桧生日宴会的当然只是少数人，更多的官员只能以诗文进献为秦桧祝寿。那些歌功颂德的马屁诗文我在前面已经说过了，这里实在不愿再提，因为那中间充斥着一种叫床式的赞美，一惊一乍的，空洞而矫情，太恶心了。一大群冠冕堂皇的文人士大夫就这样簇拥在相府门前，挤挤轧轧地像一群吃屎的猪，因为有一句成语：近"猪"者"吃"，你爱吃屎根本不是你的过错，归根结底是因为你身边的猪太多了，大家都争先恐后，你不挤进去抢一口就明摆着亏了。我这样说可能有点刻薄，而且就权利平等而言，任何人都有歌功颂德的自由，也有不歌功颂德的自由。但问题是，任何人都无权动用国家公器——官位、荣誉和纳税人的钱——来鼓励一种自由而打压另一种自由。

秦桧进封太师是在三个月前，在所有的荣誉称号中，太师已经是最高的了，所以有一个马屁精在给秦桧的生日贺诗中用了"天子恨无官可酬"的句子，这倒也是实情。太师这个称号古已有之，并不是从秦桧开始的，但有一件与太师有关的器物——太师椅——却是从秦桧开始的。中国古代的起居方式，在室内多席地而坐，桌凳和床之类的家具也都是低型的，与日本和式相似。李白"床前明月光"中的"床"，其实并不是睡眠的床，而是一种轻便折叠凳，当时称之为胡床，因为古代建筑的窗子很小，月光是不可能照到卧室床前的。诗人应当是坐在门前，因此他才能"举头望明月"。宋代已完成了从席地而坐向垂足而坐的过渡，当时有身份的人多坐一种有靠背的交椅。秦桧个子很高，坐在交椅上靠背便显得低了，无意中向后偃仰时，帽子或头巾容易坠落，这是很出洋相也大失威仪的。临安知府由此得到灵感，便令人制作了一种"荷叶托首"，装在交椅搭脑上送给秦桧，这种荷叶交椅亦由此流传开来。因为起初是专为秦桧制作的，时人称之为"太师样"或"太师交椅"，后来就简称太师椅。由于拍马屁而推动了某项工艺的进步，此为一例。

交椅这个词的含义比较丰富，它既实指某种器物，也是某种身份和地位的象征。

梁山泊英雄排座次，宋江正式坐上了忠义堂的第一把交椅，即标志着他在梁山泊取得了独一无二的领袖地位。有意思的是，大致也就从太师椅问世的那个时候开始，宋代的相权政治也拉开了帷幕。

宋太祖赵匡胤原是后周皇帝柴荣的亲信，然而他却在柴荣死后不久发动陈桥兵变。兵变的结果是他自己当了皇帝，还留下了一个心病，推己及人，他觉得部下的所谓忠心其实是靠不住的，要让赵宋江山长治久安，需得有一套强化皇权的政治设计，不让别人累积叛变的资本。后人一般只知道他"杯酒释兵权"的故事，却不大知道他是如何裁抑相权的，这可能因为裁抑相权是一个温水煮青蛙式的渐进过程，不像杯酒释兵权那样立竿见影且富于戏剧性。宋代以前的宰相是文武兼领的，一个"宰"字使其威权尽显。鉴于历史上相权过重危及君权的教训，宋初在制度设计上作了大幅度的调整，将原先的相权一分为三，设枢密院分其兵权，设三司使司分其财权，设中书省分其行政权。这三个机构并不总隶于宰相，而是分隶于皇帝，宰相只有在理论上统摄全局，但除非特别命令，否则他不能过问枢密院（军事）或三司使司（财政）的事。即使在中书省，他也不能独断独行。他名义上是中书的最高首脑，但设计中又有参知政事（副宰相）与他轮番执掌相印，用以防止宰相专擅。这样一来，一人之下万人之上的宰相，实际上成了皇帝的谋士和秘书，并没有多大的决策权。这中间还有一个耐人寻味的小情节，宋代以前，宰相见皇帝议事，是要赐茶看座的，即所谓"坐而论道"。据说有一天，宰相范质等人议事时还坐着，太祖说自己眼睛昏花，让他们把文书送到面前。等到送上文书回身落座时，座位已被撤去，从此宰相只能站着奏议朝政了。还有一种说法，范质等人因心存顾忌，每事向太祖报告，无暇坐论，赐茶看座之制无形中取消。倘是前一种说法，太祖未免太小家子气，但宰相见皇帝从坐到站确是从宋代开始的。坐着还有一起商量的意思，站着就只有汇报工作和听取指示了，这是相权下降的标志。

那是最好的时代，也是最坏的时代。政治稳定与专制腐败互为表里，体貌宽柔与因循苟且共存共荣，经济文化的繁荣与尚武精神的沦落混搭在一起，成为那个时代最重要的两种色调。太祖皇帝的设计总体上是成功的，除去最后那个结局，生活在北宋几乎是一种福分。老百姓安居乐业，温饱无忧；政坛上亦群星璀璨，涌现了一大批能臣名相，像范仲淹和王安石那样的人物，即使放在中国封建社会的浩阔星空中也是光芒逼人的。但是在这期间却从来没有发生过权臣专擅的局面。北宋末年的蔡京和童贯等人那样胡作非为，其实都是在皇帝的纵容下干的，他们最多不过是狐假虎威，至于挑战皇权，他们连想都不敢想。靖康之难后，原先的秩序被打乱，先是在抗金战争中武人渐至坐大；而在打压武人的过程中，相权的扩张和专擅又有所抬头，终于开启了宋代历史上前所未有的相权政治。在南宋王朝总共一百四十九年的历史中，相权专擅的时间长达七十年，其中秦桧专擅十五年，韩侂胄专擅十三年，史弥远专擅二十六年，贾似道专擅十六年，不仅占据了南宋历史的差不多一半时间，而且最后促成了南宋的灭亡。

分析一下这四位权相的家世背景，很有意思。

除去秦桧，其他三人的得道似乎都有一个简单的公式：名门之后加裙带关系。

韩侂胄是北宋名相韩琦的曾孙，其母与太皇太后吴氏（高宗吴皇后）是亲姊妹，其妻是吴氏的侄女，他本人还是宁宗韩皇后的外族，堪称皇后之家，裙带关系错综复杂，而且每一根都很有力道。

史弥远是孝宗朝宰相史浩之子。史浩是孝宗皇帝的老师，史弥远本人又是宁宗皇帝的老师，不仅是官二代，而且是帝师之家。

贾似道的父亲贾涉曾担任淮东防务的最高长官——淮东制置使，其姐为后宫贵妃，理宗对她专宠有加。贾似道既是官二代，又有红极一时的裙带可资攀附。

也就是说，这三位之所以权倾一时，很大程度上是由于不同寻常的家庭背景使然，所谓"好风凭借力，送我上青云"，并不是他们自己有多大能耐。

但秦桧没有那样显赫的背景，他基本上属于草根一族。他的曾祖父和祖父都是布衣，父亲虽然中过进士，仕途仅止于知县，而且很早就去世了。秦桧从小跟着母亲投靠舅父王本，孤儿寡母，寄人篱下，其恓惶困窘自不待言，童年的烙印对他人格的影响也可以想见。周密的《齐东野语》中有这样的记载：秦桧少时曾因几千文钱觍颜告贷于富室，然"求益不可"。主人家里的馆客见他可怜，便把自己两匹绢的束脩拿出来资助他。王明清在《挥麈录三录》也记其往京师游学途中既无车马代步，又遭遇暴雨冲断桥梁的困境，一乡村塾师"于书室窗中窥见秦徒步执盖立风雨中，淋漓凄然，甚怜之，呼入小歇。至晚雨不止，白其主人，推食挽而共榻。翌日晴霁，送之登途。"这样的情节自有一种悲凉中的暖意，令人感慨系之。这两个帮过他的人都姓曹，一个叫曹泳，一个叫曹筠，秦桧得势后，他们的举动都收获了巨大的政治红利。因为秦桧当时把这些都一一记在小本子上。为什么要记下来？知耻耳，励志耳，"苟富贵毋相忘"耳，这说明他从小就有一种出人头地的内驱力。"二曹"当时都是生活底层的乡村塾师，而秦桧本人早年因生计所迫，也曾从事过这个行业，以束脩补贴家用，他在述怀诗中有"若得水田三百亩，这番不做猢狲王"的叹息。[16]正是由于这样的经历，秦桧没有富家子弟的骄矜浮躁，却颇具市井小民的机警狡黠和干练务实。在太学读书期间，他就显得才华出众，很有办事能力。罗大经《鹤林玉露》载：

> 秦桧少游太学，博记工文，善于鄙事，同舍号为"秦长脚"。每出游饮，必委之办集。[17]

"鄙事"即卑贱之事，也就是小事。孔子曾自述："吾少也贱，故多能鄙事。"既有远大的志向，又能从小事做起，这种人成功的几率往往很高。小户人家的门槛，孤儿寡母的身世，让他们尝尽了炎凉世态和冷暖人情，也激发了他们超乎常人的奋斗精神和忍辱负重的心性。揆诸历史，从这类人中间曾走出了不少赫赫扬扬的大人物，他们的人格精神亦各有千秋，例如本朝的欧阳修和朱熹，虽也是从孤儿寡母的逆境中奋斗出来的，后来都出落成磊落高洁的饱学君子和伟丈夫。而在秦桧身上，这种经历则异化为一种病态的敏感和睚眦必报的小肚鸡肠，以及对权力疯狂攫取的贪欲，这大概是一种补偿心理，就正如矮个建筑师喜欢盖摩天大楼一样。小人而有才，又能自强不息，那就很可怕了，即使没有家世背景和裙带关系，只要遇上了适当的气候，也照样可以飞黄腾达的。虽然秦桧后来娶了神宗朝宰相王珪的孙女为妻，但客观地说，他的发迹之路主要是自己走出来的，与那根业已褪色的前朝裙带其实关系不大。

秦桧于建炎四年南归，绍兴元年进为右相，第二年罢斥，退居温州。绍兴七年复出为枢密使，第二年复相位。但若以"专擅"论，却是从绍兴十一年开始的，其标志是宋金和议告成，以及收大将兵权和诛杀岳飞。而此中的关键因素则是宋金和约中规定了南宋方面"不得辄更易大臣",也就是保证秦桧当终身宰相。此后,直到绍兴二十五年秦桧病死,不仅没有更换宰相,而且不设次辅,这种局面是两宋历史上从来没有过的。

独相,且保证他终身为相,秦桧的专权就变得肆无忌惮了。一个人做点坏事并不难,难的是一辈子做坏事,不做好事。秦桧专权的诀窍就是把坏事做绝。

他首先从控制台谏开始。本来,"台谏者,天子耳目之臣。"[18]是用来监视宰相的,也是皇权压制相权的一种手段。但秦桧却反其道而行之,他用自己的亲信出任御史中丞,凡是他不喜欢的人,就指使台谏上章弹劾,将他们赶下台。甚至有不少弹章就出自秦桧本人之手,台谏出面,不过是做做样子。这样,台谏就从天子的耳目变成了秦桧的爪牙,而执政官和台谏官亦犹如秦桧操作的一出走马灯,他通过台谏官把执政官赶下台,台谏官也因此升任新的执政官。过了一些时候,又被新的台谏官赶下台。经过不间断的清洗,不仅满朝秦党,从中央到地方编织成庞大的亲故关系网;而且弄得人人自危,满朝官员只能仰承秦桧的鼻息,不敢稍有违忤。即使是那些忠心耿耿的走狗,也往往朝不保夕。有一个叫杨愿的人,因追随秦桧而官至执政。但这个人拍马屁拍得过于恶心,例如在一次饭局上,秦桧"喷嚏失笑",这本来是不大体面的事,但杨愿竟然紧跟主子,"亦佯喷饭而笑。"如此猥琐低劣,哪里还顾及一点士大夫的颜面。秦桧虽然当时"察其奉己,愈喜"。但时间长了,就有点讨厌他了。杨愿后来被逐出中枢,安排了一个宣州知州的差遣。有一次,表弟王炎无意中告诉他,说自己曾在一位退职官员的家中看到杨愿的一封信,"其间颇及秦之短。"杨愿当场吓得"色如死灰",不久竟"忧挠成疾"而死。[19]如同契诃夫笔下的那个小公务员一样,他是被吓死的。但他却不是小公务员,而是当过参知政事的执政级高官。由此亦可见秦桧的淫威。

秦桧整人最常用的是两把刀子,一把是说人家鼓唱或附和"异论"。所谓"异论",就是不同政见,说白了就是反对和议。这是拿路线问题说事,而且往往翻的都是以前的老账,属于政治清洗的余波。路线无小事,路线错误更是十恶不赦,任何人一旦被隆重加冕,就只能听凭发落永世不得翻身了。第二把刀子是选择性反腐。贪污腐败这种事,自古以来就不曾绝迹过,说出来自然千夫所指,人神共愤,但实际上为官者都在贪、都在腐。这就好办了，既然大家屁股上都有屎，没有几个是干净的，反腐的操作空间和自由度就大了去了。只要你不听话，或者他觉得你不听话，就反你的腐败，而且一反一个准。他不说你不听话，也不说你某次官家召对时多讲了几句，他只反你的腐败。这种反腐看起来堂而皇之，实际上藏污纳垢。反腐大快人心啊，四面八方一片喝彩，锋芒所向，政敌望风披靡，而自己的形象也更加光明正大。反腐变成了排黜异己的工具，结果只能是"野火烧不尽，春风吹又生"，让腐败更加生机勃勃。因为大家都知道，有人倒霉并不真的是由于他腐败，而是由于他跟得不紧。因此，自己该贪的照贪，该腐的照腐，需要注意的只是在上司面前怎样从直立动物变成爬行动物。要说腐败，其实秦桧本人才是最大的腐败分子，可谁去反他呢？有一回，宫内缺少龙脑，官家问秦桧是否有。太师府里能没有吗？就随便拿了一匣进献。官家开匣一看，原来其中尚有广西经略使方某的亲笔题名和官衔，秦桧一时疏忽，居然不曾把送礼人的这张纸条拿掉。这件事让官家十分气恼，但也只好隐而不发。他无意于在受贿问题上苛责宰相；或者说，他并不反对秦桧的贪心，他所害怕的只是秦桧的野心。

秦桧的专擅让官家骑虎难下，在他眼里，悠悠万事，唯此为大，那就是维持对金和议。而要维持对金和议，便不能将秦桧罢免。他并不甘于成为傀儡皇帝，也并不缺少政治智慧。在一般情况下，他垂衣而治，听之任之，让秦桧在前台弄权，乃至风生水起。但必要时他也会果断出手，对秦桧的作为稍作裁抑，以显示君主予夺之权威。例如在绍兴十二年和二十四年的殿试中，原先排名第一的秦熺和秦埙都被他拿了下来。他不想让秦氏的门楣再罩上耀眼的状元光环，增加他们的政治资本。在皇权与相权的明争暗斗中，官家一方面通过宠幸殿帅杨存中把军权牢牢控制在自己手中，让秦桧不敢轻举妄动；一方面又不断为秦桧父子加官晋爵。父子在同一时期一个当宰相、一个享受宰相的待遇，这样的荣恩在宋王朝的历史上仅此一例，连北宋末年的蔡京父子也不曾有过。此乃羁縻之策也，官家的意图在于维持表面上十分融洽的君臣关系，为自己争取时间。因为在他看来，自己还有一条不是办法的办法，那就是坐等秦桧寿终正寝。在有的时候，政治斗争赌的其实就是谁活得长，较量的双方高下难决，就只能交给时间去裁决，到最后谁多了一口气，谁就赢了。历史上有多少不可一世的强者，就因为早死了几年，让蛰伏隐忍中的对手一举翻盘，笑到了最后。

那么就等吧。

从生理角度讲，秦桧肯定是挺不过官家的，除去他比官家年长十七岁而外，还因为他个子高。个子高的人，心脏供血的距离远，负担本来就重。再加上他整天琢磨着怎样整人，怎样揽权，大脑消耗的氧气就多，这些氧气都是要靠血液来输送的，自然更加重了心脏的负担。因此，从寿命上讲，高个子一般竞争不过矮个子。况且秦桧的父亲死得早，看来也没有长寿的基因。

而官家正值壮年，身体健硕。历史上的帝王大多寿命不长，那是因为他们在女人身上过于勤奋，耗费了元气。官家本来也是个勤奋的人，但不幸在二十多岁时就废了功夫，无所作为了。为此，人生中虽然少了许多巅峰乐趣，辜负了后宫佳丽的一片好颜色，客观上却让他养精蓄锐，节省了不少精气神。再加上他很会养生，食不厌精，却又很有节制；政务之暇，喜欢以书画法帖自娱，这样的生活习惯也都有助于长寿。

这看起来是一场不对等的较量。但秦桧不这样认为。他当然寄希望于官家先他而死，到那时，皇室没有法定的继承人，他内挟满朝秦党的拥戴，外恃金人的支持，即使不可能一步登天，也可以先扶植一个傀儡皇帝，再继续扩大自己的势力，最后取而代之。这样的可能性似乎很小，但并不是绝对没有。世间事造化无穷，人算常常不如天算。谁能保证年纪大的就一定先死呢？官家三岁的儿子就死在老子的前面；谁又能保证身体好的就一定活得更长呢？当年的周世宗柴荣何等生龙活虎，可他偏偏死得那么早。他不死，这天下也轮不到姓赵的来坐。你还以为他赵氏的先祖真的屁股上夹扫把——伟（尾）大呀？其实也是吃屎碰到豆瓣，才从人家孤儿寡妇手里捡了个便宜。他能捡，我为什么不能捡？别看我这身子病病歪歪的，可常言说，弯扁担不断，其实挺能吃重；反倒是那些壮得像牛的人，说倒就倒。

这两个最有权势的人，一个踞坐在金銮殿里，一个偃仰在太师椅上，互相对视。目光透过绍兴年间风雨并不飘摇的天空，既含情脉脉又虎视眈眈，在耐性和机谋的比拼中，等。

这个"等"是等死的"等"——等谁先死。

※ 除夕

"雨雪年年有,不在三九就在四九。"绍兴十二年的第一场雪,比往年来得要晚一些。临近过年的时候,下雪了。却不大,羞羞答答的,落在屋脊、街道、树梢和桥梁上,是装点的意思,并不壮观。街市上反倒更闹猛了,人们都说,雪等伴哩,料不定哪天早上一睁眼,大雪封门,就走不出去了。那么就抓紧采购年货吧。大街上虽然没有多少兵和马,却很有点兵荒马乱的气象。买东西的人们一个个都像财大气粗似的,不再慢条斯理地讨价还价了,捡到篮子里就是菜,几乎是抢购了。天地间苍茫一片,山峦和城楼影影绰绰的,如烟如梦;远近有星星点点的爆竹声,那是辞旧迎新的预演。

宫中的年货是不用操心的,进入腊月中旬以后,各州府帅漕的贡品就源源不断地进宫了,那都是各地的土特产和大件礼品,包括福州的灯彩和湖广的烟花,应有尽有。然后是宗室贵戚的进献,以玉杯宝器、珠翠花朵、犀象博戏之具居多,林林总总的,亦各见其妙。最后是后苑和修内司准备的果品零食和过年的各种小物什,那几乎说得上是无微不至了。以前每到过年,官家都要说一些"国事殷忧","务从简素"之类的门面话,要各部门节约开支,但今年却没有说。可能他觉得说了也等于没说,应当开支的还得开支,不会因为皇上"殷忧"就真的"简素"了。但问题是,以前说了等于没说,今年没说却又等于说了。下面的人是很善于揣摩圣意的,在他们看来,为什么以前都说今年没说呢?这显然是政策放宽的信号。政策放宽是因为现在形势大好,不是小好,整个形势比以往任何时候都好。形势好了,花钱的手脚自然应该大一点。例如后苑和修内司所进的各种糖果点心,"悉以珠玉为饰,护以贴金龙凤罩,以奇侈求胜。一合之费,不啻中人十家之产,止以资天颜一笑耳。"[20]那么官家有没有为之"一笑"呢?不知道,但至少没有怪罪下来。如此甚好,以后花钱的手脚还可以再放开一点,这叫做摸着石头过河。

画院待诏萧照的《中兴瑞应图》是两天前进献的,着色长卷,绢本,长四丈六尺余,高一尺二寸,前后各六段,艺术地再现了官家应天顺命中兴宋室的光辉历程。因为画的是自己的事迹,官家看得特别用心,除去题材的堂皇宏大而外,他对画家那很有气势的粗笔阔墨也相当欣赏,画面上的山水人物,望之有风屯云卷之势,端的是大手笔。对作品满意了,又顺便问到作者的情况,原来这个萧照是著名画家李唐的关门弟子。官家会意一笑,怪不得这中间有李唐笔意呢,特别是那皴法,明显是李唐的大劈斧。李唐的画好啊,苍劲雄峻,满纸烟云,徽宗时就是画院待诏,官家在康王邸时,曾听父亲称赞过李唐的画,认为可入神品。靖康之难后,李唐以七十高龄,长途跋涉,避乱来到临安,以卖画糊口。但南宋初年的画风崇尚富丽逼真,他那种水墨渲染的画法没有市场,作品卖不出去,连吃饭都很成问题。他因此曾在诗中发牢骚,诗曰:"雪里烟村雨里滩,看之如易作之难。早知不入时人眼,多买胭脂画牡丹。"[21]他当然看不起胭脂牡丹那样艳俗的东西。后来经人推荐进入御前画院,官家极爱其山水,授其成忠郎、画院待诏,并赐金带。[22]官家居然还一直记得李唐的那几句打油诗,有一次讲到艺术创作时,曾反其意而用之。他说:雪里烟村也要画,胭脂牡丹也要画,总之不拘一格。官家自己喜欢"金碧辉煌"的画风,但并不偏激,他还是主张百花齐放的。

李唐与萧照的师徒际遇颇有几分传奇色彩。萧照这个人原先并不会画画,反倒当过强盗。靖康之难后,他在太行山参加抗金义军。李唐在南逃途中被义军劫持,萧照检查其行囊,所见只有绘画工具。后得知眼前的这个老头居然是皇家画院的画师,就丢下枪棒,跟随他南下,寓居于都城临安学习绘画技艺。有名师指点,自己的悟性又好,他很快就脱颖而出了。那种一分天才加九十九分勤奋才能成功的说法,都是为了糊弄资质差的人,一个艺术天才只要被唤醒了,成功其实用不着很长时间。李唐进入了御前画院,把他也介绍进去了,后来也成了画院待诏,补迪功郎(从九品)。临安城里的许多庙宇和园林——例如显应观和孤山凉堂——的壁画,都出自他的手笔。官家此前应该是见过他的作品的,但萧照有个怪癖,他的画喜欢"书名于树石间",不仔细辨认,很难看出作者是谁。他能画大幅作品,像孤山凉堂的壁画,高可三丈。虽然不能说画越大成就越高,但那样大的画,毕竟不是人人都敢上手的。

"雪等伴",果然不假。除夕早上一开门,人们便忍不住欢呼起来,原来夜间不知从什么时候开始，雪下得大了。因为没有风，雪花并不见肆虐，只是自在地飘舞。雪落钱塘静无声，天地间一派臃肿的白。虽说今天就要立春，可现在仍然算是冬雪——农谚中的"瑞雪兆丰年"说的是冬雪，春雪就不好了——又适逢辞旧迎新，好一场瑞雪！

雪拥行都，扫雪却用不着官府特别安排，因为有历年来的老规矩。皇宫的雪由内侍清扫，内城主要街道上的雪由三衙禁军清扫。至于各商铺门前的雪，自然是商家自己动手。你不动手也行，可以雇人。但今日是除夕，雇人恐怕不容易。下雪天的交通规则也有特殊条款，骑马者要主动避让行人，如果撞伤了行人，除赔偿医药费，还得把坐骑赔给伤者；如果把人撞死了，则要吃官司，再加上赔偿死者丧葬费，其坐骑则由官府没收。这种行人优先的条款出现在八百多年前，还是很值得赞赏的。但话又得说回来，八百多年后的今天如果也执行这样的条款，撞伤了行人就得把坐骑赔给伤者，不知有多少人要冲着奔驰宝马去"碰瓷"呢。那就不光是义无反顾，而是前仆后继了，还不要闹出满大街的群体事件来？

官家这几天情绪不错，这不光是因为过年，也不光是因为天降瑞雪。情绪好就是好，有时不需要理由。官家情绪好，下面的人也跟着沾光，至少做错了什么事可以从宽发落。吴贵妃身边有一个宫女，人很聪明，进宫前就识得几个字。吴贵妃的文化素养很高，小丫头耳濡目染的，又长进了不少。别的宫女闲暇时只会描眉贴花或练习女红，她倒偏喜欢看书。这官家也是知道的。除夕上午，吴贵妃陪官家赏雪，宫女在一旁侍候，官家便问她近来可曾读什么书，回答说正在读《尚书》。官家有点不以为然，似乎觉得那些上古帝王治国平天下的事迹，不是女孩子读的书。又问可记得几句，宫女便背了《牧誓》中的一段，是关于武王伐纣前的誓师场面，描写军容之雄壮，曰："尚桓桓，如虎如貔，如熊如罴，于商郊。"这中间的"桓桓"是威武的样子，但她读错了——错就错在她是照着这个字读的，没有避讳。"桓"是渊圣皇帝（钦宗）的名讳，渊圣皇帝虽然在金国当俘虏，但他的名字仍然是国讳，不能直接写出来或读出来的。避讳的方法很多，有改字、改音、缺笔、空字、用黄纸覆盖等等。官家虽然对他那个哥哥没有多少感情，但表面文章还是要做的，他规定钦宗的这个"桓"字以其义而定读音，这就不仅很麻烦，而且很考验你的学养了。偏偏这个"桓"字的意思又很多，如果是"回旋"的意思，就要读作"旋"；如果是"植立"的意思，就要读作

"桓";如果是"威武"的意思,就要读作"威"。[23]因此,在《尚书》的这一段里,正确的读法应该是"尚威威"。犯了国讳就是大不敬,即使杀头也不为过的。那个可怜的小宫女当时就吓傻了,只知道瘫在地上磕头如捣蒜。好在官家今天情绪不错,也不想破坏了过年的祥和气氛,只是告诫了几句,这场把"尚威威"读成"尚桓桓"的过失就算过去了。但对那位宫女来说,几句《尚书》差点成了自己的"殇书",不知她以后还敢不敢读书了。

从这个"桓"字的读法,官家还是有一点触景生情,想到了那个在北国的漫天风雪中活得像猪狗一样的渊圣皇帝。人啊,当被绑架在利益攸关的战车上时,常常会像野兽那样你死我活地互相厮咬;但是当尘埃落定以后,作为胜利者或许也会闪现出几丝幽微的人性之光。赵桓毕竟是自己的哥啊,"哥"字两个"可",一旦利益分割完毕,就应该大度地可以可了。赵桓现在不可能成为自己的对手了,即使回来了,也不会对自己的皇位形成威胁。经过这么多年的惨淡经营,自己在江南早就根深蒂固了。他回来了,也只是当个寓公,享几天清福而已。因此,适当的时候,派何铸再去一趟金国,给人家送几样稀罕的好东西,请他们高抬贵手,把赵桓放回来。这不仅可以彰显自己的人伦之德,而且母后回銮后也曾提过,说她是对着北国的苍天发过誓的。

大傩是宫中驱逐鬼祟的仪式,每年除夕都要上演的,场面亦相当壮观。那些参与演出的皇城亲事官一个个都彩衣面具,金枪龙旗,在宫城内煞有介事地扫荡来去。过年都是鬼神唱主角,什么事都要借助鬼神的名义。官家对此却并不虔诚,他是不大相信鬼神的,如果什么事情都要看鬼神的脸色,帝王还如何独裁?天下者朕的天下,国家者朕的国家,社会者朕的社会,朕想怎样折腾就怎样折腾。大傩结束以后,暮色就降临了。官家本来要到慈宁宫去陪母后守岁,但皇太后下午就派内侍传话来了,说雪下得大,路不好走,叫官家不要去了。她身边的人多,并不冷清。老太太还说,这么多年,就今儿这个年过得舒心。又叮嘱官家早点将息,因为明天一早有大朝会,雪再大也不能耽误;朝会过后,还要接见金国的贺正使,那也是怠慢不得的。这些官家自然都知道,但还是很感激母后的周到。金国的使臣早几天就到了,下榻在都亭驿。怕人家孤单,他已安排参知政事万俟卨去陪他吃年夜饭,并特地送去几坛宫中的羊羔儿酒,这是一种以羊肉为主料酿成的上等美酒,想必北方人会喜欢的。又吩咐餐具一律用纯银的，金人喜欢贪小便宜，饭后常常顺手牵羊，把值钱的餐具拿走。那就让他们拿吧，投其所好，摆上去就是让他们拿的，就为了讨他们一个高兴。夷人小气，此亦为羁縻之策也。

母后说得不错，这么多年，就今儿这个年过得舒心。从建炎元年至今，十六年了，自己虽贵为天子，却一直总是胆战心惊的，怕。先是怕金人，后来又怕武将。去年和议成了，又赶在年前杀了岳飞，总该安心了吧？可是不行。那么厉害的一员统兵大将，手下貔貅如云，连金人也要闻风丧胆的，说杀就杀了，军心、民心、官员之心，总之人心难测，谁能保证不会生出什么变故来？今年就好了，风平浪静，天下归心。从战争走向和平，绍兴十二年是开局之年，这一年的成就怎样评价都不为过高。例如，母后回銮，梓宫归葬，宋金和议进一步巩固；例如深入贯彻"守内虚外"的基本国策，彻底肃清岳飞阴谋集团的余党，并改革南渡以来逐渐坐大的家军体制，最终完成王朝历史上的第二次释兵权；例如物价稳定、市场繁荣，对外贸易和财政收入都有较大增长，以重新丈量土地为标志的"经界法"正在有序推进。此外，宫廷礼制亦日见完备，玉辂上路，仪仗初演，宫城建设方兴未艾，皇权的仪式感赫赫且扬扬。所有这一切，完全可以用"伟大"、"辉煌"或"里程碑"之类的光鲜词句来形容，也完全可以说具有重大的现实意义和深远的历史意义。

但史家的总结与官家稍有不同，例如李心传在《建炎以来系年要录》中，对绍兴十二年总述如是：

> 是年宗室赐名授官者二十四人，诸路断大辟二十四人。河决济州，惟金乡县独存，金人移县州治（此处略去二十七字，系说明资料来源，无关内容）。初，陕西连岁不雨，至是泾渭灞浐皆竭，五谷焦槁，秦民无以食，争西入蜀。川陕宣抚副使郑刚中以誓书所禁不敢纳，皆散去饿死，其壮者，北人皆买为奴婢，郡邑荡然矣。[24]

这段文字还算平白，需要解释的唯有灾民逃荒入川后，宋方的父母官为何"以誓书所禁不敢纳"。原来这里面所说的"誓书"，乃是宋金议和时，官家向金人所写的保证书。在这份低声下气地以"臣构言"开篇的保证书中,官家向金人信誓旦旦地承诺:"今后上国遏逃之人,无敢容隐。寸土匹夫,无敢侵掠。"[25]发生旱灾的陕西一带原先都是宋方的土地,绍兴十二年二月根据和约重新划定边界时被割让给金国。而当地的老百姓仍然认定南宋为自己的祖国,发生灾荒后,就逃向素称天府之国的四川就食。但老百姓爱自己的祖国,"祖国"却不爱他们,川陕宣抚副使郑刚中认为他们都属于"上国遏亡之人",理所当然地"无敢容隐",只能眼睁睁地看着那些嗷嗷待哺的同胞或"散去饿死",或被金人"买为奴婢",而灾区则"郡邑荡然矣"。

最后这个"矣",沉重、无奈,如诉如泣。

四处的爆竹声渐渐稠密了,有如炸豆子一般,由远而近又由近而远,间或还夹杂着欢呼声,那是有人放烟花了。稍息,又传来小儿沿街《卖憎懂》的呼叫:

卖痴呆,

千贯卖汝痴,

万贯卖汝呆,

见卖尽多送,

要赊随我来。

这种"卖憎懂"很有意思,在所有的叫卖中,这是唯一敢于把损人利己大事张扬广而告之的。将痴呆卖给别人,让自己来年变得更聪明,这注定了是一场无人问津的闹剧。但是不要紧,据说只要在除夕之夜使劲叫卖过了,你就会心想事成的。

每个人心底的愿望都可以在这个夜晚堂而皇之地裸奔。无论贵族还是平民,无论帝王还是乞丐——今夜无人入眠。

但人的愿望是缤纷多彩的,有如这除夕夜空中的烟花一般,有人寄望未来,亦有人缅怀既往。此刻,在行都的某条陋巷里,有一个自号"幽兰居士孟元老"的北宋遗民正在伏案著述。这几乎是一部关于北宋末年都城开封社会生活的百科全书,举凡名胜风物、宫廷殿宇、皇家典礼、官署街坊,以至岁时节令、市井杂卖、歌舞百戏、婚丧习俗,无不包罗其中。他是亲身经历了那段繁华旧梦的,如今故国情怀,但成怅恨,黍离之思，流于笔端。他已经写到了最后一章，这一章正好是《除夕》：

> 是夜禁中爆竹山呼，声闻于外，士庶之家，围炉团坐，达旦不寐，谓之'守岁'。

很少有人知道，这个"孟元老"其实是有些来历的，他真名孟揆，北宋宣和年间，他曾为徽宗督造艮岳。艮岳和花石纲，当时闹得天怒人怨，后来则几乎成了北宋末年弊政的代名词。北宋灭亡，生灵涂炭，繁华之东京遂成华胥一梦，孟元老亦流落江南。虽然他当初只是艮岳的督造官，但国破家亡之后痛定思痛，那种羞于示人的罪孽感应该不难理解。因而他在书中遍录东京之名胜佳景，于艮岳却一字不提。而且书成之后，也隐瞒了自己的真名。但从这个"元老"的化名，人们还是可以见出一点蛛丝马迹的，揆者，首席长官也，与"元老"亦庶几相近耳。

孟元老的这本书，名为《东京梦华录》。

窗外爆竹喧阗，火花映天。绍兴十二年的雪停了吗？

癸巳年腊月十一日正午，时雾霾弥天。

注释：

〔1〕 《东京梦华录》卷十《十二月》。
〔2〕〔3〕 《武林旧事》卷三《赏雪》。
〔4〕 《建炎以来系年要录》卷一四七绍兴十二年十二月辛酉。
〔5〕〔6〕 《画继》。
〔7〕 《汉书·鲍宣传》。
〔8〕 《宋史》卷四五五《陈东传》。
〔9〕 《建炎以来系年要录》卷九建炎六年九月癸丑。
〔10〕 《建炎以来系年要录》卷四十建炎四年，《宋史》卷四七五《刘豫传》。
〔11〕 《建炎以来系年要录》卷一四七绍兴十二年十二月甲子。
〔12〕 《建炎以来系年要录》卷一四七绍兴十二年十二月庚午。
〔13〕 罗大经《鹤林玉露》丙卷编二《无官御史》。
〔14〕 《梦梁录》卷六《十二月》。
〔15〕 《建炎以来系年要录》卷一四七绍兴十二年十二月癸未。
〔16〕 彭大翼《山堂肆考》卷一一〇《束修自给》，文渊阁《四库全书》本。
〔17〕 《鹤林玉露》甲编卷之五。
〔18〕 《宋会要》职官三之五六。
〔19〕 《建炎以来系年要录》卷一六三绍兴二十二年十一月庚午。
〔20〕 《武林旧事》卷三《岁除》。
〔21〕 《石渠宝笈》卷一四；宋杞《跋李唐〈采薇图〉》。
〔22〕 《画继》卷六《李唐》。
〔23〕 《宋史·礼志》十一。
〔24〕 《建炎以来系年要录》卷一四七绍兴十二年十二月总述。
〔25〕 《建炎以来系年要录》卷一四二绍兴十一年庚申条注引《绍兴讲和录》；《金史》卷77《宗弼传》。

※ 主要参考书目

《宋史》（中华书局1977年版）

《建炎以来系年要录》（李心传著）

《建炎以来朝野杂记》（李心传著）

《涑水记闻》（司马光著，中华书局1989年版）

《东京梦华录》（孟元老著，贵州人民出版社2009年版）

《武林旧事》（周密著，中华书局2007年版）

《梦粱录》（吴自牧著，三秦出版社2004年版）

《宋论》（王夫之著，中华书局2008年版）

《荒淫无道宋高宗》（王曾瑜著，河北人民出版社2007年版）

《王曾瑜说辽宋夏金》（王曾瑜著，上海科学技术文献出版社2009年版）

《细说宋朝》（虞云国著，上海人民出版社2002年版）

《水浒乱弹》（虞云国著，中华书局2008年版）

《古今多少事》（虞云国著，长春出版社2007年版）

《岳飞传》（邓广铭著，生活·读书·新知三联书店2007年版）

《中国大历史》（黄仁宇著，生活·读书·新知三联书店1997年版）

《赫逊河畔谈中国历史》（黄仁宇著，生活·读书·新知三联书店1992年版）

《南宋史及南宋都城研究》（何忠礼主编，人民出版社2009年版）

《秦桧研究》（韩酉山著，人民出版社2008年版）

《南宋临安大事记》（方建新著，杭州出版社2008年版）

《南宋都城临安》（徐吉军著，杭州出版社2008年版）

《南宋交通史》（张锦鹏著，上海古籍出版社2008年版）

《南宋农业史》（方健著，人民出版社2010年版）

《南宋临安对外交流》（王勇、郭万平等著，杭州出版社 2008 年版）

《书法五千年》（何学森著，时代文艺出版社 2007 年版）

《天潢贵胄》（贾志扬著，江苏人民出版社 2010 年版）

《金泥玉屑丛考》（王仲荦著，中华书局 1998 年版）

《古代官制纵横谈》（左言东、陈嘉言著，新华出版社 1989 年版）

《中国古代科举百态》（熊庆年著，东方出版中心 1997 年版）

《中华帝陵》（张生三著，中州古籍出版社 1997 年版）

《斜阳嘉树》（周膺著，浙江文艺出版社 1999 年版）

《宫里有这些规矩》（雨声著，紫禁城出版社 2008 年版）